주택 신축개축 절차

개시에서 종결까지

편저 **김만기**

최신 판결례
생활법령
상담사례
각종 서식
분쟁조정사례
피해자구제사례

법문북스

주택 신축개축 절차

개시에서 종결까지

편저 **김만기**

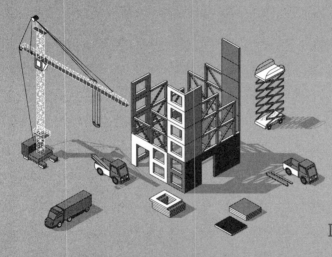

최신 판결례
생활법령
상담사례
각종 서식
분쟁조정사례
피해자구제사례

법문 북스

머리말

주택이란 인간을 비·바람이나 추위·더위와 같은 자연적 피해와 도난·파괴와 같은 사회적 침해로부터 보호하기 위한 건물을 말합니다. 신석기시대의 사람들은 해변과 강가, 호숫가에 집을 마련하고 고기잡이와 짐승들을 잡아먹고 살던 사람들로 이들은 주로 움집[竪穴住居]을 만들고 생활하였습니다.

오늘날 주택의 건축이란 단독주택과 공동주택을 신축(新築)·증축(增築)·개축(改築)·재축(再築)하거나 건축물을 이전하는 것을 말하는데, 건축물이 없는 대지 또는 기존 건축물이 철거되거나 멸실된 대지에 새로 건축물을 축조(築造)하는 행위는 '신축'이라 합니다.

주택을 건축하려는 경우 해당 지역에 건축이 가능한지 여부를 미리 확인해야 합니다. 주택건축은 입지선정 후 건축규모에 따른 건축설계, 관할관청의 건축허가 또는 건축신고를 한 후 실제 건축을 시작할 때 착공신고의 절차를 거칩니다. 건축이 완공되면 사용승인을 받은 후 사용할 수 있는 등 복잡하고 까다로운 절차를 거쳐야 합니다.

이 책에서는 이러한 주택건축을 위한 사전준비 절차, 입지선정, 건축절차, 건축완료 후 절차, 주택의 관리 및 하자 등 복잡한 절차를 해설과 함께 이에 대한 질문과 답변 및 관련서식, 분쟁·하자조정사례 등을 모아 편집하였습니다.

이러한 자료들은 대법원의 최신 판결례, 법제처의 생활법령, 대한법률구조공단의 상담사례 및 서식과 국토교통부 하자심사·분쟁조정위원회의 하자심사사례와 분쟁조정사례, 한국소비자원의 피해자구제 사례 등을 참고하였으며, 이를 종합적으로 정리·분석하여 일목요연하게 편집하였습니다. 여기에 수록

된 상담사례들은 개인의 법률문제 해결에 도움을 주고자 게재하였으며, 개개의 문제에서 발생하는 구체적 사안은 동일하지는 않을 수 있으므로 참고자료로 활용하시기 바랍니다.

이 책이 새로이 주택을 신축하거나 개축하고자 하는 분 및 이에 대한 절차를 잘 몰라서 억울하게 손해를 당한 분, 분쟁및 하자로 고민하고 계신 분과 또 이들에게 조언을 하고자 하는 실무자에게 큰 도움이 되리라 믿으며, 열악한 출판시장임에도 불구하고 흔쾌히 출간에 응해 주신 법문북스 김현호 대표에게 감사를 드립니다.

2019. 9.
편저자 드림

목 차

제1장 주택건축은 어떻게 하나요?

제2장 사전 준비할 사항은 무엇인지요?
제1절 부지선정

제2절 주택건축 지원

제3장 주택건축은 어떤 절차로 해야 합니까?
제1절 설계시 검토사항

제2절 허가 및 신고관련

제3절 착공관련

제4절 공사감리

제5절 분쟁해결

제4장 주택건설 완료 후에는 어떤 절차가 필요합니까?
제1절 사용승인

제5장 주택의 관리 및 하자는 어떻게 하나요?

주택건축은 어떻게 하나요?

제1장 주택건축은 어떻게 하나요?

1. 주택의 종류

1-1. 주택

주택이란 세대(世帶)의 구성원이 장기간 독립된 주거생활을 할 수 있는 구조로 된 건축물의 전부 또는 일부 및 그 부속토지를 말하며, 이는 단독주택과 공동주택으로 구분됩니다.

1-2. 단독주택

단독주택이란 가정어린이집, 공동생활가정 및 재가(在家) 노인복지시설을 포함하며, 다음의 어느 하나에 해당하는 것을 말합니다.

① 단독주택

② 다중주택 : 다음의 요건을 모두 갖춘 주택을 말합니다.

  1) 학생 또는 직장인 등 여러 사람이 장기간 거주할 수 있는 구조로 되어 있을 것

  2) 독립된 주거의 형태가 아닐 것

  3) 연면적이 330제곱미터 이하이고 층수가 3층 이하일 것

③ 다가구주택 : 다음의 요건을 모두 갖춘 주택으로서 공동주택에 해당하지 않는 것을 말합니다.

  1) 주택으로 쓰는 층수(지하층은 제외)가 3개 층 이하일 것. 다만, 1층의 전부 또는 일부를 필로티 구조로 하여 주차장으로 사용하고 나머지 부분을 주택 외의 용도로 쓰는 경우에는 해당 층을 주택의 층수에서 제외합니다. 여기에서 "필로티"란 건물 전체 또는 일부에 기둥을 세워 건물을 지상에서 분리시킴으로써 만들어지는 공간 또는 그 기둥 부분을 말합니다.

  2) 1개 동의 주택으로 쓰이는 바닥면적(부설 주차장 면적은 제외)의 합계가 660제곱미터 이하일 것

  3) 19세대 이하가 거주할 수 있을 것

④ 공관(公館)

1-3. 공동주택

① 공동주택이란 공동주택의 형태를 갖춘 가정어린이집·공동생활가정·지역아동센터·노인복지시설 및 주택법 시행령 제10조제1항제1호에 따른 원룸형 주택을 포함하며, 다음의 어느 하나에 해당하는 것을 말합니다.

 1) 아파트 : 주택으로 쓰는 층수가 5개 층 이상인 주택

 2) 연립주택 : 주택으로 쓰는 1개 동의 바닥면적(2개 이상의 동을 지하주차장으로 연결하는 경우에는 각각의 동으로 봄)합계가 660제곱미터를 초과하고, 층수가 4개 층 이하인 주택

 3) 다세대주택 : 주택으로 쓰는 1개 동의 바닥면적(지하주차장 면적은 제외) 합계가 660제곱미터 이하이고, 층수가 4개 층 이하인 주택(2개 이상의 동을 지하주차장으로 연결하는 경우에는 각각의 동으로 봄)

 4) 기숙사 : 학교 또는 공장 등의 학생 또는 종업원 등을 위해서 쓰는 것으로서 공동취사 등을 할 수 있는 구조를 갖추되, 독립된 주거의 형태를 갖추지 않은 것

② 다만, 위의 1이나 2에서 층수를 산정할 때 1층 전부를 필로티 구조로 하여 주차장으로 사용하는 경우에는 필로티 부분을 층수에서 제외하고, 3에서 층수를 산정할 때 1층의 바닥면적 2분의 1 이상을 필로티 구조로 하여 주차장으로 사용하고 나머지 부분을 주택 외의 용도로 쓰는 경우에는 해당 층을 주택의 층수에서 제외하며, 위 1부터 제4까지의 규정에서 층수를 산정할 때 지하층을 주택의 층수에서 제외합니다.

1-4. 세대구분형 공동주택

세대구분형 공동주택은 공동주택의 주택 내부 공간의 일부를 세대별로 구분하여 생활이 가능한 구조로 하되, 그 구분된 공간 일부에 대해 구분소유를 할 수 없는 주택으로서 다음의 구분에 따른 요건을 충족하여 건설된 공동주택을 말합니다.

① 주택법 제15조에 따른 사업계획의 승인을 받아 건설하는 공동주택의 경우에는,

 1) 세대별로 구분된 각각의 공간마다 별도의 욕실, 부엌과 현관을 설치할 것

2) 하나의 세대가 통합하여 사용할 수 있도록 세대 간에 연결문 또는 경량구조의 경계벽 등을 설치할 것

3) 세대구분형 공동주택의 세대수가 해당 주택단지 안의 공동주택 전체 세대수의 3분의 1을 넘지 않을 것

4) 세대별로 구분된 각각의 공간의 주거전용면적(주거의 용도로만 쓰이는 면적으로서 주택법 제2조제6호 후단에 따른 방법으로 산정된 것을 말함) 합계가 해당 주택단지 전체 주거전용면적 합계의 3분의 1을 넘지 않는 등 국토교통부장관이 정하여 고시하는 주거전용면적의 비율에 관한 기준을 충족할 것이라는 요건을 모두 충족할 것

② 공동주택관리법 제35조에 따른 행위의 허가를 받거나 신고를 하고 설치하는 공동주택의 경우에는,

1) 구분된 공간의 세대수는 기존 세대를 포함하여 2세대 이하일 것

2) 세대별로 구분된 각각의 공간마다 별도의 욕실, 부엌과 구분 출입문을 설치할 것

3) 세대구분형 공동주택의 세대수가 해당 주택단지 안의 공동주택 전체 세대수의 10분의 1과 해당 동의 전체 세대수의 3분의 1을 각각 넘지 않을 것(다만, 시장·군수·구청장이 부대시설의 규모 등 해당 주택단지의 여건을 고려하여 인정하는 범위에서 세대수의 기준을 넘을 수 있음)

4) 구조, 화재, 소방 및 피난안전 등 관계 법령에서 정하는 안전 기준을 충족할 것이라는 요건을 모두 충족할 것

2. 건축의 개념

건축이란 건축물을 신축·증축·개축·재축(再築)하거나 건축물을 이전하는 것을 말합니다.

① 신축

신축이란 건축물이 없는 대지(기존 건축물이 철거되거나 멸실된 대지를 포함)에 새로 건축물을 축조(築造)하는 것[부속건축물만 있는 대지에 새로 주된 건축물을 축조하는 것을 포함하되, 개축(改築) 또는 재축(再築)하는 것은 제외]을 말합니다.

② 증축

증축이란 기존 건축물이 있는 대지에서 건축물의 건축면적, 연면적, 층수 또는 높이를 늘리는 것을 말합니다.

③ 개축

개축이란 기존 건축물의 전부 또는 일부[내력벽·기둥·보·지붕틀(건축법시행령 제2조제16호에 따른 한옥의 경우에는 지붕틀의 범위에서 서까래는 제외) 중 셋 이상이 포함되는 경우를 말함]를 철거하고 그 대지에 종전과 같은 규모의 범위에서 건축물을 다시 축조하는 것을 말합니다.

④ 재축

재축이란 건축물이 천재지변이나 그 밖의 재해(災害)로 멸실된 경우 그 대지에 다음의 요건을 모두 갖추어 다시 축조하는 것을 말합니다.

1) 연면적 합계는 종전 규모 이하로 할 것

2) 동(棟)수, 층수 및 높이는 다음의 어느 하나에 해당할 것

가) 동수, 층수 및 높이가 모두 종전 규모 이하일 것

나) 동수, 층수 또는 높이의 어느 하나가 종전 규모를 초과 하는 경우에는 해당 동수, 층수 및 높이가 건축법, 건축법시행령 또는 건축조례에 모두 적합할 것

⑤ 이전

이전이란 건축물의 주요구조부를 해체하지 않고 같은 대지의 다른 위치로 옮기는 것을 말합니다.

3. 대수선의 개념

대수선(大修繕)이란 건축물의 기둥, 보, 내력벽, 주계단 등의 구조나 외부
형태를 수선·변경하거나 증설하는 것으로 증축·개축 또는 재축에 해당하지
않는 것으로서 다음의 어느 하나에 해당하는 것을 말합니다.

① 내력벽을 증설 또는 해체하거나 그 벽면적을 30제곱미터 이상 수선 또
   는 변경하는 것

② 기둥을 증설 또는 해체하거나 세 개 이상 수선 또는 변경하는 것

③ 보를 증설 또는 해체하거나 세 개 이상 수선 또는 변경하는 것

④ 지붕틀을 증설 또는 해체하거나 세 개 이상 수선 또는 변경하는 것

⑤ 방화벽 또는 방화구획을 위한 바닥 또는 벽을 증설 또는 해체하거나 수
   선 또는 변경하는 것

⑥ 주계단·피난계단 또는 특별피난계단을 증설 또는 해체하거나 수선 또는
   변경하는 것

⑦ 미관지구에서 건축물의 외부형태(담장을 포함)를 변경하는 것

⑧ 다가구주택의 가구 간 경계벽 또는 다세대주택의 세대 간경계벽을 증설
   또는 해체하거나 수선 또는 변경하는 것

⑨ 건축물의 외벽에 사용하는 마감재료(건축법 제52조제2항에 따른 마감재
   료를 말함)를 증설 또는 해체하거나 벽면적 30제곱미터 이상 수선 또는
   변경하는 것

Q 주택이란 무엇이며 주택의 종류는 어떻게 구분되나요?

A 주택이란 세대의 구성원이 장기간 독립된 주거생활을 할 수 있는 구조로 된 건축물의 전부 또는 일부 및 그 부속토지를 말하며, 이는 단독주택과 공동주택으로 나뉩니다.

◇ 단독주택

단독주택이란 가정보육시설, 공동생활가정 및 재가(在家) 노인복지시설을 포함하며, 다음의 어느 하나에 해당하는 것을 말합니다.

1. 단독주택
2. 다중주택 : 다음의 요건을 모두 갖춘 주택을 말합니다.
   가. 학생 또는 직장인 등 여러 사람이 장기간 거주할 수 있는 구조로 되어 있을 것
   나. 독립된 주거의 형태가 아닐 것
   다. 연면적이 330제곱미터 이하이고 층수가 3층 이하일 것
3. 다가구주택 : 다음의 요건을 모두 갖춘 주택으로서 공동 주택에 해당하지 않는 것을 말합니다.
   가. 주택으로 쓰는 층수(지하층은 제외)가 3개 층 이하일 것. 다만, 1층의 전부 또는 일부를 필로티 구조로 하여 주차장으로 사용하고 나머지 부분을 주택 외의 용도로 쓰는 경우에는 해당 층을 주택의 층수에서 제외합니다.
   나. 1개 동의 주택으로 쓰는 바닥면적(지하주차장 면적은 제외)의 합계가 660제곱미터 이하일 것
   다. 19세대 이하가 거주할 수 있을 것
4. 공관(公館)

◇ 공동주택

공동주택이란 공동주택의 형태를 갖춘 가정보육시설 · 공동생활가정 · 지역아동센터 · 노인복지시설 및 주택법 시행령 제3조제1항에

따른 원룸형 주택을 포함하며, 다음의 어느 하나에 해당하는 것을 말합니다.

① 아파트 : 주택으로 쓰는 층수가 5개 층 이상인 주택

② 연립주택 : 주택으로 쓰는 1개 동의 바닥면적(지하주차장 면적은 제외) 합계가 660제곱미터를 초과하고, 층수가 4개 층 이하인 주택

③ 다세대주택: 주택으로 쓰는 1개 동의 바닥면적(지하주차장 면적은 제외) 합계가 660제곱미터 이하이고, 층수가 4개 층 이하인 주택

④ 기숙사 : 학교 또는 공장 등의 학생 또는 종업원 등을 위해서 쓰는 것으로서 공동취사 등을 할 수 있는 구조를 갖추되, 독립된 주거의 형태를 갖추지 않은 것

Q 주택이란 무엇이며 주택의 종류는 어떻게 구분되나요?

A 3. 다가구주택 : 다음의 요건을 모두 갖춘 주택으로서 공동 주택
에 해당하지 않는 것을 말합니다.

　　가. 주택으로 쓰는 층수(지하층은 제외)가 3개 층 이하일 것. 다
　　　　만, 1층의 전부 또는 일부를 필로티 구조로 하여 주차장으
　　　　로 사용하고 나머지 부분을 주택 외의 용도로 쓰는 경우에
　　　　는 해당 층을 주택의 층수에서 제외합니다.

　　나. 1개 동의 주택으로 쓰는 바닥면적(지하주차장 면적은 제외)의
　　　　합계가 660제곱미터 이하일 것

　　다. 19세대 이하가 거주할 수 있을 것

　4. 공관(公館)

　◇ 공동주택

공동주택이란 공동주택의 형태를 갖춘 가정보육시설·공동생활가
정·지역아동센터·노인복지시설 및 주택법 시행령 제3조제1항에
따른 원룸형 주택을 포함하며, 다음의 어느 하나에 해당하는 것을
말합니다.

　① 아파트 : 주택으로 쓰는 층수가 5개 층 이상인 주택

　② 연립주택 : 주택으로 쓰는 1개 동의 바닥면적(지하주차장 면적
　　　은 제외) 합계가 660제곱미터를 초과하고, 층수가 4개 층
　　　이하인 주택

(관련판례)

50여명의 고시준비생들이 그들의 방을 침실로도 이용하면서 지하층에 설치된 공
동식당을 이용하는 등의 방법으로 이사건 건물에 거주하고 있다면 이 사건 건물
은 학생 또는 직장인 등의 다수인이 장기간 거주할 수 있는 구조로 된 다중주택
에 해당한다고 보아야 할 것이다(대법원 1989. 12. 26. 선고 89누5812 판결).

Q 주택이란 무엇이며 주택의 종류는 어떻게 구분되나요?

A 증축이란 기존 건축물이 있는 대지에서 건축물의 건축면적, 연면적, 층수 또는 높이를 늘리는 것을 말하며, 대수선이란 건축물의 기둥, 보, 내력벽, 주계단 등의 구조나 외부 형태를 수선 · 변경하거나 증설하는 것으로 증축 · 개축 또는 재축에 해당하지 않는 것 등을 말합니다.

◇ 증축의 개념

증축이란 건축법상 건축의 하나로서 기존 건축물이 있는 대지에서 건축물의 건축면적, 연면적, 층수 또는 높이를 늘리는 것을 말합니다.

◇ 대수선의 개념

대수선(大修繕)이란 건축물의 기둥, 보, 내력벽, 주계단 등의 구조나 외부 형태를 수선 · 변경하거나 증설하는 것으로 증축 · 개축 또는 재축에 해당하지 않는 것으로서 다음의 어느 하나에 해당하는 것을 말합니다.

1. 내력벽을 증설 또는 해체하거나 그 벽면적을 30제곱미터 이상 수선 또는 변경하는 것
2. 기둥을 증설 또는 해체하거나 세 개 이상 수선 또는 변경하는 것
3. 보를 증설 또는 해체하거나 세 개 이상 수선 또는 변경하는 것
4. 지붕틀을 증설 또는 해체하거나 세 개 이상 수선 또는 변경하는 것
5. 방화벽 또는 방화구획을 위한 바닥 또는 벽을 증설 또는 해체하거나 수선 또는 변경하는 것
6. 주계단 · 피난계단 또는 특별피난계단을 증설 또는 해체하거나 수선 또는 변경하는 것
7. 미관지구에서 건축물의 외부형태(담장을 포함)를 변경하는 것

8. 다가구주택의 가구 간 경계벽 또는 다세대주택의 세대 간 경계벽을 증설 또는 해체하거나 수선 또는 변경하는 것
9. 건축물의 외벽에 사용하는 마감재료(건축법 제52조제2항에 따른 마감재료를 말함)를 증설 또는 해체하거나 벽면적 30제곱미터 이상 수선 또는 변경하는 것

■ 동시에 증축과 개축이 가능한지요?

Q 개발제한구역내에서 건축법상 개축과 증축허가를 동시에 이루어지는 경우 일괄 허가처리가 가능한지요?

A ① 건축행위 중 "신축"이라함은 건축법시행령 제2조제1호의 규정에 따라 건축물이 없는 대지(기존 건축물이 철거 또는 멸실된 대지를 포함)에 새로이 건축물을 축조하는 것(개축 또는 재축의 경우를 제외)을 말한다고 규정하고 있습니다.
② 건축물의 개축과 증축이 동시에 이루어지는 것은 신축에 해당됨으로 개발제한구역법령상 건축(신축)기준과 규모 등 법령에 적합하다면 개축과 증축행위를 일괄하여 허가하는 것은 아무런 문제가 없을 것이며, 민원인의 편의를 위한 적절한 조치일 것입니다.

■ 지적상 도로는 아니나 자동차가 다니는 도로가 있는 경우, 화재로 소실된 기존 건축물을 재축할 수 있는지요?

Q 지적상 도로는 아니나 자동차가 다니는 도로가 있는 경우, 화재로 소실된 기존 건축물을 재축할 수 있는지요?

A 건축법 제6조 및 같은 법 시행령 제6조의2 제2항에 따라 허가권자는 기존 건축물 및 대지가 법령의 제·개정 등의 사유로 건축법령(조례 포함)에 부적합하더라도 해당 지방자치단체의 조례로 정하는 바에 따라 기존 건축물의 재축을 허가할 수 있도록 하고 있습니다.

아울러, 건축법상 "도로"라 함은 건축법 제2조제1항제11호에 따라 보행과 자동차 통행이 가능한 너비 4미터 이상의 도로로서 「도로법」 등 관계법령에 따라 신설 또는 변경에 관한 고시가 된 도로와 건축허가 또는 신고 시 허가권자가 그 위치를 지정·공고한 도로를 말하는 것이며,

건축법 제44조에 따라 건축물의 대지는 2미터 이상을 "도로"에 접하여야 하는 것이나, 해당 건축물의 출입에 지장이 없다고 인정되거나 건축물의 주변에 광장, 공원 등 건축이 금지되고 공중의 통행에 지장이 없는 공지로 허가권자가 인정한 공지가 있는 경우에는 그러하지 아니하여도 건축이 가능할 것입니다.

■ 도로로 사용되는 토지 위에 건물을 신축하는 내용의 건축신고를 수리하였다가 철회통보한 경우, 그 철회 처분이 적법한지요?

Q 甲은 도로로 사용되는 토지를 건물을 지으려 매수 취득하였고, 건축신고를 하여 수리되었습니다. 그런데 행정청이 어느 날 그 수리를 철회하는 통보를 했습니다. 이 경우 철회 통보에 관하여 다툴 수 있는지요?

A 신고를 하여 수리된 경우에 그러한 수익적 행정처분을 취소 또는 철회하거나 중지시키는 경우에는 이미 부여된 국민의 기득권을 침해하는 것이 되므로, 비록 취소 등의 사유가 있다고 하더라도 그 취소권 등의 행사는 기득권의 침해를 정당화할 만한 중대한 공익상의 필요 또는 제3자의 이익보호의 필요가 있고, 이를 상대방이 받는 불이익과 비교·교량하여 볼 때 공익상의 필요 등이 상대방이 입을 불이익을 정당화할 만큼 강한 경우에 한하여 허용될 수 있다(대법원 1993. 8. 24. 선고 92누17723 판결, 대법원 2004. 7. 22. 선고 2003두7606 판결 등 참조)는 것이 대법원의 선례입니다.

그런데 위와 같이 사실상 도로로 사용되는 토지를 매수 취득한 사안에서 대법원은, "건물 신축으로 통행을 막지 않도록 해야 할 공익상 요청이 甲의 기득권, 신뢰, 법적 안정성의 보호보다 **훨씬 중요**하다고 보아 건축신고수리를 철회한 처분이 적법하다고 본 원심판단이 정당하다"고 판시하였습니다(대법원 2012.3.15. 선고 2011두27322 판결).

위 판결문에서는 해당 토지가 지역주민들이 면사무소 진입로 및 통행로로 사용해 온 도로로서 수십년 이상 일반 공중의 교통 또는 통행에 제공되고 있는 점, 원고는 이 사건 토지가 사실상의 도로로 사용되고 있는 사정을 알면서 이 사건 토지를 취득한 것으로 보이는 점, 이 사건 토지 위에 건물이 신축될 경우 인근 토지들은 맹지가 되거나 이 사건 토지를 향해 설치된 유일한 출입문을 폐쇄하고 다른 쪽의 담을 허물어 새로 출입문을 설치해야 하는 점 등의 사정을 종합하여, 이 사건 토지에 건물이 신축됨으로써 통행을 막지 않도록 하여야 할 공익상 필요가 인정되고 이러한 공익적 요청이 원고의 기득권, 신뢰, 법적 안정성의 보호보다 훨씬 중요하다고 판단되므로, 원고의 건축신고수리를 철회한 이 사건 처분이 적법하다고 판단하였습니다.

따라서 그러한 철회 통지의 취소를 구하는 청구가 받아들여지려면, 공익적 요청이 신뢰, 법적 안정성보다 덜 중요하다는 점에 관하여 검토가 필요합니다.

■ **기존건축물 3동 중 2동을 철거하고 기존 건축면적보다 크게 건축하는 경우 증축인지요? 대수선인지요?**

Q 기존건축물 3동 중 2동을 철거하고 기존 건축면적보다 크게 건축하는 경우 증축인지요? 대수선인지요?

A 건축물의 증축이라 함은 건축법 시행령 제2조 제1항 제2호의 규정에 의하여 기존건축물이 있는 대지 안에서 건축물의 건축면적·연면적·층수 또는 높이를 증가시키는 것을 말하고, 대수선이라 함은 동령 제3조의2 각호의 1에 해당하는 것으로서 증축·개축 또는 재축에 해당되지 않는 것을 말하는 바, 질의와 같이 건축면적이 증가한다면 이는 증축에 해당될 것입니다.

Q 기존 건축물의 벽·기둥의 중심선 바깥으로 셔터를 설치한
경우가 증축에 해당되는 것인지요?

A 건축법에서 "증축"이라 함은 동법 시행령 제2조 제1항 제2호의 규
정에 의하여 기존건축물이 있는 대지안에서 건축물의 건축면적 · 연
면적 · 층수 또는 높이를 증가시키는 것을 말하며, 연면적은 동법
시행령 제119조 제1항제4호의 규정에 의하여 하나의 건축물의 각
층의 바닥면적의 합계로 산정하는 것입니다.

또한 "바닥면적"은 동법 시행령 제119조 제1항 제3호의 규정에 의
하여 건축물의 각 층 또는 그 일부로서 벽 · 기둥 기타 이와 유사
한 구획의 중심선으로 둘러싸인 부분의 수평투영면적(제3호 각 목
의 어느 하나에 해당하는 경우에는 각 목이 규정하는 바에 의함)
으로 하는 것이므로, 문의의 경우가 건축법상 증축에 해당하는지
는 당해 부분의 벽 · 기둥 기타 이와 유사한 구획의 중심선이 변경
되어 그 중심선으로 둘러싸인 부분의 수평투영면적이 증가하였는지
를 건축물의 현황 등을 확인하여 판단하여야 할 것입니다.

■ **동일한 층에 한 개층을 추가하여 거실로 사용 중 출입계단을 폐쇄하고 거실용도로 사용이 불가하도록 한 경우에도 증축에 해당되는지요?**

Q 동일한 층에 한 개층을 추가하여 거실로 사용 중 출입계단을 폐쇄하고 거실용도로 사용이 불가하도록 한 경우에도 증축에 해당되는지요?

A 「건축법 시행령」제2조제2호에 따라 "증축"이란 기존 건축물이 있는 대지에서 건축물의 건축면적, 연면적, 층수 또는 높이를 늘리는 것을 말함에 따라, 같은 법 시행령 제119조제1항제3호 및 제4호에 따라 바닥면적 및 연면적이 증가된 경우에는 증축에 해당될 것으로 사료되며,

증축에 따라 바닥면적이 증가된 공간을 단순히 출입계단을 폐쇄하여 거실용도로 사용이 불가능하도록 조치하였다고 하여 반드시 '증축'에서 제외하는 것은 곤란할 것으로 사료됩니다.

■ **4층 건축물의 내부에 엘리베이터를 새로 설치하는 경우가 대수선에 해당하는지요?**

Q 4층 건축물의 내부에 엘리베이터를 새로 설치하는 경우가 대수선에 해당하는지요?

A 건축법령상 대수선이라 함은 건축법시행령 제3조의2 각호의 1에 해당하는 것을 말하는 것인 바, 질의의 경우 4층 바닥(3층 천장)이 방화구획을 위한 것이라면 대수선에 해당할 것으로 사료됩니다.

4. 주택건축절차

주택건축 절차를 시간적 순서에 따라 보면 아래 표와 같습니다.

사전 준비	입지선정[입지와 규모의 사전결정
	용도지역(지구, 구역)에서의 건축 제한
	주택건축 지원제도(그린홈100만호건축사업, 농어촌주택개량사업)

⇩

설계 및 허가	건축물의 설계및 설계 시 고려사항
	건축허가 또는 신고
	허가(신고)사항의 변경

⇩

건축시공	착공신고 및 공사감리
	건축물의 구조와 재료
	분쟁의 조정 및 재정

⇩

건축완료	사용승인
	취득세 납부
	건물의 소유권보존등기

⇩

건축완료	사용승인
	취득세 납부
	건물의 소유권보존등기

⇩

유지 및 관리 등	건축물의 유지 및 관리
	건축물 하자
	건축물의 철거

5. 증축 · 대수선 절차

증축·대수선 절차를 시간적 순서에 따라 보면 아래 표와 같습니다.

설계 및 허가	사전 준비(증축·대수선의 제한 검토)
	건축물의 설계 및 설계 시 고려사항
	증축·대수선 허가 또는 신고
	허가(신고)사항의 변경

⇩

증축·대수선 시공	착공신고 및 공사감리
	건축물의 구조와 재료
	분쟁의 조정 및 재정

⇩

증축·대수선 완료	사용승인
	취득세의 납부
	건축물의 변경등기

⇩

건축물의 유지 및 관리 등	건축물의 유지 및 관리
	건축물의 하자
	건축물의 철거

6. 주택건축 관련 법령

6-1. 사전 준비 관련 법령

6-1-1. 건축법

① 건축법은 국토의 계획 및 이용에 관한 법률과 함께 주택을 건축할 수 있는 입지를 선정함에 있어 기본이 되는 법률입니다.

② 건축법에서는 용도별 건축물의 종류를 단독주택 등 28개의 용도로 분류하여 국토의 계획 및 이용에 관한 법률에 따른 용도지역 및 용도지구(제76조)에서 어떻게 건축을 규제하는가에 관해서 규정하고 있습니다.

6-1-2. 국토의 계획 및 이용에 관한 법률

① 국토의 계획 및 이용에 관한 법률은 주택이 들어설 토지의 이용규제에 관한 사항을 정한 법률입니다.

② 국토의 계획 및 이용에 관한 법률은 개발행위의 허가와 국토를 용도지역·용도지구 및 용도구역으로 나누어 주택건축제한에 관해서 규정하고 있습니다(제76조·제80조·제80조의2 및 제81조).

6-1-3. 개발제한구역의 지정 및 관리에 관한 특별조치법

① 개발제한구역의 지정 및 관리에 관한 특별조치법은 국토의 계획 및 이용에 관한 법률 제38조에 따른 개발제한구역의 지정과 개발제한구역에서의 행위 제한에 관한 사항을 정한 법률입니다.

② 개발제한구역의 지정 및 관리에 관한 특별조치법은 개발제한구역을 효율적으로 관리함으로써 도시의 무질서한 확산을 방지하고 도시 주변의 자연환경을 보전하여 도시민의 건전한 생활환경을 확보하기 위해 개발제한구역에서의 건축제한(제12조)에 관한 사항을 규정하고 있습니다.

6-1-4. 도시공원 및 녹지 등에 관한 법률

① 도시공원 및 녹지 등에 관한 법률은 도시에 있어서의 공원녹지의 확충·관리·이용 및 도시녹화 등에 관해서 필요한 사항을 규정한 법률입니다.

② 도시공원 및 녹지 등에 관한 법률은 도시자연공원구역의 지정(제26조) 및 도

시자연공원구역에서의 건축제한(제27조)에 관한 사항이 규정되어 있습니다.

6-1-5. 공간정보의 구축 및 관리 등에 관한 법률

① 공간정보의 구축 및 관리 등에 관한 법률은 측량·수로조사의 기준 및 절차와 지적공부의 작성 및 관리 등에 관한 사항을 규정하고 있습니다.

② 공간정보의 구축 및 관리 등에 관한 법률에서 주택을 건축할 수 있는 대표적인 토지의 지목이 바로 "대(垈)"입니다.

6-1-6. 수산자원관리법

① 수산자원관리법은 수산자원관리를 위한 계획을 수립하고, 수산자원의 보호·획복 및 조성 등에 필요한 사항을 규정하여 수산자원을 효율적으로 관리하고, 이를 통해 어업의 지속적 발전과 어업인의 소득증대에 기여하기 위한 법률입니다.

② 수산자원관리법은 자원의 보호 및 관리를 위해 수산자원보호구역을 지정하고 해당 구역에서의 건축제한(제52조)에 관한 사항을 규정하고 있습니다.

6-1-7. 수도법

① 수도법은 수도(水道)에 관한 종합적인 계획을 수립하고 수도를 적정하고 합리적으로 설치·관리하여 공중위생을 향상시키고 생활환경을 개선하기 위한 법률입니다.

② 수도법은 상수원을 보호하기 위해 상수원보호구역을 지정하고 해당 구역에서의 건축제한(제7조제4항)에 관한 사항을 규정하고 있습니다.

6-1-8. 군사기지 및 군사시설 보호법

① 군사기지 및 군사시설 보호법은 군사기지 및 군사시설을 보호하고 군사작전을 원활히 수행하기 위해 필요한 사항을 규정한 법률입니다.

② 군사기지 및 군사시설 보호법은 군사시설을 보호하기 위해 군사시설보호구역을 지정하고 해당 구역에서의 건축제한(제9조)에 관한 사항을 규정하고 있습니다.

6-1-9. 야생생물 보호 및 관리에 관한 법률

① 야생생물 보호 및 관리에 관한 법률은 야생동·식물과 그 서식환경을 체계적으로 보호·관리함으로써 야생생물의 멸종을 예방하고, 생물의 다양성을 증진시켜 생태계의 균형을 유지하기 위한 법률입니다.
② 야생생물 보호 및 관리에 관한 법률은 야생생물을 보호하기 위해 야생동·식물특별보호구역을 지정하고 해당 구역에서의 건축제한(제28조)에 관한 사항을 규정하고 있습니다.

6-1-10. 해양생태계의 보전 및 관리에 관한 법률

① 해양생태계의 보전 및 관리에 관한 법률은 해양생태계를 인위적인 훼손으로부터 보호하고, 해양생물다양성을 보전하며 해양생물자원의 지속가능한 이용을 도모하는 등 해양생태계를 종합적이고 체계적으로 보전·관리하기 위한 법률입니다.
② 해양생태계의 보전 및 관리에 관한 법률은 해양보호구역을 지정하고 해당 구역에서의 건축제한(제27조)에 관한 사항을 규정하고 있습니다.

6-1-11. 도서지역의 생태계 보전에 관한 특별법

① 독도 등 도서지역의 생태계 보전에 관한 특별법은 특정도서의 다양한 자연생태계·지형 또는 지질 등을 비롯한 자연환경의 보전에 관한 기본적 사항을 정하고 있습니다.
② 독도 등 도서지역의 생태계 보전에 관한 특별법은 자연환경의 보전을 위해 특정도서 등을 지정하고 해당 도서 등에서의 건축제한(제8조)에 관한 사항을 규정하고 있습니다.

6-1-12. 습지보전법

① 습지보전법은 습지의 효율적 보전·관리에 필요한 사항을 규정하고 있습니다.
② 습지보전법에서는 자연상태가 원시성을 유지하고 있거나 생물다양성이 풍부한 지역 등을 습지보호지역으로 지정하고 해당 지역에서의 건축제한(제13조제1항)에 관한 사항을 규정하고 있습니다.

6-1-13. 자연공원법

① 자연공원법은 자연공원(국립공원·도립공원·군립공원 및 지질공원)의 지정·보전 및 관리에 관한 사항을 규정하고 있습니다.

② 자연공원법에서는 공원구역을 지정하고 해당 공원구역에서 공원사업 외에 건축물의 신축 또는 개축을 하려는 자는 일정한 경우 신고 또는 허가(제23조)를 받도록 하고 있습니다.

6-1-14. 자연환경보전법

① 자연환경보전법은 자연환경을 인위적 훼손으로부터 보호하고, 생태계와 자연경관을 보전하는 등 자연환경을 체계적으로 보전·관리함으로써 자연환경의 지속 가능한 이용을 도모하기 위한 법입니다.

② 자연환경보전법에서는 자연상태가 원시성을 유지하고 있거나 생물다양성이 풍부해서 보전 및 학술적 연구가치가 큰 지역 등을 생태·경관보전지역으로 지정하고 해당 지역에서의 건축제한(제15조)에 관한 사항을 규정하고 있습니다.

6-1-15. 재해위험 개선사업 및 이주대책에 관한 특별법

① 재해위험 개선사업 및 이주대책에 관한 특별법은 재해의 근원적 예방과 항구적 복구 등을 위해서 재해위험지구의 개선에 필요한 재해방지대책 등에 관한 사항을 규정하고 있습니다.

② 재해위험 개선사업 및 이주대책에 관한 특별법에서는 태풍, 홍수, 해일 등 자연현상으로 인해서 상습 풍수해 등의 피해가 빈발하는 지역과 집단이주단지 조성이 필요한 수해복구 지역 중에서 재해위험 개선사업지구를 지정하고 해당 지역에서의 건축제한(제7조)에 관한 사항을 규정하고 있습니다.

6-1-16. 저수지·댐의 안전관리 및 재해예방에 관한 법률

① 저수지·댐의 안전관리 및 재해예방에 관한 법률은 저수지·댐의 붕괴 등으로 인한 재해로부터 국민의 생명·신체 및 농경지 등 재산을 보호하기

위해서 저수지·댐의 안전관리와 재해예방을 위한 사전점검·정비 및 재해 발생 시 대응 등에 관하여 필요한 사항을 규정하고 있습니다.

② 저수지·댐의 안전관리 및 재해예방에 관한 법률에서는 저수지·댐의 안전 성 확보 및 효용성 제고 등을 위해서 위험저수지·댐 정비사업이 시급하 다고 판단되는 경우 등에는 위험저수지·댐 정비지구로 지정하고 해당 지 역에서의 건축제한(제17조)에 관한 사항을 규정하고 있습니다.

6-1-17. 택지개발촉진법

① 택지개발촉진법은 도시지역의 시급한 주택난을 해소 하기 위해서 주택건 설에 필요한 택지의 취득·개발·공급 및 관리 등에 관해서 특례를 규정하 고 있습니다.

② 택지개발촉진법에서는 국토의 계획 및 이용에 관한 법률에 따른 도시지 역과 그 주변지역 중 택지개발촉진법 제3조에 따라 택지개발지구를 지 정하고 해당 지구에서의 건축제한(제6조)에 관한 사항을 규정하고 있습 니다.

6-1-18. 기업도시개발 특별법

① 기업도시개발 특별법은 민간기업이 산업·연구·관광·레저분야 등에 걸쳐 계획적·주도적으로 자족적인 도시를 개발·운영하는데 필요한 사항을 규 정하고 있습니다.

② 기업도시개발 특별법에서는 기업도시를 조성하기 위한 기업도시개발사업 을 시행하기 위해서 기업도시개발 특별법 제5조에 따라 기업도시개발구 역을 지정하고 해당 구역에서의 건축제한(제9조)에 관한 사항을 규정하 고 있습니다.

6-1-19. 항만법

① 항만법은 항만의 지정·개발·관리·사용 및 재개발에 관한 사항을 정함으 로써 항만과 그 주변지역 개발을 촉진하고 효율적으로 관리·운영하여 국민경제 발전에 이바지함을 목적으로 하는 법률입니다.

② 항만법에서는 항만법 제51조에 따라 항만재개발사업구역을 지정하고 해당 구역에서의 건축제한(제84조)에 관한 사항을 규정하고 있습니다.

6-1-20. 하수도법

① 하수도법은 하수도의 설치 및 관리의 기준을 등을 정해 하수와 분뇨를 적정하게 처리함으로써 공중위생을 향상시키고 공공수역의 수질을 보전하기 위한 법률입니다.
② 하수도법에서는 주택을 건축하려는 경우 개인하수처리시설의 설치(제34조제2항) 및 개인하수처리시설의 운영·관리(제39조)에 관한 사항을 규정하고 있습니다.

6-2. 주택건축 절차 관련 법령

6-2-1. 건축법

① 건축법은 건축물의 설계, 건축허가(신고), 착공, 안전, 기능 및 분쟁조정 등에 관한 사항을 규정하고 있는 주택건축의 기본이 되는 법률입니다.
② 건축법에 따라 건축물을 건축하기 위해서는 건축물의 설계(제23조), 건축허가(제11조), 건축신고(제14조), 건축물의 대지와 도로(제44조), 건축물의 구조 및 재료(제49조) 등에 관한 사항을 준수해야 합니다.

6-2-2. 소음·진동관리법

① 소음·진동관리법은 건설공사장으로부터 발생하는 소음·진동으로 인한 피해를 방지하고 소음·진동을 적정하게 관리해서 모든 국민이 조용하고 평온한 환경에서 생활할 수 있게 하기 위반 법률입니다.
② 소음·진동관리법에서는 생활소음과 진동의 관리(제21조), 특정공사의 사전신고 의무(제22조) 등에 관한 사항을 규정하고 있습니다.

6-2-3. 건축물의 피난·방화구조 등의 기준에 관한 규칙

① 건축물의 피난·방화구조 등의 기준에 관한 규칙은 건축법 제49조, 제50조, 제50조의2, 제51조부터 제53조까지 및 제64조에 따른 건축물의 피

난·방화 등에 관한 기술적 기준이 되는 규칙입니다.

② 건축물의 피난·방화구조 등의 기준에 관한 규칙에서는 건축물의 내화구조, 방화구조, 채광 및 환기를 위한 창문 등의 설치, 경계벽의 구조 등에 관한 사항을 규정하고 있습니다.

6-3. 주택건축완료 후 관련 법령
6-3-1. 건축법

① 건축법은 건축물의 대지구조·설비 기준 및 용도 등을 정해서 건축물의 안전·기능·환경 및 미관의 향상을 도모하기 위한 법률입니다.

② 건축법은 건축물의 유지와 관리(제35조), 건축물의 철거(제36조)에 관한 사항을 규정하고 있습니다.

6-3-2. 부동산등기법

① 부동산등기법은 등기소와 등기관, 등기부, 등기절차, 표시에 관한 등기, 권리에 관한 등기 등에 관한 사항을 정한 법률입니다.

② 부동산등기법은 신축건물의 소유권보존등기(제65조)에 관한 사항을 규정하고 있습니다.

6-3-3. 지방세법

① 지방세법은 지방자치단체의 재정확보를 목적으로 취득세, 등록면허세, 레저세, 주민세, 재산세 및 자동차세 등의 부과 및 징수 등에 관한 사항을 정한 법률입니다.

② 지방세법은 건축물을 신규로 취득한 사람에 대해 건물의 취득에 대한 취득세(제20조)의 부과 및 징수 등에 관한 사항을 규정하고 있습니다.

6-4. 주택의 관리 및 하자 관련 법령
6-4-1. 건축법

① 건축법은 건축물의 유지와 관리 의무를 정해서 불법 건축물의 발생을 예

방하고 건축물을 적법하게 유지·관리하도록 하고 있습니다.

② 건축법은 건축물 소유자에게 건축물의 관리 및 유지(제35조) 의무를 지
우고 있으며, 건축물이 멸실되거나 철거하는 경우 관할관청에 신고(제36
조)를 하도록 하고 있습니다.

6-4-2. 민법

① 민법은 주택 등 건축물의 건축과정에서 지켜야 할 토지의 심굴금지(제
241조), 경계선부근의 건축(제242조), 차면시설의무(제243조) 등과 관련
된 법률 관계를 규율하는 법률입니다.

② 민법은 건축물의 하자(瑕疵)에 있어서 공사시공자가 건설산업기본법에
따른 건설업자가 아닌 경우 수급인의 담보책임(제667조)에 관한 사항
등을 규정하고 있습니다.

6-4-3. 건설산업기본법

① 건설산업기본법은 건설업의 등록, 도급계약 및 하도급계약, 시공 및 기
술관리 등에 관한 사항을 규정하고 있습니다.

② 건설산업기본법에서는 공사시공자가 건설산업기본법에 따른 건설업자인
경우의 하자담보책임(제28조)에 대해 규정하고 있습니다.

제2장

사전 준비할 사항은 무엇인지요?

제2장 사전 준비할 사항은 무엇인지요?

제1절 부지선정

1. 주택건축이 가능한 토지 등

1-1. 대지

1-1-1. 건축법상의 대지

① 건축법에서 대지란 원칙적으로 공간정보의 구축 및 관리 등에 관한 법률에 따라 각 필지로 나눈 토지를 말합니다(제2조제1항제1호 본문). 대지를 지적공부상 대(垈)로 한정하지 않는 것은 지적공부에 잡종지·임야 등으로 되어 있는 토지라도 토지형질변경 등 일정한 요건을 갖추면 주택을 지을 수 있는 대지가 될 수 있기 때문입니다.

② 택지개발촉진법에서의 택지란 택지개발촉진법에 따라 개발·공급되는 주택건설용지 및 공공시설용지(제2조제1호)로서 아파트 건설 등 대규모 주택단지 건설사업에서 주로 사용되는 용어입니다.

③ 대지는 실제로 주택을 건축할 때 건폐율·용적률 등의 건축기준과 건축규모의 산정기준이 됩니다.

④ "필지"란 토지(土地)의 단위를 말하며, 토지는 1필지마다 등기부에 기재되어 지번(地番)이 붙여집니다. 또한, 1필지의 토지를 복수로 나누면 각각 1필지의 토지가 되며, 반대로 복수 필지의 토지를 1개로 하면 1필지의 토지가 됩니다.

1-1-2. 1필지 1대지의 원칙 및 예외

다음의 토지는 둘 이상의 필지를 하나의 대지로 하거나 하나 이상의 필지의 일부를 하나의 대지로 할 수 있습니다.

① 둘 이상의 필지를 하나의 대지로 할 수 있는 토지

　1) 하나의 건축물을 두 필지 이상에 걸쳐 건축하는 경우 : 그 건축물이 건축되는 각 필지의 토지를 합한 토지

2) 공간정보의 구축 및 관리 등에 관한 법률 제80조제3항에 따라 합병이 불가능한 경우 중 다음 어느 하나에 해당하는 경우 : 그 합병이 불가능한 필지의 토지를 합한 토지. 다만, 토지의 소유자가 서로 다르거나 소유권 외의 권리관계가 서로 다른 경우는 제외합니다.

　가) 각 필지의 지번부여지역(地番附與地域)이 서로 다른 경우

　나) 각 필지의 도면의 축척이 다른 경우

　다) 서로 인접하고 있는 필지로서 각 필지의 지반(地盤)이 연속되지 않은 경우

3) 국토의 계획 및 이용에 관한 법률 제2조제7호에 따른 도시·군계획시설에 해당하는 건축물을 건축하는 경우 : 그 도시·군계획시설이 설치되는 일단(一團)의 토지

4) 주택법 제15조에 따른 사업계획승인을 받아 주택과 그 부대시설 및 복리시설을 건축하는 경우 : 주택법 제2조제12호에 따른 주택단지

5) 도로의 지표 아래에 건축하는 건축물의 경우 : 특별시장·광역시장·특별자치시장·특별자치도지사·시장·군수 또는 구청장(자치구의 구청장을 말함)이 그 건축물이 건축되는 토지로 정하는 토지

6) 건축법 제22조에 따른 사용승인을 신청할 때 둘 이상의 필지를 하나의 필지로 합칠 것을 조건으로 건축허가를 하는 경우 : 그 필지가 합쳐지는 토지. 다만, 토지의 소유자가 서로 다른 경우는 제외합니다.

② 하나 이상의 필지의 일부를 하나의 대지로 할 수 있는 토지

1) 하나 이상의 필지의 일부에 대해서 도시계획시설이 결정·고시된 경우 : 그 결정·고시된 부분의 토지

2) 하나 이상의 필지의 일부에 대해서 농지법 제34조에 따른 농지전용허가를 받은 경우 : 그 허가받은 부분의 토지

3) 하나 이상의 필지의 일부에 대해서 산지관리법 제14조에 따른 산지전용허가를 받은 경우 : 그 허가받은 부분의 토지

4) 하나 이상의 필지의 일부에 대해서 국토의 계획 및 이용에 관한 법률 제56조에 따른 개발행위허가를 받은 경우 : 그 허가받은 부분의 토지

5) 건축법 제22조에 따른 사용승인을 신청할 때 필지를 나눌것을 조건으로 건축허가를 하는 경우 : 그 필지가 나누어지는 토지

1-2. 공간정보의 구축 및 관리 등에 관한 법률상 지목과 대지

1-2-1. 공간정보의 구축 및 관리 등에 관한 법률상 지목의 종류

① 지목은 전(田)·답(畓)·과수원·목장용지·임야·광천지·염전·대(垈)·공장용지·학교용지·주차장·주유소용지·창고용지·도로·철도용지·제방·하천·구거(溝渠)·유지(溜池)·양어장·수도용지·공원·체육용지·유원지·종교용지·사적지·묘지·잡종지로 구분해서 정해집니다(제67조제1항).

② "구거"란 용수나 배수를 목적으로 만든 인공적인 수로 및 그 부속시설물의 부지로서 하천보다 규모가 작은 4~5m 폭의 개울을 말합니다.

③ "유지"란 일정한 구역 내에 물이 고이거나 상시적으로 물을 저장하고 있는 댐, 저수지, 호수, 양어장 등의 토지나 배수가 잘되지 않는 토지를 말합니다.

1-2-2. 공간정보의 구축 및 관리 등에 관한 법률상의 대(垈)

① 영구적 건축물 중 주거시설과 이에 접속된 정원 및 부속시설물의 부지를 대(垈)라 하므로(제67조제2항), 주택을 건축하기 위해서는 「공간정보의 구축 및 관리 등에 관한 법률」상 지목이 원칙적으로 대(垈)이어야 합니다.

1-2-3. 지목의 변경

① 지목이 전·답·임야 등으로 되어 있는 토지에는 영구적인 건축물을 건축할 수 없지만, 각각 농지법 제34조에 따른 농지전용허가, 산지관리법 제14조에 따른 산지전용허가 및 국토의 계획 및 이용에 관한 법률 제56조에 따른 개발행위허가를 받으면 주택을 건축할 수 있습니다.

② 그리고 번잡한 행정절차를 피하기 위해 건축법 제11조제1항에 따른 건축허가를 받으면 농지법 제34조, 제35조 및 제43조에 따른 농지전용허가·신고 및 협의, 산지관리법 제14조와 제15조에 따른 산지전용허가와 산지전용신고 및 국토의 계획 및 이용에 관한 법률 제56조에 따른 개발행위허가 등을 받거나 신고를 한 것으로 봅니다.

1-2-4. 농지의 전용

① 농지의 전용이란 농지를 농작물 경작이나 다년생(多年生)식물의 재배 외에 용도로 사용하는 것을 말하며(농지법 제2조제7호), 통상 농지에 건축물을 건축하거나 공작물을 설치하는 등의 행위를 하기 위한 것입니다.

② 농지를 전용하려는 사람은 그 농지의 소재지를 관할하는 농지관리위원회의 확인을 거쳐 농림축산식품부장관 또는 그 권한을 위임받은 시·도지사 및 시장·군수·구청장의 허가를 받아야 합니다.

1-2-5. 산지의 전용

① 산지전용(山地轉用)이란 산지를 다음의 어느 하나에 해당하는 용도 외로 사용하거나 이를 위해서 산지의 형질을 변경하는 것을 말합니다.

1) 조림(造林), 숲 가꾸기, 입목의 벌채·굴취

2) 토석 등 임산물의 채취

3) 산지일시사용

② 산지전용을 하려는 사람은 그 용도를 정하여 산림청장 등 관할 행정청의 허가를 받아야 하며, 허가받은 사항을 변경하려는 경우에도 또한 변경허가를 받아야 합니다.

Q 포장된 현황도로(건축법에 의한 도로로 지정되지 않음)를 이용하여 건축물을 신축하고자 할 경우, 동 현황도로 토지소유자의 사용동의서를 받아야 하는지요?

A 건축법 제44조의 규정에 따르면 건축물의 대지는 2미터 이상이 도로에 접하도록 규정하고 있으며, 이 경우 도로는 같은 법 제2조제1항제11호에 따라 보행과 자동차통행이 가능한 너비 4미터 이상으로서 국토의 계획 및 이용에 관한 법률·도로법·사도법 그 밖의 관계법령에 따라 신설 또는 변경에 관한 고시가 된 도로(그 예정도로)와 건축허가 또는 신고 시 허가권자가 그 위치를 지정하여 공고한 도로(그 예정도로)를 말합니다.

또한, 허가권자는 건축허가 또는 신고 시 도로의 위치를 지정·공고하고자 할 때에는 같은 법 제45조에 따른 도로의 지정절차에 따라 당해 도로에 대한 이해관계자의 동의를 얻어야 하며, 다만, 주민이 오랫동안 통행로로 이용하고 있는 사실상의 도로로서 해당 지방자치단체의 조례로 정하는 것인 경우에는 건축위원회의 심의를 거쳐 도로를 지정할 수 있습니다.

2. 주택건축 가능 여부의 확인

2-1. 국토교통부 토지이용규제정보서비스의 이용

① 토지이용규제정보서비스 인터넷 홈페이지에서는 다음의 사항을 확인할 수 있습니다.

② 토지이용계획 열람

　1) 토지이용계획열람은 해당 토지의 관할 시·군·구에서 발급하는 토지이용계획확인서의 내용 중 전산발급되는 사항으로서 지역·지구의 지정현황과 행위제한내용을 확인할 수 있습니다.

　2) 이와는 별도로 토지이용계획확인서 등본을 발급받으려는 사람은 해당 시·군·구청에 발급을 신청하거나 정부24 홈페이지에서 발급신청을 할 수 있습니다.

③ 지역·지구별 행위제한

　지역·지구별 행위제한정보는 법령 및 자치법규에 용도지역·지구별로 규정된 행위제한사항의 조문 내용을 서비스하며, 더불어 구체적인 토지이용행위의 제한내용에 대한 확인이 가능하도록 부가 정보를 제공하고 있습니다.

④ 규제안내서 열람

　주택을 건축하기 위해 관계 법령에 따라 받아야 하는 인가, 허가 등의 기준, 절차, 구비서류 등을 기재한 안내서로서 사업단계별 절차와 구비서류를 확인할 수 있습니다.

⑤ 지형고시도면 열람

　용도지역·지구의 지정 또는 변경 시 지정권자가 지형도면 고시절차에 따라 관보 또는 공보에 고시하고 인터넷 홈페이지에 게재하여 이를 열람할 수 있도록 하고 있습니다.

2-2. 입지와 규모의 사전결정

2-2-1. 입지와 규모의 사전결정

① 건축법 제11조에 따른 건축허가 대상 건축물을 건축하려는 자는 건축허

가를 신청하기 전에 특별자치시장·특별자치도지사 또는 시장·군수·구청장에게 그 건축물의 건축에 관하여 다음의 사항에 대한 사전결정을 신청할 수 있습니다.

1) 해당 대지에 건축하는 것이 건축법이나 관계 법령에서 허용되는지 여부
2) 건축법 또는 관계 법령에 따른 건축기준 및 건축제한, 그 완화에 관한 사항 등을 고려하여 해당 대지에 건축 가능한 건축물의 규모
3) 건축허가를 받기 위하여 신청자가 고려하여야 할 사항

② "건축"이란 건축물을 신축·증축·개축·재축(再築)하거나 건축물을 이전하는 것을 말합니다.

2-2-2. 사전결정의 신청 및 첨부서류

① 사전결정을 신청하는 사람은 사전결정신청서에 다음의 도서를 첨부해서 특별자치시장·특별자치도지사 또는 시장·군수·구청장에게 제출해야 합니다.

1) 건축법 시행령 제5조의5제6항제2호자목에 따라 제출되어야 하는 간략 설계도서
2) 도시교통정비 촉진법에 따른 교통영향평가서의 검토를 위하여 같은 법에서 제출하도록 한 서류
3) 농지법 제34조, 제35조 및 제43조에 따른 농지전용허가·신고 및 협의
4) 하천법 제33조에 따른 하천점용허가

② 사전결정을 하려면 미리 관계 행정기관의 장과 협의해야 하며, 협의를 요청받은 관계 행정기관의 장은 요청받은 날부터 15일 이내에 의견을 제출해야 합니다.

③ 관계 행정기관의 장이 15일(민원 처리에 관한 법률 제20조제2항에 따라 회신기간을 연장한 경우에는 그 연장된 기간을 말함) 내에 의견을 제출하지 않으면 협의가 이루어진 것으로 봅니다.

2-2-3. 사전결정 효력의 상실

① 사전결정신청자는 사전결정을 통지받은 날부터 2년 이내에 「건축법」 제11조에 따른 건축허가를 신청해야 하며, 이 기간에 건축허가를 신청하지

않으면 사전결정의 효력이 상실됩니다.

참고: 토지 관련 행정서류의 검토

① 토지 등기사항증명서

토지 등기사항증명서는 토지의 권리관계를 나타내는 문서로서 토지의 가압류, 근저당, 지상권, 전세권 등의 설정여부를 확인할 수 있습니다.

② 토지대장(임야대장)

토지(임야)에 대한 현황을 파악하기 위한 공적장부로서 토지(임야)의 소재, 지번, 지목, 면적, 소유자 등이 표시되어 있는 공적장부입니다.

③ 지적도(임야도)

지적도(임야도)는 공적장부로서 토지(임야)의 소재, 지번, 지목, 경계 등에 관한 사항을 확인할 수 있습니다.

■ **주택을 건축하기 위해 부지를 구입하려는데, 해당 부지에 주택을 건축할 수 있는지 확인할 수 있는 방법이 있나요?**

Q 주택을 건축하기 위해 부지(땅)를 구입하려는데, 해당 부지에 주택을 건축할 수 있는지 확인할 수 있는 방법이 있나요?

A 주택건축 가능 여부 등을 확인하려면 국토교통부 토지이용규제정보서비스를 이용하거나 해당 시·군·구청 또는 대한민국 전자정부 전자민원G4C에서 토지이용계획확인원 등본을 발급받아 확인할 수 있습니다. 또한, 주택을 건축하려는 자는 건축허가를 신청하기 전에 허가권자에게 그 건축물의 건축에 관하여 일정한 사항에 대한 사전결정을 신청할 수 있습니다.

◇ 국토교통부 토지이용규제정보서비스의 이용

토지이용규제정보서비스 인터넷 홈페이지에서는 다음의 사항을 확인할 수 있습니다.

　1. 토지이용계획 열람

　2. 지역·지구별 행위제한

　3. 규제안내서 열람

　4. 지형고시도면 열람

◇ 입지와 규모의 사전결정

건축허가 대상 건축물을 건축하려는 자는 건축허가를 신청하기 전에 특별시장·광역시장·특별자치시장·특별자치도지사 또는 시장·군수·구청장에게 그 건축물의 건축에 관하여 ① 해당 대지에 건축하는 것이 건축법이나 관계 법령에서 허용되는지 여부, ② 건축법 또는 관계 법령에 따른 건축기준 및 건축제한, 그 완화에 관한 사항 등을 고려하여 해당 대지에 건축 가능한 건축물의 규모, ③ 건축허가를 받기 위하여 신청자가 고려하여야 할 사항에 대한 사전결정을 신청할 수 있습니다.

(관련판례)

건축에 관한 계획의 사전결정은 규정상 결정의 대상이 "해당 건축물을 해당 대지에 건축하는 것이 건축법 또는 다른 법률의 규정에 의하여 허용되는지의 여부"로 한정되어 있고, 사전결정제도의 목적이 일정 규모 이상의 건축물 등을 신축하고자 하는 자가 건축허가신청에 필요한 모든 준비를 갖추어 허가신청을 하였다가 건축물 입지의 부적법성을 이유로 불허가될 경우 그 불이익이 매우 클 것이므로 건축허가 신청 전에 건축계획서 등에 의하여 그 입지의 적법성 여부에 대한 사전결정을 받을 수 있게 함으로써 경제적·시간적 부담을 덜어 주려는 것이어서 그 허부 판단의 기준은 건축허가에 있어서의 그것과 가급적 일치되어야 할 것이므로 사전결정을 함에 있어서도 처분 당시의 건축법이나 그 밖에 관계 법령상의 제한만이 판단의 기준이 된다. 그러므로 사전결정 신청에 대한 결정권자는 건축하고자 하는 건축물을 해당 대지에 건축하는 것이 처분 당시의 건축법, 도시계획법 등의 관계 법령에서 정하는 제한에 배치되지 않는 이상 당연히 건축이 허용된다는 사전결정을 하여야 하고 위 관계 법령에서 정하는 제한 사유 이외의 사유를 들어 건축을 불허가하는 결정을 할 수는 없다(대법원 1996. 3. 12. 선고 95누658 판결).

■ 공동주택의 피로티 부분에 주택을 건축할 수 있는지요?

Q 공동주택의 피로티 부분에 주택을 건축할 수 있는지요?

A 공동주택(부대시설 및 복리시설 포함)을 사업계획에 따른 용도외의 용도에 사용하는 행위, 공동주택을 신축 · 증축 · 개축 · 대수선 또는 리모델링하는 행위를 하고자 하는 경우에는 일정한 기준 · 절차 등에 따라 시장 · 군수 · 구청장의 허가를 받거나 신고를 하도록 주택법 제42조제2항에서 정하고 있으며, 주택법시행령 제47조제1항 별표 3 공동주택의 행위허가 기준에서 공동주택의 증축을 허용하고 있지 않습니다.

■ **사랑채 및 부속사가 있는데 이를 개축하여 주택을 2층으로 건축할 경우 주변지역에서의 규제사항이 있다면 어떠한 규제사항이 있는지요?**

Q 행복도시내 주변지역안에서 건축물대장에 농어가주택 50㎡가 등재되어 있으며 공부상 등재되지 않은 사랑채 및 부속사 70㎡가 있으며 이를 개축하여 주택을 2층으로 150㎡로 건축할 경우 주변지역에서의 규제사항이 있다면 어떠한 규제사항이 있는지요?

A 행정도시 주변지역은 도시의 무질서한 시가화 방지와 계획적인 개발을 도모하기 위해 지정하였으며, 주변지역에서는 기존건축물의 동일용도 및 동일규모 안에서 개축이 가능하므로 귀하께서 소유한 건축물중 건축물대장에 등재되어 있는 농어가주택 50㎡는 개축이 가능하며, 사랑채 및 부속사는 적법여부를 판단 후 건축물대장에 등재할 경우 농어가주택50㎡를 포함 사랑채 및 부속사 당해용도 및 규모 안에서 개축할 수 있으며, 단독주택을 2층으로 150㎡까지 건축하는 것은 신축으로 불가능함을 회신합니다.

3. 용도지역에서의 주택건축 제한

3-1. 용도지역의 지정

① '용도지역'이란 토지의 이용 및 건축물의 용도, 건폐율, 용적률, 높이 등을 제한함으로써 토지를 경제적·효율적으로 이용하고 공공복리의 증진을 도모하기 위해서 서로 중복되지 않게 도시·군관리계획으로 결정하는 지역을 말합니다.

② "건폐율"이란 대지면적에 대한 건축면적(대지에 건축물이 둘 이상 있는 경우에는 이들 건축면적의 합계)의 비율을 말합니다.

③ "용적률"이란 대지면적에 대한 연면적(대지에 건축물이 둘 이상 있는 경우에는 이들 연면적의 합계로 함)의 비율을 말합니다.

④ 용도지역은 크게 4가지(도시지역·관리지역·농림지역·자연환경보전지역)로 나누고, 도시지역은 다시 주거지역·상업지역·공업지역·습지지역으로 세분화하여 도시·군관리계획으로 결정합니다.

용도지역	용도지역의 세분		
도시지역	주거지역: 거주의 안녕과 건전한 생활환경의 보호를 위해서 필요한 지역	전용주거지역: 양호한 주거환경을 보호하기 위해서 필요한 지역	제1종전용주거지역: 단독주택 중심의 양호한 주거환경을 보호하기 위해서 필요한 지역
			제2종전용주거지역: 공동주택 중심의 양호한 주거환경을 보호하기 위해서 필요한 지역
		일반주거지역: 편리한 주거환경을 조성하기 위해서 필요한 지역	-제1종일반주거지역: 저층주택을 중심으로 편리한 주거환경을 조성하기 위해서 필요한 지역 -제2종일반주거지역: 중층주택을 중심으로 편리한 주거환경을 조성하기 위해서 필요한 지역 -제3종일반주거지역: 중고층주택을 중심으로 편리한 주거환경을 조성하기 위해서 필요한 지역

	상업지역: 상업이나 그 밖의 업무의 편익을 증진하기 위해서 필요한 지역	준주거지역: 주거기능을 위주로 이를 지원하는 일부 상업기능 및 업무기능을 보완하기 위해서 필요한 지역
		·중심상업지역: 도심·부도심의 상업기능 및 업무기능의 확충을 위해서 필요한 지역 ·일반상업지역: 일반적인 상업기능 및 업무기능을 담당하게 하기 위해서 필요한 지역 ·근린상업지역: 근린지역에서의 일용품 및 서비스의 공급을 위해서 필요한 지역 ·유통상업지역: 도시내 및 지역간 유통기능의 증진을 위해서 필요한 지역
	공업지역: 공업의 편익을 증진하기 위해서 필요한 지역	·전용공업지역: 주로 중화학공업, 공해성 공업 등을 수용하기 위해서 필요한 지역 ·일반공업지역: 환경을 저해하지 않는 공업의 배치를 위해서 필요한 지역 ·준공업지역: 경공업이나 그 밖의 공업을 수용하되, 주거기능·상업기능 및 업무기능의 보완이 필요한 지역
	녹지지역: 자연환경·농지및 산림의 보호, 보건위생, 보안과 도시의 무질서한 확산을 방지하기 위해서 녹지의 보전이 필요한 지역	보전녹지지역: 도시의 자연환경·경관·산림 및 녹지공간을 보전할 필요가 있는 지역 ·생산녹지지역: 주로 농업적 생산을 위해서 개발을 유보할 필요가 있는 지역 ·자연녹지지역: 도시의 녹지공간의 확보, 도시확산의 방지, 장래 도시용지의 공급 등을 위해서 보전할 필요가 있는 지역으로서 불가피한 경우에 한해서 제한적인 개발이 허용되는 지역
관리지역		·보전관리지역: 자연환경 보호, 산림 보호, 수질오염 방지, 녹지공간 확보 및 생태계 보전 등을 위해서 보전이 필요하나, 주변 용도지역과의 관계 등을 고려할 때 자연환경보전지역으로 지정해서 관리하기가 곤란한 지역
		·생산관리지역: 농업·임업·어업 생산 등을 위해서 관리가 필요하나, 주변 용도지역과의 관계 등을 고려할 때 농림지역으로 지정해서 관리하기가 곤란한 지역
		계획관리지역: 도시지역으로의 편입이 예상되는 지역이나 자연환경을 고려해서 제한적인 이용·개발을 하려는 지역으로서 계획적·체계적인 관리가 필요한 지역
농림지역		
자연환경보전지역		

3-2. 용도지역에서의 주택건축제한

3-2-1. 용도지역별 주택건축제한

① 국토의 계획 및 이용에 관한 법률 제36조에 따라 지정된 용도지역에서의 주택종류별 제한은 아래 표와 같습니다(제76조제1항·제5항 및 동법 시행령 별표 2부터 별표 23까지).

구분	건축이 가능한 용도지역	건축이 제한되는 용도지역
단독주택 및 다중주택	·제1종전용주거지역, 제2종전용주거지역, 제1종일반주거지역, 제2종일반주거지역, 제3종일반주거지역, 준주거지역, 근린상업지역, 생산녹지지역, 자연녹지지역, 보전관리지역, 생산관리지역, 계획관리지역, 자연취락지구, 관리지역 ·농림지역·자연환경보전지역안에서는 현저한 자연훼손을 가져오지 않는 범위에서 건축하는 농어가주택	·유통상업지역 ·전용공업지역 ·중심상업지역(「건축법 시행령」 별표 1 제1호의 단독주택으로서 다른 용도와 복합된 것에 한해서 도시·군계획조례가 정하는 바에 따라 건축할 수 있음) ·일반상업지역·일반공업지역·준공업지역·보전녹지지역은 도시·군계획조례가 정하는 바에 따라 건축할 수 있음
다가구주택	·제2종전용주거지역, 제1종일반주거지역, 제2종일반주거지역, 제3종일반주거지역, 준주거지역, 근린상업지역, 생산녹지지역, 자연녹지지역, 보전관리지역, 생산관리지역, 계획관리지역, 자연취락지구, 관리지역 ·농림지역·자연환경보전지역안에서는 현저한 자연훼손을 가져오지 않는 범위에서 건축하는 농어가주택	·유통상업지역 ·전용공업지역 ·보전녹지지역 ·중심상업지역(건축법 시행령 별표 1 제1호의 단독주택으로서 다른 용도와 복합된 것에 한해서 도시·군계획조례가 정하는 바에 따라 건축할 수 있음) ·제1종전용주거지역, 일반상업지역·일반공업지역·준공업지역은 도시·군계획조례가 정하는 바에 따라 건축할 수 있음

② 위 규정 중 보전녹지지역, 생산녹지지역, 자연녹지지역, 보전관리지역, 생산관리지역, 계획관리지역, 자연취락지구는 4층 이하 범위에서 도시·군계획조례로 따로 층수를 정하는 경우에는 그 층수 이하의 건축물에 한합니다.

3-2-2. 용도지역별 건축제한의 예외

다음 어느 하나에 해당하는 경우에는 위 「국토의 계획 및 이용에 관한 법률」 제76조제1항부터 제4항까지의 규정에서의 주택종류별 건축제한에도 불구하고 다음에서 정하는 바에 따릅니다.

① 국토의 계획 및 이용에 관한 법률 제37조제1항제6호에 따른 취락지구에서는 국토의 계획 및 이용에 관한 법률 시행령 별표 23에 따릅니다.

② 국토의 계획 및 이용에 관한 법률 제37조제1항제7호에 따른 개발진흥지구에서는 개발진흥지구의 지정목적 범위에서 국토의 계획 및 이용에 관한 법률 시행령으로 따로 정합니다.

③ 국토의 계획 및 이용에 관한 법률 제37조제1항제9호에 따른 복합용도지구에서는 복합용도지구의 지정목적 범위에서 대통령령으로 따로 정합니다.

④ 산업입지 및 개발에 관한 법률 제2조제8호라목에 따른 농공단지에서는 같은 법에서 정하는 바에 따릅니다.

⑤ 농림지역 중 농업진흥지역, 보전산지 또는 초지인 경우에는 각각 농지법, 산지관리법 또는 초지법에서 정하는 바에 따릅니다.

⑥ 자연환경보전지역 중 자연공원법에 따른 공원구역, 수도법에 따른 상수원보호구역, 문화재보호법에 따라 지정된 지정문화재 또는 천연기념물과 그 보호구역, 해양생태계의 보전 및 관리에 관한 법률에 따른 해양보호구역인 경우에는 각각 자연공원법, 수도법 또는 문화재보호법 또는 해양생태계의 보전 및 관리에 관한 법률에서 정하는 바에 따릅니다.

⑦ 자연환경보전지역 중 수산자원보호구역인 경우에는 수산자원관리법에서 정하는 바에 따릅니다.

3-2-3. 위반 시 제재

① 국토교통부장관, 시·도지사, 시장·군수 또는 구청장은 국토의 계획 및 이용에 관한 법률 제76조(제5항제2호부터 제4호까지의 규정은 제외)에 따른 용도지역에서의 건축 제한 등을 위반한 사람에게 국토의 계획 및 이용에 관한 법률에 따른 허가·인가 등의 취소, 공사의 중지나 그 밖에 필요한 처분을 하거나 조치를 명할 수 있습니다.

② 또한, 국토의 계획 및 이용에 관한 법률 제76조(제5항제2호부터 제4호 까지는 제외)에 따른 용도지역에서의 건축물의 용도·종류 및 규모 등의 제한을 위반해서 건축물을 건축하면 2년 이하의 징역 또는 2천만원 이 하의 벌금에 처해집니다.

■ 행정심판례
○ 정비구역지정고시의 취소(사건번호2008-01486)

피청구인은 청구인들이 서울특별시 '도시 및 주거환경정비조례' 제6조제1항에 따라 ○○구청장에게 정비구역지정에 대한 입안을 제안할 수 있는 지위만 있을 뿐, 정비구역계획을 수립하거나 피청구인에게 정비구역 지정을 신청할 수 있는 지위에 있지 아니하므로 이 사건 행정심판의 당사자로서 부적격하다고 주장하나, 청구인들은 피청구인을 상대로 거부처분이나 부작위에 대한 이행심판을 청구한 것이 아니며, ?도시 및 주거환경정비법? 제5조에 따르면, 정비구역 안에서 건축물의 건축, 공작물의 설치 등의 행위를 하고자 하는 자는 시장·군수의 허가를 받아야 한다고 되어 있는바, 정비구역지정의 고시는 정비구역 안의 토지소유자등에게 권리 내지 법률상 이익을 개별적이고 구체적으로 제한하는 효과를 발생시키는 처분이라고 할 것이므로, 이 사건 정비구역안의 토지소유자들인 청구인들이 위 정비구역지정고시의 취소를 구하는 이 사건 심판청구는 적법하다 할 것이다.

3-3. 건축물의 대지가 지역·지구 또는 구역에 걸치는 경우의 조치
3-3-1. 대지가 지역·지구 또는 구역에 걸치는 경우

대지가 건축법이나 다른 법률에 따른 지역·지구(녹지지역과 방화지구는 제외) 또는 구역에 걸치는 경우에는 그 건축물과 대지의 전부에 대해서 대지의 과반(過半)이 속하는 지역·지구 또는 구역 안의 건축물 및 대지 등에 관한 건축법을 적용받으려는 사람은 해당 대지의 지역·지구 또는 구역별 면적과 적용받으려는 지역·지구 또는 구역에 관한 사항을 허가권자에게 제출(전자문서에 의한 제출 포함)해야 합니다.

3-3-2. 대지가 방화지구와 그 밖의 구역에 걸치는 경우

하나의 건축물이 방화지구와 그 밖의 구역에 걸치는 경우에는 그 전부에 대해서 방화지구 안의 건축물에 관한 건축법이 적용됩니다. 다만, 건축물의 방화지구에 속한 부분과 그 밖의 구역에 속한 부분의 경계가 방화벽으로 구획되는 경우 그 밖의 구역에 있는 부분에 대해서는 그렇지 않습니다.

3-3-3. 대지가 녹지지역과 그 밖의 지역·지구 또는 구역에 걸치는 경우

① 대지가 녹지지역과 그 밖의 지역·지구 또는 구역에 걸치는 경우에는 각 지역·지구 또는 구역 안의 건축물과 대지에 관한 건축법이 적용됩니다.
② 건축법 제54조제1항에도 불구하고 해당 대지의 규모와 그 대지가 속한 용도지역·지구 또는 구역의 성격 등 그 대지에 관한 주변여건상 필요하다고 인정하여 해당 지방자치단체의 조례로 적용방법을 따로 정하는 경우에는 그에 따릅니다).

■ **용도지역 안의 건축기준을 건축허가 신청인의 의사와 관계없이 그 대지 전체에 적용하여야 하는지요?**

Q 건축물의 대지가 2 이상의 용도지역에 걸치는 경우에 그 대지의 과반 이상이 속하는 용도지역 안의 건축기준을 건축허가 신청인의 의사와 관계없이 그 대지 전체에 적용하여야 하는지요?

A 건축물의 대지가 2 이상의 용도지역에 걸치는 경우로서 조례로 달리 정한 바가 없다면, 건축허가 신청인의 의사와 관계없이 그 대지의 과반 이상이 속하는 용도지역 안의 건축기준을 그 대지 전체에 적용하여야 합니다.

Q 건축물 그 밖의 시설의 용도·종류 및 규모 등의 제한에 관한 규정(이하 "건축제한규정"이라 함)에 적합한 기존의 건축물이 법령 또는 도시계획조례의 제정·개정 등 국토의 계획 및 이용에 관한 법률 시행령 제93조제1항 각 호의 사유로 인하여 해당 용도지역 및 용도지구 안에서의 건축제한규정에 부적합하게 된 경우, 같은 항에 따라 증축 또는 개축을 하려는 건축물의 용도가 현재 용도지역에서 허용되는 용도가 아닌 경우에도 증축 또는 개축을 할 수 있는 지요

A 국토의 계획 및 이용에 관한 법률 시행령 제93조제1항에 따라 증축 또는 개축을 하려는 건축물의 용도가 현재 용도지역에서 허용되는 용도가 아닌 경우에는 같은 항에 따라 증축 또는 개축을 할 수 없습니다.

4. 용도지구에서의 주택건축 제한

4-1. 용도지구의 지정

① '용도지구'란 국토교통부장관, 시·도지사 또는 자치구가 아닌 구가 설치된 시의 시장이 용도지역의 제한을 강화하거나 완화하여 적용함으로써 용도지역의 기능을 증진시키고 경관·안전 등을 도모하기 위해서 도시·군관리계획으로 결정하는 지역을 말합니다.

② 도시·군관리계획결정으로 용도지구를 경관지구·미관지구·고도지구·방재지구·보존지구·시설보호지구·취락지구 및 개발진흥지구 등으로 나누고 이를 각각 다음 표와 같이 세분해서 지정할 수 있습니다.

용도지구 구분	내 용
경관지구	경관의 보전·관리 및 형성을 위하여 필요한 지구
자연경관지구	산지·구릉지 등 자연경관을 보호하거나 유지하기 위하여 필요한 지구
시화경관지구	지역 내 주거지, 중심지 등 시가지의 경관을 보호 또는 유지하거나 형성하기 위하여 필요한 지구
특화경관지구	지역 내 주요 수계의 수변 또는 문화적 보존가치가 큰 건축물 주변의 경관 등 특별한 경관을 보호 또는 유지하거나 형성하기 위하여 필요한 지구
고도지구	쾌적한 환경 조성 및 토지의 효율적 이용을 위하여 건축물 높이의 최고한도를 규제할 필요가 있는 지구
방화지구	화재의 위험을 예방하기 위하여 필요한 지구
방재지구	풍수해, 산사태, 지반의 붕괴, 그 밖의 재해를 예방하기 위하여 필요한 지구
시가지방재지구	건축물·인구가 밀집되어 있는 지역으로서 시설 개선 등을 통하여 재해 예방이 필요한 지구
자연방재지구	토지의 이용도가 낮은 해안변, 하천변, 급경사지 주변 등의 지역으로서 건축 제한 등을 통하여 재해 예방이 필요한 지구
보호지구	문화재, 중요 시설물(항만, 공항 등 대통령령으로 정하는 시설물을 말한다) 및 문화적·생태적으로 보존가치가 큰 지역의 보호와 보존을 위하여 필요한 지구

역사문화환경보호지구	문화재·전통사찰 등 역사·문화적으로 보존가치가 큰 시설 및 지역의 보호와 보존을 위하여 필요한 지구
중요시설물보호지구	중요시설물(제1항에 따른 시설물을 말한다. 이하 같다)의 보호와 기능의 유지 및 증진 등을 위하여 필요한 지구
생태계보호지구	야생동식물서식처 등 생태적으로 보존가치가 큰 지역의 보호와 보존을 위하여 필요한 지구
취락지구	녹지지역·관리지역·농림지역·자연환경보전지역·개발제한구역 또는 도시자연공원구역의 취락을 정비하기 위한 지구
자연취락지구	녹지지역·관리지역·농림지역 또는 자연환경보전지역안의 취락을 정비하기 위하여 필요한 지구
개발진흥지구	주거기능·상업기능·공업기능·유통물류기능·관광기능·휴양기능 등을 집중적으로 개발·정비할 필요가 있는 지구
주거개발진흥지구	주거기능을 중심으로 개발·정비할 필요가 있는 지구
산업·유통개발진흥지구	공업기능 및 유통·물류기능을 중심으로 개발·정비할 필요가 있는 지구
관광·휴양개발진흥지구	관광·휴양기능을 중심으로 개발·정비할 필요가 있는 지구
복합개발진흥지구	주거기능, 공업기능, 유통·물류기능 및 관광·휴양기능 중 2 이상의 기능을 중심으로 개발·정비할 필요가 있는 지구
특정개발진흥지구	주거기능, 공업기능, 유통·물류기능 및 관광·휴양기능 외의 기능을 중심으로 특정한 목적을 위하여 개발·정비할 필요가 있는 지구
특정용도제한지구	주거 및 교육 환경 보호나 청소년 보호 등의 목적으로 오염물질 배출시설, 청소년 유해시설 등 특정시설의 입지를 제한할 필요가 있는 지구
복합용도지구	지역의 토지이용 상황, 개발 수요 및 주변 여건 등을 고려하여 효율적이고 복합적인 토지이용을 도모하기 위하여 특정시설의 입지를 완화할 필요가 있는 지구

4-2. 용도지구에서의 건축제한

4-2-1. 용도지구에서의 건축제한

국토의 계획 및 이용에 관한 법률 제37조에 따라 지정된 용도지구에서의 건축물이나 그 밖의 시설의 용도·종류 및 규모 등의 제한에 관한 사항은 국토의 계획 및 이용에 관한 법률 또는 다른 법률에 특별한 규정이 있는 경우 외에는 다음의 기준에 따라 특별시·광역시·시 또는 군의 조례로 정할 수 있습니다.

4-2-2. 용도지구별 건축제한

① 경관지구 안에서의 건축제한

  1) 경관지구 안에서는 그 지구의 경관의 보전·관리에 장애가 된다고 인정하여 도시·군계획조례로 정하는 건축물을 건축할 수 없습니다.

  2) 다만, 특별시장·광역시장·시장 또는 군수가 지구의 지정목적에 위배 되지 않는 범위에서 도시·군계획조례가 정하는 기준에 적합하다고 인정하여 해당 지방자치단체에 설치된 도시계획위원회의 심의를 거친 경우에는 그렇지 않습니다.

  3) 경관지구 안에서의 건축물의 건폐율·용적률·높이·최대너비·색채 및 대지의 조경 등에 관해서는 그 지구의 경관의 보호·형성에 필요한 범위에서 도시·군계획조례로 정합니다.

② 고도지구 안에서의 건축제한

  고도지구 안에서는 도시·군관리계획으로 정하는 높이를 초과하는 건축물을 건축할 수 없습니다.

③ 방재지구 안에서의 건축제한

  1) 방재지구안에서는 풍수해·산사태·지반붕괴·지진이나 그 밖에 재해예방에 장애가 된다고 인정하여 도시·군계획조례로 정하는 건축물을 건축할 수 없습니다.

  2) 다만, 특별시장·광역시장·특별자치시장·특별자치도지사·시장 또는 군수가 지구의 지정목적에 위배 되지 않는 범위에서 도시·군계획조례가 정하는 기준에 적합하다고 인정해서 해당 지방자치단체에 설치된 도시계

획위원회의 심의를 거친 경우에는 그렇지 않습니다.

④ 보존지구 안에서의 건축제한

1) 보호지구 안에서는 다음의 구분에 따른 건축물에 한해서 건축할 수 있습니다.

가) 역사문화환경보호지구 : 문화재보호법의 적용을 받는 문화재를 직접 관리·보호하기 위한 건축물과 문화적으로 보존가치가 큰 지역의 보호 및 보존을 저해하지 않는 건축물로서 도시·군계획조례가 정하는 것

나) 중요시설물보호지구 : 중요시설물의 보호와 기능 수행에 장애가 되지 아니하는 건축물로서 도시·군계획조례가 정하는 것

다) 생태계보호지구 : 생태적으로 보존가치가 큰 지역의 보호 및 보존을 저해하지 않는 건축물로서 도시·군계획조례가 정 하는 것

2) 다만, 특별시장·광역시장·특별자치시장·특별자치도지사·시장 또는 군수가 지구의 지정목적에 위배되지 않는 범위에서 도시·군계획조례가 정하는 기준에 적합하다고 인정해서 관계 행정기관의 장과의 협의 및 해당 지방자치단체에 설치된 도시계획위원회의 심의를 거친 경우에는 그렇지 않습니다.

⑤ 취락지구 안에서의 건축제한

1) 국토의 계획 및 이용에 관한 법률 제76조제5항제1호에 따라 자연취락지구 안에서 건축할 수 있는 건축물은 국토의 계획 및 이용에 관한 법률 시행령 별표 23과 같습니다.

2) 집단취락지구 안에서의 건축제한에 관해서는 개발제한구역의 지정 및 관리에 관한 특별조치법령이 정하는 바에 따릅니다.

⑥ 개발진흥지구 안에서의 건축제한

1) 국토의 계획 및 이용에 관한 법률 제76조제5항제1호의2에 따라 지구단위계획 또는 관계 법률에 따른 개발계획을 수립하는 개발진흥지구에서는 지구단위계획 또는 관계 법률에 따른 개발계획에 위반하여 건축물을 건축할 수 없으며, 지구단위계획 또는 개발계획이 수립되기 전에는 개발진흥지구의 계획적 개발에 위배되지 않는 범위에서 도시·군계획조례로 정하는 건축물을 건축할 수 있습니다.

2) 국토의 계획 및 이용에 관한 법률 제76조제5항제1호의2에 따라 지구
단위계획 또는 관계 법률에 따른 개발계획을 수립하지 아니하는 개발
진흥지구에서는 해당 용도지역에서 허용되는 건축물을 건축할 수 있습
니다.

⑦ 특정용도제한지구 안에서의 건축제한
특정용도제한지구 안에서는 주거기능 및 교육환경을 훼손하거나 청소년
정서에 유해하다고 인정해서 도시·군계획조례가 정하는 건축물을 건축할
수 없습니다.

⑧ 그 밖의 용도지구 안에서의 건축제한
국토의 계획 및 이용에 관한 법률 제72조부터 제80조에 규정된 용도지
구 외의 용도지구 안에서의 건축제한에 관해서는 그 용도지구지정의 목
적달성에 필요한 범위에서 특별시·광역시·특별자치시·특별자치도·시 또는
군의 도시·군계획조례로 정합니다.

4-3. 용도지구별 건축제한의 예외

다음 어느 하나에 해당하는 경우의 건축물의 용도·종류 및 규모 등의 제한
에 관해서는 국토의 계획 및 이용에 관한 법률 제76조제1항부터 제4항까지
의 규정에도 불구하고 다음에서 정하는 바에 따릅니다.

① 산업입지 및 개발에 관한 법률 제2조제8호라목에 따른 농공단지에서는
같은 법에서 정하는 바에 따릅니다.

② 농림지역 중 농업진흥지역, 보전산지 또는 초지인 경우에는 각각 농지법,
산지관리법 또는 초지법에서 정하는 바에 따릅니다.

③ 자연환경보전지역 중 자연공원법에 따른 공원구역, 수도법에 따른 상수
원보호구역, 문화재보호법에 따라 지정된 지정문화재 또는 천연기념물과
그 보호구역, 해양생태계의 보전 및 관리에 관한 법률에 따른 해양보호
구역인 경우에는 각각 자연공원법, 수도법 또는 문화재보호법 또는 해
양생태계의 보전 및 관리에 관한 법률에서 정하는 바에 따릅니다.

④ 자연환경보전지역 중 수산자원보호구역인 경우에는 수산자원관리법에서
정하는 바에 따릅니다.

4-4. 위반 시 제재

① 국토교통부장관, 시·도지사, 시장·군수 또는 구청장은 국토의 계획 및 이용에 관한 법률 제76조(제5항제2호부터 제4호까지의 규정은 제외)에 따른 용도지구에서의 건축 제한 등을 위반한 사람에게 국토의 계획 및 이용에 관한 법률에 따른 허가·인가 등의 취소, 공사의 중지나 그 밖에 필요한 처분을 하거나 조치를 명할 수 있습니다.

② 또한, 국토의 계획 및 이용에 관한 법률 제76조(제5항제2호부터 제4호까지의 규정은 제외)에 따른 용도지구에서의 건축물의 용도·종류 및 규모 등의 제한을 위반해서 건축물을 건축하면 2년 이하의 징역 또는 2천만원 이하의 벌금에 처해집니다.

5. 용도구역에서의 주택건축 제한

5-1. 개발제한구역 안에서의 건축제한

5-1-1. 개발제한구역의 지정

국토교통부장관은 도시의 무질서한 확산을 방지하고 도시 주변의 자연환경을 보전하여 도시민의 건전한 생활환경을 확보하기 위해서 도시의 개발을 제한할 필요가 있거나 국방부장관의 요청으로 보안상 도시의 개발을 제한할 필요가 있다고 인정되면 개발제한구역의 지정 및 해제를 도시·군관리계획으로 결정할 수 있습니다.

5-1-2. 건축제한

5-1-2-1. 신축의 경우

① 개발제한구역에서는 주택 등 건축물의 건축행위를 할 수 없지만, 다음의 어느 하나에 해당하는 주택(건축법 시행령 별표 1 제1호가목에 따른 단독주택을 말함)을 신축하려는 사람은 특별자치시장·특별자치도지사·시장·군수 또는 구청장의 허가를 받아 그 행위를 할 수 있습니다.

  1) 개발제한구역 지정 당시부터 지목이 대(垈)인 토지(이축된 건축물이 있었던 토지의 경우에는 개발제한구역 지정 당시부터 그 토지의 소유자와 건축물의 소유자가 다른 경우만 해당)와 개발제한구역 지정 당시부터 있던 기존의 주택(개발제한구역의 지정 및 관리에 관한 특별조치법 시행령 제24조에 따른 개발제한구역 건축물관리대장에 등재된 주택을 말함)이 있는 토지에만 주택을 신축할 수 있습니다.

  2) 위 1.에도 불구하고 농업·농촌 및 식품산업 기본법 제3조 제2호에 따른 농업인에 해당하는 자로서 개발제한구역에 기존 주택을 소유하고 거주하는 사람은 영농의 편의를 위해서 자기 소유의 기존 주택을 철거하고 자기 소유의 농장 또는 과수원에 주택을 신축할 수 있습니다. 이 경우 생산에 직접이용되는 토지의 면적이 1만 제곱미터 이상으로서 진입로를 설치하기 위한 토지의 형질변경이 수반되지 않는 지역에만

주택을 신축할 수 있으며, 건축 후 농림수산업을 위한 시설 외로는 용도변경을 할 수 없습니다.

3) 위 1 에도 불구하고 다음의 어느 하나에 해당하는 경우에는 개발제한구역의 지정 및 관리에 관한 특별조치법 시행규칙으로 정하는 입지기준에 적합한 곳에 주택을 신축할 수 있습니다.

- 기존 주택이 공익사업을 위한 토지 등의 취득 및 보상에 관한 법률에 따른 공익사업의 시행으로 인하여 철거되는 경우에는 그 기존 주택의 소유자(해당 공익사업의 사업인정고시 당시에 해당 주택을 소유하였는지 여부와 관계없이 공익사업을 위한 토지 등의 취득 및 보상에 관한 법률에 따라 보상금을 모두 지급받은 자를 말함)가 자기 소유의 토지[건축법 제36조에 따른 건축물의 철거 신고일(철거예정일 3일전까지 건축물의 철거 신고를 하지 않은 경우에는 실제 건축물을 철거한 날을 말함) 당시 소유권을 확보한 토지를 말함]에 신축하는 경우
- 기존 주택이 재해로 인하여 더 이상 거주할 수 없게 된 경우로서 그 기존 주택의 소유자가 자기 소유의 토지(재해를 입은 날부터 6개월 이내에 소유권을 확보한 토지를 말함)에 신축하는 경우
- 개발제한구역 지정 이전부터 건축되어 있는 주택 또는 개발제한구역 지정 이전부터 다른 사람 소유의 토지에 건축되어 있는 주택으로서 토지소유자의 동의를 받지 못하여 증축 또는 개축할 수 없는 주택을 개발제한구역의 지정 및 관리에 관한 특별조치법 제12조제1항제2호에 따른 취락지구에 신축하는 경우

4) 위 3.에 따라 개발제한구역에 주택을 신축할 수 있는 토지의 입지기준은 다음과 같습니다.

- 다음의 어느 하나에 해당하는 지역의 토지일 것

가) 기존의 주택이 있는 시·군·구(자치구를 말함)의 지역

나) 기존의 주택이 있는 시·군·구와 인접한 시·군·구(인접한 읍·면·동으로 한정함)의 지역으로서 해당 인접 시장·군수·구청장과 주택을 신축하기로 협의한 지역

- 우량농지(경지정리·수리시설 등 농업생산기반이 정비되어 있는 농지를

말함)가 아닐 것

- 하천법 제7조에 따른 국가하천의 경계로부터 5백미터 이상 떨어져 있을 것. 다만, 다음의 어느 하나에 해당하는 지역의 경우에는 그렇지 않습니다.

가) 하수도법 제2조제15호에 따른 하수처리구역으로서 하수 종말처리시설을 설치·운영 중인 지역

나) 하수도법 제11조에 따라 공공하수도의 설치인가를 받은 하수처리예정지역

- 새로운 진입로를 설치할 필요가 없을 것. 다만, 주택의 건축을 위하여 대지를 조성하는 경우 기존면적을 포함하여 330제곱미터 이하의 면적에 포함되어 진입로가 설치되는 경우에는 그렇지 않습니다.

- 전기·수도·가스 등 새로운 간선공급설비를 설치할 필요가 없을 것

② 위에 따라 특별자치시장·특별자치도지사·시장·군수·구청장이 허가를 하는 경우 허가 대상 행위가 개발제한구역에 대한 관리계획을 수립해야만 할 수 있는 행위인 경우에는 미리 관리계획이 수립되어 있는 경우에만 그 행위를 허가할 수 있습니다.

③ 다만, 개발제한구역의 토지가 다음의 어느 하나에 해당하는 경우에는 인접한 용도지역에서 허용되는 건축물을 건축할 수 있습니다

1) 개발제한구역 지정 당시부터 개발제한구역의 경계선이 건축물 또는 공작물(개발제한구역의 지정 및 관리에 관한 특별조치법 제12조제7항에 따라 개발제한구역 지정 당시 이미 관계 법령에 따라 허가 등을 받아 공사 또는 사업에 착수한 건축물 또는 공작물을 포함)을 관통하는 경우 그 건축물 또는 공작물의 부지(개발제한구역 지정 당시부터 담장 등으로 구획되어 있어 기능상 일체가 되는 토지를 말함)

2) 개발제한구역 지정 당시부터 해당 필지의 2분의 1 미만이 개발제한구역에 편입된 토지로서 지목(地目)이 대(垈)인 토지(개발제한구역 지정 후에 개발제한구역 경계선을 기준으로 분할된 토지를 포함한다)

5-1-2-2. 개축의 경우

주택으로서 기존 면적을 포함한 연면적의 합계가 100제곱미터 이하인 경우와 개축되는 연면적의 합계가 85제곱미터 이하인 경우 중 어느 하나에 해당하는 개축은 시장·군수·구청장에게 신고하고 할 수 있습니다.

5-1-3. 시행 중인 공사에 관한 특례

① 개발제한구역의 지정 및 관리에 관한 특별조치법 제12조제1항 각 호와 제3항에 따른 행위에 대해서 개발제한구역 지정 당시 이미 관계 법령에 따라 허가 등(관계 법령에 따라 허가 등을 받을 필요가 없는 경우를 포함)을 받아 공사나 사업에 착수한 자는 그 공사 또는 사업의 설계 내용을 관할 시장·군수 또는 구청장에게 제출하여 이를 계속 시행할 수 있습니다.

② 위 규정에 따라 받은 내용이 토지의 형질변경으로서 건축물의 건축을 목적으로 하는 경우에는 해당 공사에 대한 준공검사가 끝난 후 건축허가를 신청해야 합니다.

③ 시장·군수·구청장은 개발제한구역의 지정 및 관리에 관한 특별조치법 시행령 제21조제1항에 따라 설계 내용을 받거나 제2항에 따라 허가신청을 받은 경우로서 공사의 추진 상황, 주변 토지의 이용 상황, 환경이나 그 밖의 사정을 종합적으로 고려해서 개발제한구역의 지정 목적 달성에 필요하다고 인정하는 경우에는 사업규모의 축소 및 사업계획의 변경(해당 공사 또는 사업과 직접 관련된 기반시설의 설치 등을 포함) 등의 조정을 할 수 있습니다.

5-1-4. 위반 시 제재

① 행정처분

시장·군수·구청장은 개발제한구역의 지정 및 관리에 관한 특별조치법 제12조제1항 단서, 같은 조 제3항 또는 제13조에 따라 허가받거나 신고한 자가 다음의 어느 하나에 해당하면 그 허가를 취소하거나 그 자에게 공사의 중지, 건축물 개축(改築)이나 이전, 그 밖의 조치를 하도록 명할 수 있습니다.

1) 개발제한구역의 지정 및 관리에 관한 특별조치법 제12조제 1항 단서 또는 제13조에 따른 허가의 내용을 위반해서 건축물의 건축을 한 경우

2) 거짓이나 그 밖의 부정한 방법으로 개발제한구역의 지정 및 관리에 관한 특별조치법 제12조제1항 단서 또는 제13조에 따른 허가를 받은 경우

3) 개발제한구역의 지정 및 관리에 관한 특별조치법 제12조제 3항에 따른 신고를 하지 않고 건축물의 건축을 한 경우

② 벌칙

다음의 어느 하나에 해당하는 자는 3년 이하의 징역 또는 3천만원 이하의 벌금에 처해집니다.

1) 영리를 목적으로 또는 상습적으로 개발제한구역의 지정 및 관리에 관한 특별조치법 제12조제1항 단서 또는 제13조에 따른 허가를 받지 않거나 허가의 내용을 위반해서 건축물의 건축을 한 자

2) 상습으로 개발제한구역의 지정 및 관리에 관한 특별조치법 제30조제1항에 따른 시정명령을 이행하지 않은 자

3) 거짓이나 그 밖의 부정한 방법으로 개발제한구역의 지정 및 관리에 관한 특별조치법 제12조제1항 단서 또는 제13조에 따른 허가를 받은 자

③ 과태료

개발제한구역의 지정 및 관리에 관한 특별조치법 제12조제3항에 따라 신고하지 않고 주택을 개축한 자에게는 500만원 이하의 과태료가 부과됩니다.

※ 개발제한구역에서의 허가나 신고의 세부 기준

개발제한구역의 지정 및 관리에 관한 특별조치법 제12조제1항 단서에 따른 허가 또는 신고의 대상이 되는 건축물의 규모·높이·입지기준, 건폐율, 용적률 등 허가나 신고의 세부 기준은 다음과 같습니다.

※ "건폐율"이란?

건폐율이란 대지면적에 대한 건축면적(대지에 건축물이 둘 이상 있는 경우에는 이들 건축면적의 합계)의 비율을 말합니다(건축법 제55조).

※ "용적률"이란?

용적률이란 대지면적에 대한 연면적(대지에 건축물이 둘 이상 있는 경우에는 이들 연면적의 합계로 함)의 비율을 말합니다(건축법 제56조).

1. 건축물의 건축

가. 주택을 건축하는 경우의 건폐율과 용적률
 1) 건폐율 100분의 60 이하로 건축하는 경우: 높이 3층 이하, 용적률 300퍼센트 이하로서 기존 면적을 포함하여 연면적 232제곱미터(지정 당시 거주자는 300제곱미터) 이하. 이 경우 지정 당시 거주자가 연면적 232제곱미터를 초과하여 연면적 300제곱미터까지 건축할 수 있는 경우는 1회로 합니다.
 2) 건폐율 100분의 20 이하로 건축하는 경우: 높이 3층 이하, 용적률 100퍼센트 이하
나. 둘 이상의 필지에 같은 용도의 건축물이 각각 있는 경우 그 필지를 하나의 필지로 합칠 수 있습니다. 이 경우 주택은 나목 2)(취락지구의 경우에는 개발제한구역의 지정 및 관리에 관한 특별조치법 시행령 제26조제1항제2호나목)의 기준에 적합해야 합니다.

※ "필지"란?

토지(土地)의 단위를 말하며, 토지는 1필지마다 등기부에 기재되어 지번(地番)이 붙여집니다. 또한, 1필지의 토지를 복수로 나누면 각각 1필지의 토지가 되며, 반대로 복수 필지의 토지를 1개로 하면 1필지의 토지가 됩니다.

다. 도로·상수도 및 하수도가 설치되지 않은 지역에 대해서는 원칙적으로 건축물의 건축(건축물의 건축을 목적으로 하는 토지형 질변경을 포함)이 허가되지 않습니다. 다만, 무질서한 개발을 초래하지 않는 경우 등 시장·군수·구청장이 인정하는 경우에는 그렇지 않습니다.

2. 토지의 형질변경

가. 주택의 건축을 위해서 대지를 조성하는 경우 토지의 형질변경 면적은 기존면적을 포함해서 330제곱미터 이하로 합니다.

나. 가목에 따른 토지의 형질변경을 할 때 해당 필지의 나머지 토지의 면적이 60제곱미터 미만이 되는 경우에는 그 나머지 토지를 포함해서 토지의 형질변경을 할 수 있습니다. 다만, 토지의 형질변경 전에 미리 토지분할을 한 경우로서 가목에 따른 토지의 형질변경 면적에 적합하게 분할할 수 있었음에도 해당 면적을 초과해서 분할한 경우에는 그렇지 않습니다.

다. 개발제한구역의 지정 및 관리에 관한 특별조치법 제12조제1항 각 호의 건축물(축사, 공사용 임시가설건축물 및 임시시설은 제외)의 건축물의 설치를 위한 토지의 형질변경 면적이 200제곱미터를 초과하는 경우에는 토지의 형질변경 면적의 100분의 5이상에 해당하는 면적에 대하여 식수 등 조경을 해야 합니다.

라. 개발제한구역에서 시행되는 공공사업에 대지(건축물 또는 공작물이 있는 토지를 말한다)의 일부가 편입된 경우에는 그 편입된 면적만큼 새로 대지를 조성하는 데 따르는 토지의 형질변경을 할 수 있다. 이 경우 편입되지 아니한 대지와 연접하여 새로 조성한 면적만으로는 관계 법령에 따른 시설의 최소 기준면적에 미달하는 경우에는 그 최소 기준면적까지 대지를 확장할 수 있다.

마. 토지의 형질변경의 대상인 토지가 연약한 지반인 경우에는 그 두께·넓이·지하수위 등의 조사와 지반의 지지력·내려앉음·솟아오름에 대한 시험을 하여 환토·다지기·배수 등의 방법으로 그 토지를 개량해야 합니다.

바. 토지의 형질변경에 수반되는 성토 및 절토(切土)에 따른 비탈면 또는 절개면에 대해서는 옹벽 또는 석축의 설치 등 안전조치를 해야 합니다.

5-2. 도시자연공원구역 안에서의 건축제한

5-2-1. 도시자연공원구역의 지정

시·도지사 또는 자치구가 아닌 구가 설치된 시의 시장은 도시의 자연환경 및 경관을 보호하고 도시민에게 건전한 여가·휴식공간을 제공하기 위해서 도시지역 안에서 식생(植生)이 양호한 산지(山地)의 개발을 제한할 필요가 있다고 인정하면 도시자연공원구역의 지정 또는 변경을 도시·군관리계획으로 결정할 수 있습니다.

5-2-2. 건축제한

① 도시자연공원구역에서는 건축물의 건축을 할 수 없지만, 다음 어느 하나에 해당하는 행위는 특별시장·광역시장·특별자치시장·특별자치도지사·시장 또는 군수의 허가를 받아 이를 할 수 있습니다.

  1) 취락지구에 한해서 다음의 어느 하나에 해당되는 토지인 경우 주택(건축법 시행령 별표1 제1호가목에 따른 단독주택을 말함)의 신축이 가능합니다.

   가) 도시자연공원구역(법률 제7476호 도시공원법개정법률에 의해서 개정되기 전의 도시자연공원을 포함)으로 결정 당시 부터 지목이 대(垈)인 토지

   나) 도시자연공원구역으로 결정 당시 지목이 대가 아닌 토지로서 다음의 어느 하나에 해당하는 주택이 있는 토지

    - 도시자연공원구역으로 결정 당시 건축법 등 관계 법령에 따른 허가를 받아 설치된 주택

    - 도시자연공원구역으로 결정되기 전에 건축법 등 관계 법령에 따른 허가를 받아 도시자연공원구역으로 결정된 이후 설치된 주택

    - 도시자연공원구역으로 결정 당시 설치된 주택으로서 법률 제3259호 준공미필기존건축물정리에관한특별조치법, 법률 제3533호 특정건축물정리에관한특별조치법, 법률 제6253호 특정건축물정리에관한특별조치법, 법률 제7698호 특정건축물 정리에 관한 특별조치법 또는 법률 제11930호 특정건축물 정리에 관한 특별조치법에 따라 준공검사필증 또는 사용승인서가 발급되고 건축물대장에 등재된 주택

② 위 허가대상 건축물의 규모·높이·건폐율·용적률과 도시공원 및 녹지 등에
관한 법률 제27조제1항 각호에 따른 허가대상행위에 대한 허가기준은
도시공원 및 녹지 등에 관한 법률 시행령 별표 2와 같습니다.

5-2-3. 시행 중인 공사에 관한 특례

도시공원 및 녹지 등에 관한 법률 제27조제1항 각 호에 규정된 행위에 관
해서 도시자연공원구역의 지정 당시 이미 관계 법령에 따라 허가 등(관계
법령에 따라 허가 등을 받을 필요가 없는 경우를 포함)을 받아 공사 또는
사업에 착수한 자는 도시공원 및 녹지 등에 관한 법률 제27조제1항 단서에
따른 허가를 받은 것으로 보아 이를 계속 시행할 수 있습니다.

5-2-4. 취락지구에 대한 특례

① 취락지구의 지정
   시·도지사는 도시자연공원구역안에 주민이 집단적으로 거주하는 취락을
   국토의 계획 및 이용에 관한 법률 제37조제1항제6호에 따른 취락지구로
   지정할 수 있습니다.

② 건축제한
   취락지구 안에서의 건축물은 도시공원 및 녹지 등에 관한 법률 시행령
   별표 2 제6호에 따른 주택을 ㉮ 건폐율은 100분의 40 이하로 건축하는
   경우, ㉯ 용적률은 100퍼센트 이하로 건축하는 경우, ㉰ 건축물의 높이
   는 12미터 이하, 층수는 3층 이하로 건축하는 경우를 제외하고는 취락
   지구 밖의 도시자연공원구역에 적용되는 기준에 따릅니다.

5-2-5. 위반 시 제재

① 다음의 어느 하나에 해당하는 사람은 1년 이하의 징역 또는 1천만원 이
   하의 벌금에 처해집니다.

  1) 도시공원 및 녹지 등에 관한 법률 제27조제1항 단서를 위반해서 허가
     를 받지 않거나 허가받은 내용을 위반해서 도시공원 또는 녹지에서
     건축물을 설치한 자

2) 거짓이나 그 밖의 부정한 방법으로 도시공원 및 녹지 등에 관한 법률 제27조제1항 단서에 따른 허가를 받은 자

② 또한, 도시공원 및 녹지 등에 관한 법률 제27조제1항 단서에 따른 허가를 받지 않거나 허가의 내용을 위반해서 도시공원·도시자연공원구역 또는 녹지 안에서 금지행위를 한 자(도시공원 및 녹지 등에 관한 법률 제53조 제2호에 해당하는 자는 제외)는 300만원 이하의 벌금에 처해집니다.

5-3. 시가화조정구역 안에서의 건축제한

5-3-1. 시가화조정구역의 지정

① 시·도지사는 직접 또는 관계 행정기관의 장의 요청을 받아 도시지역과 그 주변지역의 무질서한 시가화를 방지하고 계획적·단계적인 개발을 도모하기 위해서 5년 이상 20년 이내의 기간 동안 시가화를 유보할 필요가 있다고 인정되면 시가화조정구역의 지정 또는 변경을 도시·군관리계획으로 결정할 수 있습니다.

② 다만, 국가계획과 연계하여 시가화조정구역의 지정 또는 변경이 필요한 경우에는 국토교통부장관이 직접 시가화조정구역의 지정 또는 변경을 도시·군관리계획으로 결정할 수 있습니다.

5-3-2. 건축제한

위 규정에 따라 지정된 시가화조정구역에서는 기존 건축물의 동일한 용도 및 규모 안에서의 개축만 할 수 있습니다.

5-3-3. 위반 시 제재

① 국토교통부장관, 시·도지사, 시장·군수 또는 구청장은 ㉮ 국토의 계획 및 이용에 관한 법률 제81조에 따른 시가화조정구역에서의 행위 제한을 위반한 자, ㉯ 부정한 방법으로 국토의 계획 및 이용에 관한 법률 제81조에 따른 시가화조정구역에서의 행위허가를 받은 자에게 국토의 계획 및 이용에 관한 법률에 따른 허가·인가 등의 취소, 공사의 중지, 공작물 등의 개축 또는 이전이나 그 밖에 필요한 처분을 하거나 조치를

명할 수 있습니다.

② 또한, 시가화조정구역에서 허가를 받지 않고 국토의 계획 및 이용에 관한 법률 제81조제2항제2호에 해당하는 행위를 하면 3년 이하의 징역 또는 3천만원 이하의 벌금에 처해집니다.

5-4. 수산자원보호구역 안에서의 건축제한

① 수산자원보호구역의 지정

해양수산부장관은 직접 또는 관계 행정기관의 장의 요청을 받아 수산자원을 보호·육성하기 위해서 필요한 공유수면이나 그에 인접한 토지에 대한 수산자원보호구역의 지정 또는 변경을 도시·군관리계획으로 결정할 수 있습니다.

② 건축제한

수산자원보호구역 안에서는 건축법 시행령 별표 1 제1호의 단독주택만 건축할 수 있습니다.

③ 위반 시 제재

수산자원보호구역 안에서 허가를 받지 않고 수산자원관리법 제52조제2항제2호에 해당하는 행위를 하면 2년 이하의 징역 또는 2천만원 이하의 벌금에 처해집니다.

5-5. 입지규제최소구역

① "입지규제최소구역"이란 광역도시계획, 도시·군기본계획 등 상위계획에서 제시한 도시개발 및 관리 방향을 달성하기 위하여 특정 공간을 별도로 관리할 필요가 있는 지역에 대해 도시·군관리계획으로 지정하는 용도구역의 하나입니다.

② 국토교통부장관은 도시지역에서 복합적인 토지이용을 증진시켜 도시 정비를 촉진하고 지역 거점을 육성할 필요가 있다고 인정되면 다음 각 호의 어느 하나에 해당하는 지역과 그 주변지역의 전부 또는 일부를 입지규제최소구역으로 지정할 수 있습니다.

  1) 도시·군기본계획에 따른 도심·부도심 또는 생활권의 중심지역

2) 철도역사, 터미널, 항만, 공공청사, 문화시설 등의 기반시설 중 지역의 거점 역할을 수행하는 시설을 중심으로 주변지역을 집중적으로 정비할 필요가 있는 지역. 이 경우 "기반시설 중 지역의 거점 역할을 수행하는 시설("거점시설" 이라 함)"이란 도시·군계획시설 중 지역의 거점 역할 수행이 가능한 다음 3가지 유형의 시설을 말합니다.

거점시설 유형	해당되는 시설의 종류
교통거점형	철도역사, 여객자동차터미널, 물류터미널, 복합환승센터, 항만, 공항
생활문화거점형	학교, 공공청사, 문화·체육시설, 사회복지시설, 도서관
경제거점형	유통업무설비, 연구시설, 종합의료시설

3. 세 개 이상의 노선이 교차하는 대중교통 결절지로부터 1킬로미터 이내에 위치한 지역. 이 경우 "세 개 이상의 노선이 교차하는 대중교통 결절지로부터 1킬로미터 이내에 위치한 지역"이란 지하철, 철도, 고속버스, 시외버스, 광역버스, 항만, 공항 등 3개 이상의 대중교통 정류장이 반경 500미터 이내에 위치하는 지역을 말합니다.

4. 도시 및 주거환경정비법 제2조제3호에 따른 노후·불량건축물이 밀집한 주거지역 또는 공업지역으로 정비가 시급한 지역. 이 경우 "노후·불량건축물이 밀집한 지역"이란 도시 및 주거환경정비법에 따른 노후·불량건축물이 2분의 1이상인 지역 또는 산업입지 및 개발에 관한 법률에 따른 산업단지 재생사업지구를 말한다.

5. 도시재생 활성화 및 지원에 관한 특별법 제2조제1항제5호에 따른 도시 재생활성화지역 중 같은 법 제2조제1항제6호에 따른 도시경제기반형 활성화계획을 수립하는 지역

6. 용도지역·용도지구 또는 용도구역 외에 주택건축 제한

6-1. 개별법령상의 주택건축제한

개별법령에서 주택건축을 제한하는 각종 지역·지구·구역을 개관하면 아래 표와 같습니다.

구 분	해당 법령
각종 개발지역(지구·구역)에서의 주택건축제한	「택지개발촉진법」, 「혁신도시 조성 및 발전에 관한 특별법」, 「기업도시개발 특별법」, 「항만법」, 「경제자유구역의 지정 및 운영에 관한 특별법」
각종 정비·개선 지역(지구·구역)에서의 주택건축제한	「재해위험 개선사업 및 이주대책에 관한 특별법」, 「저수지·댐의 안전관리 및 재해예방에 관한 법률」
각종 보존·보전지역(지구·구역)에서의 주택건축제한	「농지법」, 「독도 등 도서지역의 생태계 보전에 관한 특별법」, 「습지보전법」, 「자연환경보전법」, 「자연공원법」, 「해양생태계의 보전 및 관리에 관한 법률」, 「야생생물 보호 및 관리에 관한 법률」, 「군사기지 및 군사시설 보호법」, 「수도법」

6-2. 택지개발예정지구에서의 건축제한

6-2-1. 제한 내용

① 택지개발촉진법 제3조의3에 따라 택지개발지구의 지정에 관한 주민 등의 의견청취를 위한 공고가 있는 지역 및 택지개발지구에서 건축법 제2조제1항제2호에 따른 건축물(가설건축물을 포함)을 건축(신축·개축) 하려는 사람은 특별자치도지사·시장·군수 또는 자치구의 구청장의 허가를 받아야 합니다. 허가받은 사항을 변경하려는 경우에도 또한 허가를 받아야 합니다.

② 위 규정에 따라 허가를 받아야 하는 행위로서 택지개발지구의 지정 및
고시 당시 이미 관계 법령에 따라 허가를 받은 행위에 관해서 그 공사
또는 사업에 착수한 사람은 택지개발지구의 지정·고시가 있은 날부터
30일 이내에 공사 또는 사업의 진행상황과 시행계획을 첨부하여 관할
특별자치도지사·시장·군수 또는 자치구의 구청장에게 신고한 후 이를 계
속 시행할 수 있습니다.

6-2-2. 위반 시 제재

① 벌칙

이를 위반해서 허가 또는 변경허가를 받지 않고 건축물을 건축(신축·개
축)하면 1년 이하의 징역 또는 1천만원 이하의 벌금에 처해집니다.

② 원상회복 명령

또한, 특별자치도지사·시장·군수 또는 자치구의 구청장은 택지개발촉진법
제6조제1항을 위반한 자에게 원상회복을 명할 수 있습니다. 이 경우 명
령을 받은 자가 그 의무를 이행하지 않으면 시장 또는 군수는 행정대집
행법에 따라 이를 대집행(代執行)할 수 있습니다.

6-3. 혁신도시개발예정지구 안에서의 건축제한

6-3-1. 혁신도시개발예정지구의 지정

혁신도시개발예정지구란 혁신도시개발사업을 시행하기 위해서 혁신도시 조성
및 발전에 관한 특별법 제7조에 따라 지정·고시된 지구를 말합니다.

※ **혁신도시란?**

'혁신도시'란 이전공공기관을 수용하여 기업·대학·연구소·공공기관 등의 기관이 서로 긴밀하게 협력할 수 있는 혁신여건과 수준 높은 주거·교육·문화 등의 정주(定住)환경을 갖추도록 혁신도시 조성 및 발전에 관한 특별법에 따라 개발하는 미래형도시를 말합니다.

6-3-2. 혁신도시개발예정지구에서의 제한

① 혁신도시개발예정지구 안에서 건축법 제2조제1항제2호에 따른 건축물(가설건축물을 포함)의 건축행위를 하려는 자는 특별자치도지사, 시장·군수 또는 구청장의 허가를 받아야 합니다. 허가받은 사항을 변경하려는 경우에도 또한 같습니다.

② 위 규정에 따라 허가를 받아야 하는 행위로서 혁신도시개발예정지구의 지정 및 고시 당시 이미 관계 법령에 따라 행위허가를 받았거나 허가를 받을 필요가 없는 행위에 관해서 그 공사 또는 사업에 착수한 자는 혁신도시개발예정지구의 지정·고시가 있은 날부터 30일 이내에 그 공사 또는 사업의 진행상황과 시행계획을 첨부하여 관할 특별자치도지사, 시장·군수 또는 구청장에게 신고해야 합니다.

6-3-3. 위반 시 제재

① 벌칙

다음 어느 하나에 해당하는 자는 2년 이하의 징역 또는 2천만원 이하의 벌금에 처합니다.

  1) 공공기관 지방이전에 따른 혁신도시 건설 및 지원에 관한 특별법 제5조의3(제5조의4제2항 및 제5조의5에 따라 입주승인을 받아야 하는 경우를 포함한다)을 위반하여 입주승인을 받지 아니하고 입주한 자 또는 승인받지 아니하고 입주승인 사항을 변경한 자

  2) 거짓이나 부정한 방법으로 혁신도시 조성 및 발전에 관한 특별법 제9조제1항에 따른 허가 또는 변경허가를 받은 자

② 혁신도시 조성 및 발전에 관한 특별법 제9조제1항을 위반해서 허가 또

는 변경허가를 받지 않고 혁신도시 조성 및 발전에 관한 특별법 제9조 제1항에 따른 행위를 한 자는 1년 이하의 징역 또는 1천만원 이하의 벌 금에 처해집니다.

③ 원상회복 명령

특별자치도지사, 시장·군수 또는 구청장은 「혁신도시 조성 및 발전에 관한 특별법」 제9조제1항의 규정을 위반한 자에 대해서 원상회복을 명할 수 있습니다. 이 경우 명령을 받은 자가 그 의무를 이행하지 않는 때에는 특별자치도지사, 시장·군수 또는 구청장은 행정대집행법에 따라 대집행할 수 있습니다.

6-4. 기업도시개발구역에서의 건축제한

6-4-1. 제한 내용

① 기업도시개발구역에서 건축물의 신축·개축을 하려는 사람은 관할 광역시장·시장 또는 군수(광역시 관할 구역에 있는 군의 군수를 제외하며, 이하 "시장·군수"라 함)의 허가를 받아야 하며, 허가를 받은 사항을 변경하려는 경우에도 허가를 받아야 합니다.

※ "기업도시개발구역"이란?

기업도시를 조성하기 위한 기업도시개발사업을 시행하기 위해서 기업도시개발 특별법 제5조에 따라 지정·고시된 구역을 말합니다.

※ "기업도시"란?

산업입지와 경제활동을 위하여 민간기업(법인만 해당하며, 기업도시개발 특별법 제48조제2항에 따라 대체지정된 시행자를 포함한다)이 산업·연구·관광·레저·업무 등의 주된 기능과 주거·교육·의료·문화 등의 자족적 복합기능을 고루 갖추도록 개발하는 도시를 말합니다.

---

② 개발구역의 지정·고시 당시 이미 관계 법령에 의해서 건축물의 건축허가

(관계 법령에 따라 허가를 받을 필요가 없거나 신고로 가능한 경우를 포함)를 받아 그 공사 또는 사업을 완료하지 않은 사람은 개발구역의 지정·고시일부터 14일 이내에 사업(공사)추진상황(기업도시개발 특별법 시행규칙 별지 제3호서식)에 다음의 서류를 첨부해서 관할 시장·군수에게 해당 공사 등의 사업추진상황을 신고해야 합니다.

1) 관계법령에 의한 허가신청서 및 신고사항을 증명할 수 있는 서류
2) 신고일 기준시점의 공정도를 확인할 수 있는 사진

6-4-2. 위반 시 제재

① 벌칙

이를 위반해서 허가를 받지 않고 행위를 하면 1년 이하의 징역 또는 1천만원 이하의 벌금에 처해집니다.

② 원상회복 명령

시장·군수는 기업도시개발 특별법 제9조제1항을 위반한 자에 대해서 원상회복을 명할 수 있고, 명령을 받은 자가 그 의무를 이행하지 않으면 행정대집행법에 따라 대집행(代執行)할 수 있습니다.

6-5. 항만재개발사업구역에서의 건축제한

6-5-1. 제한 내용

① 항만재개발사업구역안(이하 "사업구역"이라 함)에서 건축물의 건축을 하려는 사람은 해양수산부장관 또는 특별자치도지사·시장·군수·구청장(자치구의 구청장을 말함, 이하 같음)의 허가를 받아야 하며, 허가받은 사항을 변경하려는 경우에도 허가를 받아야 합니다.

> ※ "항만재개발사업구역"이란?
> 항만재개발사업을 시행하기 위해서 항만법 제56조제1항에 따라 해양수산부장관이 지정·고시한 곳을 말합니다.

② 위 규정에 따라 허가를 받아야 하는 행위로서 항만과 그 주변지역의 개발 및 이용에 관한 법률 제51조제1항에 따라 사업구역이 지정·고시된

당시 이미 관계 법령에 따라 행위허가를 받았거나 허가를 받을 필요가 없는 행위에 관해서 그 공사 또는 사업에 착수한 자는 해당 사업구역이 지정·고시된 날부터 30일 이내에 공사 등의 착수신고서(항만법 시행규칙 별지 제24호서식)에 그 공사 또는 사업의 진행사항과 시행계획을 첨부해서 해양수산부장관 또는 특별자치도지사·시장·군수·구청장에게 제출한 후 계속 시행할 수 있습니다.

6-5-2. 위반 시 제재 등

① 벌칙

이를 위반해서 사업구역 안에서 거짓이나 그 밖의 부정한 방법으로 항만법 제84조제1항에 따른 허가 또는 변경 허가를 받은 자는 2년 이하의 징역 또는 2천만원 이하의 벌금에 처해집니다. 또 이를 위반해서 사업구역 안에서 허가를 받지 않고 건축물을 건축한 자는 1년 이하의 징역이나 1천만원 이하의 벌금에 처해집니다.

② 원상회복 명령

해양수산부장관 또는 특별자치도지사·시장·군수·구청장은 항만법 제84조제1항에 따른 건축허가를 받지 않고 건축물을 건축한 사람에 대해서 원상회복을 명할 수 있습니다. 이 경우 명령을 받은 사람이 그 의무를 이행하지 않는 경우에는 해양수산부장관 또는 특별자치도지사·시장·군수·구청장은 행정대집행법에 따라 대집행할 수 있습니다.

6-6. 경제개발사업구역에서의 건축제한

6-6-1. 경제개발사업구역의 지정

특별시장·광역시장·도지사 또는 특별자치도지사(이하 "시·도지사"라 함)는 산업통상자원부장관에게 경제자유구역의 지정을 요청할 수 있습니다. 다만, 대상구역이 둘 이상의 특별시·광역시·특별자치시·도 또는 특별자치도(이하 "시·도"라 함)에 걸쳐 있는 경우에는 해당 시·도지사가 공동으로 지정을 요청해야 합니다.

※ **경제자유구역이란?**

외국인 투자기업의 경영환경과 외국인의 생활여건을 개선하기 위해서 조성된 지역으로서 경제자유구역의 지정 및 운영에 관한 특별법 제4조에 따라 지정·고시되는 지역을 말합니다.

6-6-2. 경제개발사업구역에서의 건축제한

개발사업구역에서 건축물의 신축, 개축행위를 하려는 자는 관할 시·도지사의 허가를 받아야 합니다. 허가받은 사항을 변경할 때에도 또한 같습니다.

6-6-3. 위반 시 제재

이를 위반해서 건축물을 신축, 개축하면 1년 이하의 징역 또는 1천만원 이하의 벌금에 처해집니다.

6-7. 재해위험 개선사업지구에서의 건축제한

6-7-1. 제한 내용

① 재해위험 개선사업지구 안에서 건축물의 신축 또는 개축을 하려는 사람은 시장, 군수, 자치구의 구청장(이하 "시장·군수"라 함)의 허가를 받아야 합니다. 허가받은 사항을 변경하려는 경우에도 또한 허가를 받아야 합니다.

※ **재해위험 개선사업지구란?**

자연재해대책법 제12조에 따라 자연재해위험개선지구로 지정·고시된 지역 또는 태풍, 홍수, 호우, 해일 등 자연현상으로 인해서 상습 풍수해 등의 피해가 빈발하는 지역과 집단이주단지 조성이 필요한 수해복구 지역 중에서 재해위험 개선사업 및 이주대책에 관한 특별법 제6조에 따라 행정안전부장관 또는 특별시장·광역시장·도지사·특별자치도지사가 지정한 지구를 말합니다.

② 위 규정에 따라 허가를 받아야 하는 행위로서 개선사업지구의 지정 및 고시 당시 이미 관계 법령에 따라 행위허가를 받았거나 허가를 받을 필요

가 없는 행위에 관해서 그 공사 또는 사업에 착수한 사람은 개선사업지구가 지정·고시된 날부터 30일 이내에 그 공사 또는 사업의 진행상황과 시행계획을 첨부하여 관할 시장·군수에게 신고 한 후 이를 계속 시행할 수 있습니다.

6-7-2. 위반 시 제재

① 벌칙

거짓이나 부정한 방법으로 재해위험 개선사업 및 이주대책에 관한 특별법 제7조에 따른 허가 또는 변경허가를 받은 후 행위를 한 자는 2년 이하의 징역 또는 2천만원 이하의 벌금에 처해집니다. 또 재해위험 개선사업 및 이주대책에 관한 특별법 제7조에 따른 허가 또는 변경허가를 받지 않고 행위를 한 자 또는 거짓이나 부정한 방법으로 재해위험 개선사업 및 이주대책에 관한 특별법 제7조에 따른 허가 또는 변경허가를 받은 자는 1년 이하의 징역 또는 1천만원 이하의 벌금에 처해집니다.

② 원상회복 명령

시장·군수는 재해위험 개선사업 및 이주대책에 관한 특별법 제7조제1항을 위반한 자에 대해서 원상회복을 명할수 있습니다. 이 경우 명령을 받은 자가 그 의무를 이행하지 않는 경우에는 시장·군수는 행정대집행법에 따라 이를 대집행할 수 있습니다.

6-8. 위험저수지·댐 정비지구에서의 건축제한

6-8-1. 제한 내용

① 위험저수지·댐 정비지구 안에서 건축물의 신축·개축 등의 행위를 하려는 사람은 관할 특별자치도지사·시장·군수 또는 자치구의 구청장의 허가를 받아야 합니다. 허가받은 사항을 변경하려는 경우에도 또한 허가를 받아야 합니다.

> **※ 위험저수지·댐 정비지구란?**
>
> 특별자치도지사·시장·군수·구청장이 관리하고 있는 저수지·댐이 다음
> 의 어느 하나에 해당하는 경우 위험저수지·댐 정비기본계획을 수립
> 하여 행정안전부장관의 승인을 받아 위험저수지·댐 정비지구로 지정
> 한 곳을 말합니다.
> 1. 저수지·댐의 안전성 확보 및 효용성 제고 등을 위해서 위험저수
>   지·댐 정비사업이 시급하다고 판단되는 경우
> 2. 저수지·댐이 본래의 목적과 기능을 상실하여 재해예방을 위해서
>   다른 용도로 전환 등의 조치가 필요하다고 판단되는 경우
> ※ 위험저수지·댐 정비지구 지정현황은 각 시·군·구별로 다르므로
>   주택을 건축하려는 시·군·구청에서 개별적으로 확인해야 합니다.

② 다만, 정비지구를 지정·고시한 때에 이미 관계 법령에 따라 건축물의 건
   축 등에 관해서 허가를 받아 그 공사 또는 사업에 착수한 사람은 해당
   허가서를 특별자치도지사·시장·군수·구청장에게 제출한 후 이를 계속 시
   행할 수 있습니다.

6-8-2. 위반 시 제재

이를 위반해서 특별자치도지사·시장·군수·구청장의 허가를 받지 않고 행위를
하면 300만원 이하의 과태료가 부과됩니다.

6-9. 농업진흥지역에서의 건축제한
6-9-1. 농업진흥지역의 지정

① 관할 특별시장·광역시장 또는 도지사는 농지를 효율적으로 이용하고 보
   전하기 위해서 농업진흥지역을 지정합니다.
② 위 규정에 따른 농업진흥지역은 다음의 용도구역으로 구분하여 지정할
   수 있습니다.
 1) 농업진흥구역 : 농업의 진흥을 도모해야 하는 다음의 어느 하나에 해
    당하는 지역으로서 농림축산식품부장관이 정하는 규모로 농지가 집단

화되어 농업 목적으로 이용할 필요가 있는 지역

가) 농지조성사업 또는 농업기반정비사업이 시행되었거나 시행 중인 지역으로서 농업용으로 이용하고 있거나 이용할 토지가 집단화되어 있는 지역

나) 가목에 해당하는 지역 외의 지역으로서 농업용으로 이용하고 있는 토지가 집단화되어 있는 지역

2. 농업보호구역 : 농업진흥구역의 용수원 확보, 수질 보전 등 농업 환경을 보호하기 위해서 필요한 지역

6-9-2. 농업진흥구역에서의 제한

① 농업진흥구역에서는 농업 생산 또는 농지 개량과 직접적으로 관련되지 않은 토지이용행위를 할 수 없지만, 다음의 요건을 모두 갖춘 농업인 주택 및 어업인 주택(이하 '농어업인 주택'이라 함)은 그렇지 않습니다.

1) 농업인 또는 어업인(수산업·어촌 발전 기본법 제3조제3호에 따른 어업인을 말함) 1명 이상으로 구성되는 농업·임업·축산업 또는 어업을 영위하는 세대로서 다음의 어느 하나에 해당하는 세대의 세대주가 설치하는 것일 것

가) 해당 세대의 농업·임업·축산업 또는 어업에 따른 수입액이 연간 총수입액의 2분의 1을 초과하는 세대

나) 해당 세대원의 노동력의 2분의 1 이상으로 농업·임업·축산업 또는 어업을 영위하는 세대

2) 위 1.의 어느 하나에 해당하는 세대의 세대원이 장기간 독립된 주거생활을 영위할 수 있는 구조로 된 건축물(지방세법시행령 제28조에 따른 별장 또는 고급주택 제외) 및 해당 건축물에 부속한 창고·축사 등 농업·임업· 축산업 또는 어업을 영위하는데 필요한 시설로서 그 부지의 총면적이 1세대당 660제곱미터 이하일 것

3) 위 1. 의 어느 하나에 해당하는 세대의 농업·임업 또는 축산업의 경영의 근거가 되는 농지·산림·축사 또는 어장 등이 있는 시(구를 두지 않은 시를 말하며, 도농복합형태의 시에 있어서는 동지역에 한함)·구(도

농복합형태의 시의 구에 있어서는 동지역에 한함)·읍·면(이하 "시·구·읍·면"이라 함) 또는 이에 연접한 시·구·읍·면 지역에 설치하는 것일 것

② 다만, 위 2.에 따른 부지면적을 적용함에 있어서 농지를 전용하여 농어업인 주택을 설치하는 경우에는 그 전용하려는 면적에 해당 세대주가 그 전용허가신청일 또는 협의신청일 이전 5년간 농어업인 주택의 설치를 위해서 부지로 전용한 농지면적을 합산한 면적(공공사업으로 인해서 철거된 농어업인 주택의 설치를 위하여 전용하였거나 전용하려는 농지면적은 제외)을 해당 농어업인 주택의 부지면적으로 봅니다.

③ 이를 위반하면 5년 이하의 징역 또는 5천만원 이하의 벌금에 처해집니다.

6-9-3. 농업보호구역에서의 제한

① 농업보호구역에서는 농업인의 생활 여건을 개선하기 위하여 필요한 시설로서 단독주택(건축법 시행령 별표 1 제1호가목, 농업보호구역 안의 부지 면적이 1천제곱미터 미만인 것만 해당)의 설치 외의 토지이용행위를 할 수 없습니다.

② 이를 위반하면 5년 이하의 징역 또는 5천만원 이하의 벌금에 처해집니다.

6-9-4. 농업진흥지역 지정 당시 관계 법령에 따라 인가·허가 또는 승인을 받은 경우

① 농업진흥지역 지정 당시 관계 법령에 따라 인가·허가 또는 승인 등을 받거나 신고하고 설치한 기존의 건축물에 대해서는 위의 행위 제한 규정을 적용하지 않습니다.

② 농업진흥지역 지정 당시 관계 법령에 따라 건축물의 건축 인가·허가·승인 등을 받거나 신고하고 공사 또는 사업을 시행 중인 자(관계 법령에 따라 인가·허가·승인 등을 받거나 신고할 필요가 없는 경우에는 시행 중인 공사 또는 사업에 착수한 자를 말함)는 그 공사 또는 사업에 대해서만 위의 행위 제한 규정을 적용하지 않습니다.

6-9-5. 농업진흥구역과 농업보호구역에 걸치는 한 필지의 토지 등에 대한 행위 제한의 특례

① 한 필지의 토지가 농업진흥구역과 농업보호구역에 걸쳐 있으면서 농업진흥구역에 속하는 토지 부분이 330제곱미터 이하이면 그 토지 부분에 대해서는 농지법 제32조에 따른 행위 제한을 적용할 때 농업보호구역에 관한 규정이 적용됩니다.

② 한 필지의 토지 일부가 농업진흥지역에 걸쳐 있으면서 농업진흥지역에 속하는 토지 부분의 면적이 330제곱미터 이하이면 그 토지 부분에 대해서는 규제「농지법」 제32조제1항 및 제2항이 적용되지 않습니다.

6-10. 특정도서에서의 건축제한

6-10-1. 건축제한

① 누구든지 특정도서에서 건축물의 신축행위를 해서는 안 됩니다.

> ※ "특정도서"란?
> 사람이 거주하지 않거나 극히 제한된 지역에만 거주하는 섬으로서 자연생태계·지형·지질·자연환경이 우수한 독도 등 환경부장관이 지정하여 고시하는 도서(島嶼)를 말합니다.

② 다만, 군사·항해·조난구호행위, 천재지변 등 재해의 발생 방지 및 대응을 위하여 필요한 행위, 국가가 시행하는 해양자원개발 행위, 도서개발촉진법 제6조제3항의 사업계획에 따른 개발행위 및 문화재보호법에 따라 문화재청장 또는 시·도지사가 필요하다고 인정하는 행위는 그렇지 않습니다.

③ 이를 위반해서 건축물을 신축하면 5년 이하의 징역 또는 5천만원 이하의 벌금에 처해집니다.

④ 또한, 환경부장관은 특정도서에서 위 규정에 위반되는 행위를 한 사람에 대해서는 상당한 기간을 정하여 원상회복을 명할 수 있으며 원상회복이 곤란한 경우에는 그에 상응하는 조치를 할 것을 명할 수 있습니다.

6-10-2. 건축물의 개축 시 허가

① 환경부장관은 특정도서의 지정목적에 지장이 없다고 인정하는 경우에는 기존의 건축물의 개축행위를 허가할 수 있습니다.

② 환경부장관은 이를 위반해서 거짓이나 그 밖의 부정한 방법으로 허가를 받은 사람에 대해 독도 등 도서지역의 생태계보전에 관한 특별법에 따른 허가를 취소하며 동법 제9조제2항에 따른 허가 조건이나 기한을 위반하면 허가를 취소하거나 위반행위의 정지 또는 변경을 명할 수 있습니다.

6-11. 습지보호지역에서의 건축제한

6-11-1. 건축제한

① 누구든지 습지보호지역 안에서 건축물의 신축을 해서는 안 됩니다.

※ "습지" 및 "습지보호지역"이란?

습지란 담수(민물)·기수(바닷물과 민물이 섞여 염분이 적은 물) 또는 염수(바닷물)가 영구적 또는 일시적으로 그 표면을 덮고 있는 지역으로서 내륙습지 및 연안습지를 말하며(습지보전법 제2조제1호), 습지보호지역이란 환경부장관·해양수산부장관 또는 시·도지사가 습지 중 다음의 어느 하나에 해당하는 지역으로서 특별히 보전할 가치가 있는 지역을 습지보호지역으로 지정한 곳을 말합니다.
 1. 자연상태가 원시성을 유지하고 있거나 생물다양성이 풍부한 지역
 2. 희귀하거나 멸종위기에 처한 야생 동식물이 서식하거나 나타나는 지역
 3. 특이한 경관적·지형적 또는 지질학적 가치를 지닌 지역

---

② 연안습지보호지역은 국토교통부 사이트(정보마당-법령정보)에서 확인할 수 있습니다.

6-11-2. 위반 시 제재

① 벌칙

이를 위반해서 건축물을 신축하면 2년 이하의 징역 또는 2천만원 이하의 벌

금에 처해집니다.

② 원상회복 명령

환경부장관·해양수산부장관 또는 시·도지사는 이를 위반해서 건축물의 신축행위를 한 사람에 대해서는 그 행위의 중지를 명하거나 그 위반행위의 내용과 정도를 고려하여 6개월의 범위에서 기간을 정해 그 기간 내에 원상회복을 하도록 명할 수 있으며 원상회복이 곤란한 경우에는 이에 상응한 조치를 할 것을 명할 수 있습니다.

6-12. 생태·경관보전지역에서의 건축제한

6-12-1. 제한 내용

① 건축물 신축의 금지

누구든지 생태·경관보전지역 안에서는 건축물의 신축으로 자연생태 또는 자연경관의 훼손행위를 해서는 안 됩니다. 다만, 생태·경관보전지역 안에 자연공원법에 의해 지정된 공원구역 또는 문화재보호법에 의한 문화재(보호구역을 포함)가 포함된 경우에는 자연공원법 또는 문화재보호법에 따릅니다.

※ "생태·경관보전지역"이란?

환경부장관은 다음의 어느 하나에 해당하는 지역으로서 자연생태·자연경관을 특별히 보전할 필요가 있는 지역을 생태·경관보전지역으로 지정할 수 있습니다.

1. 자연상태가 원시성을 유지하고 있거나 생물다양성이 풍부하여 보전 및 학술적 연구가치가 큰 지역
2. 지형 또는 지질이 특이하여 학술적 연구 또는 자연경관의 유지를 위해서 보전이 필요한 지역
3. 다양한 생태계를 대표할 수 있는 지역 또는 생태계의 표본지역
4. 관계 행정기관의 장이나 특별시장·광역시장 또는 도지사가 자연경관이 수려하여 특별히 보전할 필요가 있다고 추천하는 지역

---

② 생태·경관완충보전구역에서의 건축제한 완화

자연환경보전법 제15조제1항의 규정에도 불구하고 생태·경관완충보전구역 안에서는 공간정보의 구축 및 관리 등에 관한 법률에 따른 지목이 대지(생태·경관보전지역 지정 이전의 지목이 대지인 경우만 해당)인 토지에서 주거·생계 등을 위한 건축법 시행령 별표 1 제1호가목의 단독주택으로서 다음에서 정하는 규모 이하의 건축물 등의 설치할 수 있습니다.

1) 신축 시에는 지상층의 건축연면적이 130제곱미터 이하이고 높이가 2층 이하이며 지하층의 건축연면적이 130제곱미터 이하인 경우

2) 개축 시에는 기존 건축연면적의 2배 이하이고 높이가 2층 이하인 경우. 다만, 기존 건축물의 연면적이 50제곱미터 미만인 때에는 개축의 연면적이 130제곱미터 이하이고, 기존건축물의 층수가 3층 이상인 때에는 개축의 층수가 동일 층수 이하인 경우를 말합니다.

※ **생태·경관완충보전구역이란?**
핵심구역의 연접지역으로서 핵심구역의 보호를 위해서 필요한 지역을 말합니다.

※ **생태·경관핵심보전구역이란?**
생태계의 구조와 기능의 훼손방지를 위하여 특별한 보호가 필요하거나 자연경관이 수려하여 특별히 보호하고자 하는 지역을 말합니다.

---

③ 생태·경관전이보전구역에서의 건축제한 완화

자연환경보전법 제15조제1항의 규정에도 불구하고 생태·경관전이보전구역 안에서는 다음의 행위를 할 수 있습니다. 생태·경관전이보전구역이란 핵심구역 또는 완충구역에 둘러싸인 취락지역으로서 지속 가능한 보전과 이용을 위해서 필요한 지역을 말합니다.

1) 자연환경보전법 제15조제3항 각 호의 행위

2) 전이구역 안에 거주하는 주민의 생활양식의 유지 또는 생활향상 등을 위한 건축물 등으로서 다음의 어느 하나에 해당 하는 건축물 등의 설치

가) 신축 시에는 건축연면적이 200제곱미터 이하이고 높이가 2층 이하인 경우

나) 개축 시에는 건축연면적이 기존 건축연면적의 2.5배 이하이고 건축
물의 층수가 2층 이하인 경우. 다만, 기존 건축물의 연면적의 2.5배
가 200제곱미터 미만인 때에는 개축의 연면적이 200제곱미터 이하
이고, 기존 건축물의 층수가 3층 이상인 때에는 증·개축의 층수가
동일 층수 이하인 경우를 말합니다.

6-12-2. 위반 시 제재 등

① 벌칙

다음의 어느 하나에 해당하는 사람은 3년 이하의 징역 또는 3천만원 이
하의 벌금에 처해집니다. 또 전이구역 안에서 자연환경보전법 제15조제1
항을 위반해서 자연생태·자연경관을 훼손시킨 사람은 2년 이하의 징역
또는 2천만원 이하의 벌금에 처해집니다.

1) 핵심구역 안에서 자연환경보전법 제15조제1항(자연환경보전법 제22조
제2항에 의해서 준용되는 경우를 포함)을 위반해서 자연생태·자연경관
의 훼손행위를 한 사람

2) 완충구역 안에서 자연환경보전법 제15조제1항제2호를 위반해서 자연
생태·자연경관의 훼손행위를 한 사람

3) 자연환경보전법 제17조(제22조제2항에 의해서 준용되는 경우를 포함)
에 의한 중지·원상회복 또는 조치명령을 위반한 사람

② 원상회복 명령

환경부장관은 생태·경관보전지역 안에서 자연환경보전법 제15조제1항에 위
반되는 행위를 한 사람에 대해서 그 행위의 중지를 명하거나 상당한 기간
을 정하여 원상회복을 명할 수 있습니다. 다만, 원상회복이 곤란한 경우에
는 대체자연의 조성 등 이에 상응하는 조치를 하도록 명할 수 있습니다.

6-13. 공원구역에서의 건축제한

6-13-1. 공원구역

공원구역이란 자연공원으로 지정된 구역을 말하는데, 자연공원이란 국립공
원·도립공원·군립공원 및 지질공원을 말합니다.

6-13-2. 허가를 받아야 하는 경우

① 공원구역에서 공원사업 외에 건축물의 신축 또는 개축을 하려는 사람은 허가신청서(자연공원법 시행규칙 제2호서식, 전자문서로 된 신청서 포함)에 다음의 서류를 첨부해서 공원관리청에 제출해야 합니다.

　1) 점용 또는 사업계획서(자연공원법 제23조제3항에 따른 공원위원회의 심의를 거치는 사항에 한함)

　2) 위치도·지적·임야도 및 평면도

　3) 토지사용승낙서(자연공원법 제23조제1항제1호부터 제3호·제9호 및 자연공원법 시행령 제20조 각 호의 어느 하나에 해당하는 행위로서 신청인 소유의 토지가 아닌 경우에 한함)

　4) 토지등기사항증명서(자연공원법 제23조제1항제1호부터 제3호·제9호 및 자연공원법 시행령 제20조 각 호의 어느 하나에 해당하는 행위에 한함)

　5) 건축물대장 등본(자연공원법 제23조제1항제10호의 용도변경의 경우에 한함)

② 다만, 위 4. 및 5.의 서류는 행정기관이 아닌 공원관리청에 허가를 신청하는 경우에만 첨부하면 됩니다.

③ 이를 위반해서 공원관리청의 허가를 받지 않고 건축물의 신축 또는 개축을 하면 3년 이하의 징역 또는 3천만원 이하의 벌금에 처해집니다.

6-13-3. 신고만으로 가능한 경우

① 공원마을지구 안에서 주거용 건축물을 연면적 200제곱미터 미만으로 신축 또는 개축하는 행위는 공원관리청에 신고를 하고 할 수 있습니다.

② 다만, 도로경계선으로부터 10미터 이내에 건축하는 경우에는 허가를 받아야 합니다.

※ **공원마을지구란?**
마을이 형성된 지역으로서 주민생활을 유지하는 데에 필요한 지역을 말합니다.

---

③ 이를 위반해서 신고를 하지 않고 주거용 건축물을 건축하면 1년 이하의

징역 또는 1천만원 이하의 벌금에 처해집니다.

6-13-4. 신고를 생략할 수 있는 경우

① 공원마을지구 안에서 주거용 건축물을 개축하는 행위는 신고를 생략할
   수 있습니다. 공원자연마을지구란 취락의 밀집도가 비교적 낮은 지역으
   로서 주민이 취락생활을 유지하는 데에 필요한 지역을 말합니다.
② 다만, 도로경계선으로부터 10미터 이내인 경우에는 허가를 받아야 합니다.

6-13-5. 법령 위반 등에 대한 처분

공원관리청은 위의 행위허가 또는 신고 내용을 위반하면 자연공원법에 따른
허가를 취소하거나 사업을 정지 또는 변경할 수 있습니다.

6-14. 해양보호구역에서의 건축제한
6-14-1. 제한 내용

① 누구든지 해양보호구역에서는 건축물의 신축을 해서는 안 됩니다. 다만,
   해양보호구역에 자연공원법에 의해서 지정된 공원구역 또는 문화재보호
   법에 의한 문화재(보호구역을 포함)가 포함된 경우에는 자연공원법 또는
   문화재보호법에서 정하는 바에 따릅니다.
② "해양보호구역"이란 해양생물다양성이 풍부하여 생태적으로 중요하거나
   해양경관 등 해양자산이 우수하여 특별히 보전할 가치가 큰 구역으로서
   해양생태계의 보전 및 관리에 관한 법률 제25조에 의해 해양수산부장
   관이 지정하는 구역을 말합니다 .
③ 해양보호구역은 해양생태계의 특성에 따라 다음과 같이 세부구역으로
   구분하여 지정·관리될 수 있습니다 .
   1) 해양생물보호구역: 보호대상해양생물의 보호를 위해서 필요한 구역
   2) 해양생태계보호구역: 해양생태계가 특히 우수하거나 해양생물다양성이
      풍부한 구역 또는 취약한 생태계로서 훼손되는 경우 복원하기 어려운
      구역
   3) 해양경관보호구역: 바닷가 또는 바다 속의 지형·지질 및 생물상(生物

相) 등이 해양생태계와 잘 어우러져 해양경관적 가치가 탁월한 구역

6-14-2. 위반 시 제재

① 벌칙

이를 위반해서 해양생물보호구역 및 해양생태계보호구역에서 건축물을 신축해서 해양생물 또는 해양생태계를 훼손하면 2년 이하의 징역 또는 2천만원 이하의 벌금에 처해집니다. 또 이를 위반해서 해양경관보호구역에서 건축물을 신축해서 해양경관을 훼손하면 1년 이하의 징역 또는 1천만원 이하의 벌금에 처해집니다.

② 중지명령

해양수산부장관 또는 시·도지사는 해양보호구역에서 건축물의 신축행위를 한 자에 대해서 그 행위의 중지를 명하거나 상당한 기간을 정하여 원상회복을 명할 수 있습니다. 다만, 원상회복이 곤란한 경우에는 대체 자연의 조성 등 이에 상응하는 조치를 하도록 명할 수 있습니다.

6-15. 야생생물특별보호구역 안에서의 건축제한

6-15-1. 제한 내용

누구든지 야생생물특별보호구역 안에서는 건축물의 신축에 해당하는 훼손행위를 해서는 안 됩니다. 다만, 문화재보호법 제2조에 따른 문화재(보호구역을 포함)에 대해서는 문화재보호법에서 정하는 바에 따릅니다.

6-15-2. 위반 시 제재

① 벌칙

이를 위반해서 야생동·식물특별보호구역에서 훼손행위를 하면 3년 이하의 징역 또는 3백만원 이상 3천만원 이하의 벌금에 처해집니다.

② 중지 명령

환경부장관이나 시·도지사는 야생동·식물특별보호구역 안에서 건축물의 신축행위를 한 사람에 대해서 그 행위의 중지를 명하거나 상당한 기간을 정하여 원상회복을 명할 수 있습니다. 다만, 원상회복이 곤란한 경우

에는 이에 상응하는 조치를 하도록 명할 수 있습니다.

6-16. 군사기지 및 군사시설보호구역에서의 건축제한

6-16-1. 군사기지 및 군사시설보호구역

군사기지 및 군사시설을 보호하고 군사작전을 원활히 수행하기 위해서 국방부장관이 군사기지 및 군사시설 보호법 제4조 및 제5조에 따라 지정하는 구역으로서 다음의 것을 말합니다.

① 통제보호구역: 군사기지 및 군사시설 보호구역(이하 '보호구역'이라 함) 중 고도의 군사활동 보장이 요구되는 군사분 계선의 인접지역과 중요한 군사기지 및 군사시설의 기능보전이 요구되는 구역

② 제한보호구역: 보호구역 중 군사작전의 원활한 수행을 위해서 필요한 지역과 군사기지 및 군사시설의 보호 또는 지역주민의 안전이 요구되는 구역

6-16-2. 통제보호구역 안에서의 건축제한

① 누구든지 통제보호구역 안에서 건축물의 신축행위를 해서는 안 됩니다. 다만, 군사작전에 지장이 없는 범위에서 국가기관 또는 지방자치단체가 국방부장관 또는 관할부대장 등과 협의하여 시행하는 공공사업은 그렇지 않습니다.

② 이를 위반해서 건축물을 신축하면 2년 이하의 징역 또는 2천만원 이하의 벌금에 처해집니다.

6-16-3. 비행안전구역에서의 건축제한

① 누구든지 비행안전구역(예비항공작전기지 중 민간비행장의 비행안전구역 제외) 안에서는 다음의 어느 하나에 해당하는 행위를 해서는 안 됩니다. 비행안전구역"이란 군용항공기의 이착륙에 있어서의 안전비행을 위하여 국방부장관이 군사기지 및 군사시설 보호법 제4조 및 제6조에 따라 지정하는 구역을 말합니다.

1) 제1구역에서 군사시설(민간항공기의 항행을 지원하기 위한 항행안전시설 포함)을 제외한 건축물의 건축
2) 제2구역부터 제6구역까지에서 그 구역의 표면높이(이들의 투영면이 일치되는 부분에 관해서는 이들 중 가장 낮은 표면으로 함) 이상인 건축물의 건축

② 군사기지 및 군사시설 보호법 제10조제1항제2호에도 불구하고 비행안전구역 중 전술항공작전기지의 제3구역, 제5구역 또는 제6구역과 지원항공작전기지의 제4구역 또는 제5구역 안에서는 각 구역별로 최고장애물 지표면 중 가장 높은 지표면의 높이를 초과하지 않는 범위에서 일정 구역의 지표면으로부터 45미터 높이 이내에서 그 구역의 표면높이 이상인 건축물의 건축을 할 수 있습니다.

③ 다만, 지원항공작전기지의 제4구역·제5구역의 경계부분이 연속적으로 상승하거나 하강하는 능선형태로 되어 있어서 그 경계부분의 높이가 최고장애물의 지표면 높이의 기준이 됨으로써 본문에 따른 높이까지 건축물의 건축을 할 수 없게 되는 경우에는 최고장애물의 지표면 높이가 높은 구역의 최고장애물을 기준으로 해서 적용됩니다.

④ 관할부대장 또는 관리부대장(이하 "관할부대장 등"이라 함)은 군사기지 및 군사시설 보호법 제1항제2호에도 불구하고 비행안전에 지장을 초래하지 않는 범위에서 각 기지별 지역의 특수성을 고려하여 항공작전기지의 비행안전구역에 있어서 그 구역의 표면높이 이상인 건축물의 건축을 허용할 수 있습니다.

※ "관할부대장"이란?
작전책임지역 안의 군사기지 및 군사시설을 보호·관리하거나 비행안전 또는 대공방어 등에 관한 사항을 관장하는 다음의 부대의 장을 말합니다.
1. 육군에 있어서는 여단장급 이상의 부대장
2. 해군에 있어서는 전대장급 이상의 부대장. 다만, 해병대에 있어서는 연대장급 이상의 부대장
3. 공군에 있어서는 비행단장·여단장급 이상의 부대장 또는 독립전대의 부대장

※ "관리부대장"이란?

관할부대장의 작전책임지역 안에 주둔하고 있으나 지휘계통이 달라 해당 지역의 관할 부대와 독립하여 일정한 범위의 군사기지 및 군사시설을 보호·관리하거나 비행안전 및 대공방어 등에 관한 사항을 관장하는 다음의 부대의 장을 말합니다.

1. 폭발물 관련시설을 보호·관리하는 창장급 이상의 부대장
2. 지원항공작전기지·헬기전용작전기지·예비항공작전기지를 보호·관리하는 부대장
3. 군용전기통신기지를 보호·관리하는 부대장

6-16-4. 위반 시 제재

① 벌칙

위 규정에 따른 장애물의 제거, 그 밖의 조치명령(군사기지 및 군사시설 보호법 제10조제1항제1호 또는 제2호에 해당하여 명령하는 경우만 해당)에 따르지 않으면 2년 이하의 징역 또는 2천만원 이하의 벌금에 처해집니다.

② 강제퇴거 등 조치 명령

관할부대장 등(군사기지 및 군사시설 보호법 제9조제1항제1호의 경우에는 주둔지부대장을 포함)은 군사기지 및 군사시설 보호법 제9조 및 제10조를 위반한 자 또는 그 위반으로 인한 장애물의 소유자와 그 밖의 권리를 가진 자(이하 "소유자 등"이라 함)에게 퇴거를 강제하거나 장애물의 제거, 그 밖에 필요한 조치를 명할 수 있습니다.

6-17. 상수원보호구역에서의 건축제한

6-17-1. 제한 내용

① 상수원 보호를 위한 구역(이하 "상수원보호구역"이라 함)에서 건축물의 신축·개축행위를 하려는 사람은 관할 특별자치시장·특별자치도지사·시장·군수 또는 구청장(자치구의 구청장을 말함. 이하 같음)의 허가를 받아야 합니다.

② "상수원보호구역"이란 환경부장관이 상수원["상수원"이란 음용·공업용 등으로 제공하기 위해서 취수시설(取水施設)을 설치한 지역의 하천·호소(湖沼)·지하수·해수(海水) 등을 말함]의 확보와 수질 보전을 위해서 필요하다고 인정되는 지역을 상수원보호구역으로 지정한 곳을 말합니다.

③ 특별자치시장·특별자치도지사·시장·군수 또는 구청장은 상수원보호구역에서 위 규정에 따른 건축물의 신축·개축행위를 허가할 때에는 다음의 어느 하나에 해당하는 것으로서 상수원보호구역의 지정목적에 지장이 없다고 인정되는 경우에만 허가할 수 있습니다.

1) 생활기반시설(농가주택의 신축)

가) 원거주민 또는 보호구역에 6개월 이상 거주하는 주민이 지목이 대(垈)인 대지인 토지에 신축하는 경우로서 연면적 100제곱미터 이하의 농가주택(지하층이 농가용 부대창고이면 100제곱미터 이하로 하되, 연면적에 포함하지 않음)과 연면적 66제곱미터 이하의 부속건축물

나) 보호구역지정 당시부터 계속해서 무주택자인 원거주민으로서 혼인으로 인하여 세대주가 된 자가 지목이 대인 토지에 농가주택을 신축하는 경우에는 연면적 132제곱미터 이하(지하층이 농가용 부대창고이면 연면적 132제곱미터 이하로 하되, 연면적에 포함하지 않음)와 연면적 66제곱미터 이하의 부속건축물. 이 경우 지하층이 없는 농가주택의 신축은 연면적 154제곱미터 이하로 합니다.

다) 가. 및 나.에 따른 원거주민이나 주민이 신축하려는 농가주택은 해당 원거주민이나 주민이 소유하는 농지와 같은 보호구역 또는 보호구역과 동일 생활권에 있어야 합니다.

2. 건축물의 개축 : 기존의 건축물이나 그 밖의 공작물의 용도와 규모의 범위에서의 개축

6-17-2. 위반 시 제재

이를 위반해서 상수원보호구역에서 건축물의 신축·개축을 하면 2년 이하의 징역 또는 2천만원 이하의 벌금에 처해집니다.

(관련판례)

구 「군사시설보호법」(1993.12.27. 법률 제4617호로 전문 개정되기 전의 것) 제7조제3호, 제6호, 제7호 등에 의하면, 관계 행정청이 군사시설보호구역 안에서 가옥이나 그 밖에 축조물의 신축 또는 증축, 입목의 벌채 등을 허가하고자 할 때에는 미리 관할 부대장과 협의를 하도록 규정하고 있고, 구「군사시설보호법 시행령」(1994.7.20. 대통령령 제14329호로 전문 개정되기 전의 것) 제10조 제2항에 비추어 보면, 여기서 협의는 동의를 뜻한다 할 것이며, 같은 조 제3항에 의하면, 관계 행정청이 이러한 협의를 거치지 않거나 협의를 한 경우에도 협의 조건을 이행하지 아니하고 건축허가 등을 한 경우에는 당해 행정청에 대하여 그 허가의 취소 등을 요구할 수 있고, 그 요구를 받은 행정청은 이에 응하여야 한다고 규정하고 있으므로, 군사시설보호구역으로 지정된 토지는 군 당국의 동의가 없는 한 건축 또는 사용이 금지된다 할 것이다(대법원 1995. 3. 10. 선고 94누12739 판결).

Q 농업인주택을 신축코자 하는데 신청자격 및 조건은 어떻게 되나요?

A 농업인주택은 농지법시행령 제29조제4항에서 규정하고 있는 다음 각호의 요건을 모두 갖춘 건축물 및 시설을 말합니다.

1. 1천㎡이상의 농지에서 농작물을 경작하는 자 등 농지법시행령 제3조의 규정에 의한 농업인 1인이상으로 구성되는 농업·임업 또는 축산업을 영위하는 세대로서 다음 각목의 1에 해당하는 세대의 세대주가 설치하는 것일 것.

   가. 당해 세대의 농업·임업 또는 축산업에 의한 수입액이 연간 총수입액의 2분의 1을 초과하는 세대

   나. 당해 세대원의 노동력의 2분의 1이상으로 농업·임업 또는 축산업을 영위하는 세대

2. 당해 세대의 세대원이 장기간 독립된 주거생활을 영위할 수 있는 구조로 된 건축물(지방세법시행령 제84조의3의 규정에 의한 별장 또는 고급 주택을 제외) 및 당해 건축물에 부속한 창고·축사 등 농업·임업 또는 축산업을 영위하는데 필요한 시설로서 그 부지의 총면적이 1세대당 660㎡(당해 세대주가 그 전용허가신청일 또는 협의신청일 이전 5년간 농업인 주택의 설치를 위하여 부지로 전용한 농지 면적을 합산한 면적) 이하일 것

3. 당해 세대의 농업·임업 또는 축산업 경영의 근거가 되는 농지·산림·축사 등이 소재하는 시·구·읍·면 또는 이에 연접한 시·구·읍·면지역에 설치하는 것일 것

농지법시행령 제36조 관련 별표1 제1호에서는 상기요건에 해당하는 무주택세대의 세대주가 농업진흥지역밖에서 최초로 설치하는 경우에 한하여 농지전용신고를 하고 지을 수 있으나, 상기 요건에

해당하면서 주택이 있는 농업인세대의 세대주인 경우 또는 무주택 세대의 세대주이나 농업인주택을 짓고자 하는 농지가 농업진흥지역인 경우에는 농지전용허가를 받도록 규정하고 있습니다.

■ 군사시설보호구역 내에서 건축물을 신축할 수 있는지요?

Q ○○군 ○○리 ○○○○번지에 농지를 소유하고 있어, 농가주택을 신축하려고 하나 군부대 주변 군사시설보호구역 내에 위치하고 있어 건축물 신축이 가능한지 알고 싶습니다.

A 귀하께서는 군사보호구역내 건축물 신축(주택) 관련 협의사항으로서 군사보호구역내 건축행위는「군사기지 및 군사시설 보호법과 동 시행령」에 의해 협의인이 지방자치단체장을 경유하여 국방부(관할부대)에 작전성 검토를 받아야 하며, 관할부대는 군 심의위원회 검토를 통해 결정하고 결과는 지방자치단체를 경유하여 30일 이내에 협의인에게 통보합니다.

협의인이 협의 요청시에는 ①위치도 ②사업계획 개요서 ③사업계획구역이 도시된 지적도 등본 ④시설배치 요도 ⑤시설단면 요도 ⑥지표면 변경 계획도 등 관련 서류를 첨부하여야 합니다.

하지만 국민편익차원에서 위와 같이 정상적인 협의를 하기전에 사전 상담을(유선, 면회) 신청할 경우 관련 법령을 설명해 줄 수 있으나 심의를 통해 결정된 답변은 해드릴 수가 없습니다. 군 심의위원회를 개최하기 위해서는 위에서 제시된 절차와 관련서류가 반드시 필요함을 알려드립니다.

■ 군부대 주변에 건축을 하려면 어느 행정기관과 협의를 해야 하나요?

Q OO년 OO월 기준으로 군부대 제한보호구역의 거리가 1Km인지 500m인지 군법상 200제곱미터 이하로 신축이 가능하다고 하는데 신축을 하면서 일부 전을 대지로 변경하는 개발행위 가능한지? 200제곱미터 건물을 신축할 때 주차장의 경우도 건물평수에 포함되는지?, OO고속도로 개발계획과 관련되어 OOO탄약고에 대한 향후계획이 아직 아무런 계획이 없는지?, 주택이외의 일반창고에 대해서 전혀 협의가 될 수 없는지?, 군협의 등을 통해서 주변의 많은 건축물들이 저와 같은 입장인데, 모두 건물이 세워지고 영업활동을 하고 있는 사례가 있는데 그 건축물들에는 어떠한 조치가 취해지는지 알고 싶습니다.

A 귀하께서 질의하신 민원요지에는 부대 주변 보호구역 적용거리가 1Km에서 500m로 완화되었는지?, 노후된 주택을 신축하면서, 인접 토지의 밭을 대지로 변경하는 개발행위가 가능한지?, 관련법에 명시되어 있는 기존 주택의 신축 허용규모에 주차장 면적도 포함되는지?, OOO고속도로 설치계획과 관련하여 OOO탄약고의 향후계획은?, 주택 외 60평이하의 일반창고는 협의가 가능한지?, 신청지 주변에 있는 많은 불법건축물에 대해서는 어떤 조치를 하고 있는지 입니다.

검토결과 폭발물 관련 시설의 보호구역은 〈군사기지 및 군사시설보호법〉 제5조 1항 2호 '다'에 의거 해당시설로부터 1Km 범위 이내로 지정하고 있으며, 적용거리는 완화된 사실이 없습니다.

기존주택의 경우 특별한 사유가 없으면 같은 법 시행규칙 제8조 1항 1호에 의거 신축, 증축, 개축, 재축 또는 이전 시 동의하고 있으나, 동일한 대지에서의 건축행위를 의미합니다. 인접 토지를 주택

부지로 변경하는 것은 관련법령에 해당하지 않는 사항입니다.

주차장은 별도의 건축(공작)물이 없는 경우 연면적에 포함되지 않습니다.

보호구역내 OOO고속도로 설치사업은 관련 탄약고 등에 대한 안전문제 해소를 조건으로 해당기관과의 협의가 진행 중이며 ,확정된 내용이 없습니다. 폭발물 관련 보호구역은 지역주민의 안전이 요구되어 설정된 곳으로, 기존건축물 외일반 물류창고를 포함하여 추가적인 건축행위를 제한하고 있습니다. 군 협의 없이 건축행위를 하거나 기존 건축물의 용도를 변경하는 등의 불법행위에 대해 〈군사 기지 및 군사시설보호법〉 제13조 8항에 의거 관계행정기관으로 허가취소, 행위의 중지, 시설물의 철거 등 원상회복에 필요한 조치를 요청하고 있습니다.

제2절 주택건축 지원

1. 주택건축 비용 등의 지원

1-1. 주택지원사업

1-1-1. 사업 개관

① 2020년까지 신재생에너지주택(Green Home) 100만호 보급을 목표로 태양광, 태양열, 지열, 소형풍력, 연료전지 등의 신재생에너지설비를 주택에 설치할 경우 설치비의 일부를 정부가 보조지원하는 사업입니다.

② 에너지원별 보조금 지원단가는 아래와 같습니다.

구분	지원범위			보조금 지원단가	가산지역 지원단가
태양광	고정식		2.0kW이하	1,110/kW	1,330/kW
			2.0kW초과 3.0kW이하	940/kW	1,120/kW
태양열	평판형·진공관형	7.0㎡ 이하	10.0MJ/㎡·day초과	520/㎡	620/㎡
			7.5MJ/㎡·day초과 10.0MJ/㎡·day초과	480/㎡	570/㎡
			7.5MJ/㎡·day초과	460㎡	550/㎡
		7.0㎡ 초과 14.0㎡ 이하	10.0MJ/㎡·day초과	460㎡	550/㎡
			7.5MJ/㎡·day초과 10.0MJ/㎡·day초과	420/㎡	500/㎡
			7.5MJ/㎡·day초과	400/㎡	480/㎡
		14.0㎡ 초과 20㎡ 이하	10.0MJ/㎡·day초과	420/㎡	500/㎡
			7.5MJ/㎡·day초과 10.0MJ/㎡·day초과	390/㎡	460/㎡
			7.5MJ/㎡·day초과	370/㎡	440/㎡
지열	수직밀폐형		10.5kW이하	790/kW	940/kW
			10.5kW초과 17.5kW이하	610/kW	730/kW
연료전지			1kW이하	31,570/kW	37,880/kW
소형풍력			별도 검토 후 지원		

③ 태양광주택이란 태양전지 모듈을 지붕이나, 창호, 옥상 등에 설치하고 여기서 발생하는 전기를 직접 이용하는 주택을 말합니다. 주택지원사업을 통한 태양광주택 지원규모는 가구당 3kW이하이며, 약 23㎡의 설치면적이 필요합니다.

④ 태양열주택이란 태양열 설비인 집열기를 지붕이나 옥상 등에 설치하고 이를 통해 얻은 열량을 이용하여 온수를 우선 사용하며 보조적으로 난방에도 이용하는 주택입니다. 지원규모는 20㎡ 이하이며 약 24㎡의 설치면적이 필요합니다.

⑤ 지열주택이란 연중 약 15℃로 일정한 지하의 온도를 히트펌프로 변화시켜 가정의 난방과 냉방에 이용하는 주택입니다. 가구당 지원규모는 17.5kW(5RT) 이하이며 일반적으로 지중 열교환기를 위해 50㎡, 기계실을 위해 6.6㎡의 설치면적이 필요합니다.

⑥ 소형풍력주택이란 바람의 운동에너지를 풍차의 회전에너지로 변환시켜 발전기를 돌려 전기를 생산·이용하는 주택입니다. 가구당 지원규모는 3kW 이하이며, 소형풍력기 설치를 위해 약 9㎡의 실외 바닥면적, 그리고 인버터 설치를 위해 실내에 1㎡의 면적이 필요합니다.

⑦ 연료전지주택이란 연료용가스에 포함되어있는 수소와 대기중의 산소를 반응시켜 전기와 열을 생산해내는 연료전지를 이용하여 전기뿐만 아니라 급탕과 난방에도 이용하는 주택입니다. 가구당 지원규모는 1kW이하이며, 약 2㎡의 설치면적이 필요합니다.

1-1-2. 사업지원대상

① 개별단위 지원

신청대상	단독주택, 공동주택
신청자	· (단독주택) 기존 또는 신축 주택의 소유자 또는 소유예정자
	· (기존 공동주택) 공동주택 소유자 또는 입주자 대표(등) ※입주자(세대주 전체) 자필 동의서 또는 입주자 대표회의 의결내역 제출 필수

	· (신축 공동주택) 신축 중인 공동주택의 시행·공사 대표 또는 입주자 대표 등 ※설치완료기한 내 설치완료가 가능한 신축 공동주택을 대상으로 함

② 마을단위 지원

신청 대상	· 동일 최소행정구역단위(리,동)에 있는 10가구 이상 (연륙교가 없는 도서지역의 경우 5가구 이상)의 단독 또는 공동주택 ※마을회관, 경로당, 노인정 등 주민편의시설은 신청 불가 ※마을단위지원 신청을 희망할 경우 해당 광역지자체 또는 기초 지자체 신재생에너지 담당자에게 문의 요망

※ 참고

1. 단독주택의 건물 등기사항증명서 또는 건축물대장의 소유자가 공동지분으로 되어 있는 경우에는 최대지분 소유자의 명의로 신청해야 하며, 설치된 설비는 신청자의 소유로 봅니다.
2. 전기설비(태양광, 풍력)설치 시 한국전력공사와의 계약종별이 '주택용'인 경우만 해당합니다.
3. 국가 및 지방자치단체 소유 건물은 지원이 제외됩니다.
4. 월 평균 전력사용량이 450kWh 이상인 주택은 태양광분야 지원대상에서 제외됩니다.

1-1-3. 신청절차

① 신청자가 직접 에너지원과 참여기업을 선택하여 주택지원사업 홈페이지를 통해서 신청하셔야 합니다.
② 참여시공기업은 그린홈 온라인 정보시스템 홈페이지「제품 및 기업소개」에서 참여시공기업을 확인할 수 있습니다.

1-1-4. 설비의 처분제한

① 신·재생에너지설비의 소유자는 신·재생에너지 설비의 지원 등에 관한 규정 제21조에 따른 지원사업으로 설치한 설비를 설치확인일부터 5년 이내에

설치장소를 변경(이하 "이전"이라 함)하거나 설비를 폐기처분(이하 "처분"이라 함)할 때에는 신·재생에너지센터의 장의 승인을 받아야 합니다.

② 신·재생에너지설비의 소유자가 신·재생에너지 설비의 지원 등에 관한 규정 제21조에 따른 지원사업으로 설치한 설비를 양도(매각·교환·대여·기증·현물출자·담보의 제공 등을 포함)하거나 설치확인일부터 5년 이후에 이전·처분을 하려면 신·재생에너지센터의 장에게 신고한 후 양도·이전·처분 등의 행위를 할 수 있습니다.

1-2. 농촌주택개량사업

1-2-1. 농촌주택개량자금사업의 시행

① 귀농인은 귀농하여 소유하게 된 주택이 낡고 불량한 경우 요건을 갖추어 농촌주택개량자금을 지원받을 수 있습니다.

② 지원대상

융자대상주택은 단독주택으로서 연면적(층별 바닥면적 합계) 150제곱미터 이하여야 합니다.

③ 대출 기준

신축, 개축, 재축, 대수선 : 사업실적확인서(2018년도 농식품사업 시행지침서 서식 5)에 기재된 주택건축 소요비용 이내에서 대출(최대 2억원)하고, 사업실적확인서에 소요비용이 기재되지 않은 경우에는 해당 주택에 대한 감정평가금액 이내에서 대출

④ 신청 방법

농촌주택개량자금으로부터 농촌주택 신축 자금을 융자받으려는 사람은 해당 시·군·구청에 신청하면 됩니다.

주택건축은 어떤 절차로
해야 합니까?

제3장 주택건축은 어떤 절차로 해야 합니까?

제1절 설계시 검토사항

1. 주택의 설계

1-1. 건축물의 설계
1-1-1. 원칙

① 건축법 제11조제1항에 따라 건축허가를 받아야 하거나 건축법 제14조제
1항에 따라 건축신고를 해야 하는 건축물의 설계는 바닥면적의 합계가
85제곱미터 미만인 개축에 해당하는 경우를 제외하고는 건축사가 아니
면 할 수 없습니다.

② 설계자는 건축물이 건축법과 건축법에 따른 명령이나 처분, 그 밖의 관
계 법령에 맞고 안전·기능 및 미관에 지장이 없도록 설계해야 하며, 다
음의 설계도서 작성기준에 따라 설계도서를 작성해야 합니다.

③ 다만, 해당 건축물의 공법(工法) 등이 특수한 경우로서 건축법 시행규칙
제2조제1항에 따라 건축위원회의 심의를 거친 경우에는 그렇지 않습니다.

1-1-2. 예외

① 표준설계도서나 특수한 공법을 적용한 설계도서에 따라 건축물을 건축하
는 경우에는 건축법 제23조제1항(건축사의 설계)이 적용되지 않습니다.

② 건축물에 딸린 개인하수처리시설에 관한 설계의 경우에는 하수도법 제
38조(개인하수시설의 설계·시공)가 적용되지 않습니다.

1-2. 위반 시 제재

① 이를 위반해서 설계·시공·공사감리 및 유지·관리와 건축자재의 제조 및 유
통을 함으로써 건축물이 부실하게 되어 착공 후 건설산업기본법 제28조에
따른 하자담보책임 기간에 건축물의 기초와 주요구조부에 중대한 손괴를

일으켜 일반인을 위험에 처하게 한 설계자·감리자·시공자·제조업자·유통업자·관계전문기술자 및 건축주는 10년 이하의 징역에 처해집니다.

② 위 죄를 범해서 사람을 죽거나 다치게 하면 무기징역이나 3년 이상의 징역에 처해집니다.

2. 용도지역에서의 건폐율과 용적률

2-1. 용도지역의 건폐율

2-1-1. 건폐율

건폐율이란 대지면적에 대한 건축면적(대지에 건축물이 둘 이상 있는 경우에는 이들 건축면적의 합계)의 비율을 말합니다.

2-1-2. 용도지역에서의 건폐율 기준

국토의 계획 및 이용에 관한 법률 제36조에 따라 지정된 용도지역에서 건폐율의 최대 한도는 관할 구역의 면적과 인구 규모, 용도지역의 특성 등을 고려해서 다음의 범위에서 특별시·광역시·특별자치시·특별자치도·시 또는 군의 조례로 정합니다.

구 분	용도지역	건폐율 기준
도시 지역	주거지역	·제1종 전용주거지역: 50퍼센트 이하 ·제2종 전용주거지역: 50퍼센트 이하 ·제1종 일반주거지역: 60퍼센트 이하 ·제2종 일반주거지역: 60퍼센트 이하 ·제3종 일반주거지역: 50퍼센트 이하 ·준주거지역: 70퍼센트 이하
	상업지역	·중심상업지역: 90퍼센트 이하 ·일반상업지역: 80퍼센트 이하 ·근린상업지역: 70퍼센트 이하 ·유통상업지역 : 80퍼센트 이하
	공업지역	·전용공업지역 : 70퍼센트 이하 ·일반공업지역: 70퍼센트이하 ·준공업지역: 70퍼센트 이하

녹지지역	·보전녹지지역: 20퍼센트 이하 ·생산녹지지역: 20퍼센트 이하 ·자연녹지지역: 20퍼센트 이하	
관리지역	·보전관리지역: 20퍼센트 이하 ·생산관리지역: 20퍼센트 이하 ·계획관리지역: 40퍼센트 이하	
농림지역	·20퍼센트 이하	
자연환경보 전지역	·20퍼센트 이하	

2-1-3. 용도지역에서의 건폐율 기준의 예외

① 다음의 어느 하나에 해당하는 지역에서의 건폐율에 관한 기준은 국토의 계획 및 이용에 관한 법률 제77조제1항과 제2항에도 불구하고 다음의 범위에서 특별시·광역시·특별자치시·특별자치도·시 또는 군의 조례로 정하는 비율을 초과해서는 안 됩니다.

1) 국토의 계획 및 이용에 관한 법률 제37조제1항제6호에 따른 취락지구 : 60퍼센트 이하(집단취락지구에 대해서는 개발제한구역의 지정 및 관리에 관한 특별조치법령이 정하는 바에 따릅니다)

2) 국토의 계획 및 이용에 관한 법률 제37조제1항제7호에 따른 개발진흥지구 : 다음에서 정하는 비율 이하

- 도시지역 외의 지역에 지정된 경우 : 40퍼센트

- 자연녹지지역에 지정된 경우 : 30퍼센트

3) 국토의 계획 및 이용에 관한 법률 제40조에 따른 수산자원 보호구역 : 40 퍼센트 이하

4) 자연공원법에 따른 자연공원 : 60퍼센트 이하

5) 산업입지 및 개발에 관한 법률 제2조제8호라목에 따른 농공단지 : 70퍼센트 이하

6) 공업지역에 있는 산업입지 및 개발에 관한 법률 제2조제8호 가목부터 다목까지의 규정에 따른 국가산업단지, 일반산업단지 및 도시첨단산업

단지와 같은 조 제12호에 따른 준산업단지 : 80퍼센트 이하

② 다음의 어느 하나에 해당하는 경우에는 국토의 계획 및 이용에 관한 법률 제77조제1항에도 불구하고 다음에서 정하는 기준에 따라 특별시·광역시·특별자치시·특별자치도·시 또는 군의 조례로 건폐율을 따로 정할 수 있습니다.

1) 토지이용의 과밀화를 방지하기 위해서 건폐율을 강화할 필요가 있는 경우

2) 주변 여건을 고려하여 토지의 이용도를 높이기 위해서 건폐율을 완화할 필요가 있는 경우. 다만, 다음의 건축물은 국토의 계획 및 이용에 관한 법률 시행령 제84조제1항의 규정에도 불구하고 그 건폐율은 다음에서 정하는 비율을 초과해서는 안 됩니다.

- 준주거지역·일반상업지역·근린상업지역 중 방화지구의 건축물로서 주요구조부와 외벽이 내화구조인 건축물 중 도시·군계획조례로 정하는 건축물 : 80퍼센트 이상 90퍼센트 이하의 범위에서 특별시·광역시·특별자치도·시 또는 군의 도시·군계획조례로 정하는 비율

- 녹지지역·관리지역·농림지역 및 자연환경보전지역의 건축물로서 국토의 계획 및 이용에 관한 법률 제37조제4항 후단에 따른 방재지구의 재해저감대책에 부합하게 재해예방시설을 설치한 건축물 : 해당 용도지역별 건폐율의 150퍼센트 이하의 범위에서 도시·군계획조례로 정하는 비율

- 자연녹지지역의 창고시설 또는 연구소(자연녹지지역으로 지정될 당시 이미 준공된 것으로서 기존 부지에서 증축하는 경우만 해당) : 40퍼센트의 범위에서 최초 건축허가 시 그 건축물에 허용된 건폐율

- 계획관리지역의 기존 공장·창고시설 또는 연구소(2003년 1월 1일 전에 준공되고 기존 부지에 증축하는 경우로서 해당 지방도시계획위원회의 심의를 거쳐 도로·상수도·하수도 등의 기반시설이 충분히 확보되었다고 인정되거나, 도시·군계획조례로 정하는 기반시설 확보 요건을 충족하는 경우만 해당) : 50퍼센트의 범위에서 도시·군계획조례로 정하는 비율

- 녹지지역·보전관리지역·생산관리지역·농림지역 또는 자연환경보전지역의 건축물로서 다음의 어느 하나에 해당하는 건축물 : 30퍼센트의 범위에

서 도시·군계획조례로 정하는 비율

가) 전통사찰의 보존 및 지원에 관한 법률 제2조제1호에 따른 전통사찰

나) 문화재보호법 제2조제2항에 따른 지정문화재 또는 같은 조 제3항
에 따른 등록문화재

다) 건축법 시행령 제2조제16호에 따른 한옥

- 종전의 도시계획법(2000년 1월 28일 법률 제6243호로 개정되기 전의
것을 말함) 제2조제1항제10호에 따른 일단의 공업용지조성사업 구역
(이 조 제4항제6호에 따른 산업단지 또는 준산업단지와 연접한 것에
한정함) 내의 공장으로서 관할 특별시장·광역시장·특별자치시장·특별자
치도지사·시장 또는 군수가 해당 지방도시계획위원회의 심의를 거쳐
기반시설의 설치 및 그에 필요한 용지의 확보가 충분하고 주변지역의
환경오염 우려가 없다고 인정하는 공장 : 80퍼센트 이하의 범위에서
도시·군계획조례로 정하는 비율

- 자연녹지지역의 학교(규제「초·중등교육법」 제2조에 따른 학교 및 고등
교육법 제2조제1호부터 제5호까지의 규정에 따른 학교를 말함)로서
다음의 요건을 모두 충족하는 학교 : 30퍼센트의 범위에서 도시·군계
획조례로 정하는 비율

가) 기존 부지에서 증축하는 경우일 것

나) 학교 설치 이후 개발행위 등으로 해당 학교의 기존 부지가 건축물,
그 밖의 시설로 둘러싸여 부지 확장을 통한 증축이 곤란한 경우로
서 해당 도시계획위원회의 심의를 거쳐 기존 부지에서의 증축이 불
가피하다고 인정될 것

다) 고등교육법 제2조제1호부터 제5호까지의 규정에 따른 학교의 경우
대학설립·운영 규정 별표 2에 따른 교육기본시설, 지원시설 또는 연
구시설의 증축일 것

3) 녹지지역, 보전관리지역, 생산관리지역, 농림지역 또는 자연환경보전지
역에서 농업용·임업용·어업용 건축물을 건축하려는 경우와 보전관리지
역, 생산관리지역, 농림지역 또는 자연환경보전지역에서 주민생활의 편
익을 증진시키기 위한 건축물을 건축하려는 경우

- 위 경우 보전관리지역·생산관리지역·농림지역 또는 자연환경보전지역에 농지법 제32조제1항에 따라 건축할 수 있는 건축물의 건폐율은 60퍼센트이하의 범위에서 특별시·광역시·특별자치시·특별자치도·시 또는 군의 도 시·군계획조례로 정하는 비율을 초과해서는 안 됩니다.

③ 계획관리지역·생산관리지역 및 국토의 계획 및 이용에 관한 법률 시행령으로 정하는 녹지지역에서 성장관리방안을 수립한 경우에는 국토의 계획 및 이용에 관한 법률 제77조제1항에도 불구하고 50퍼센트 이하의 범위에서 대통령령으로 정하는 기준에 따라 특별시·광역시·특별자치시·특별자치도·시 또는 군의 조례로 건폐율을 따로 정할 수 있습니다.

2-1-4. 위반 시 제재

국토교통부장관, 시·도지사, 시장·군수 또는 구청장은 위 규정에 따른 건폐율을 위반해서 건축한 자에게 국토의 계획 및 이용에 관한 법률에 따른 허가·인가 등의 취소, 공사의 중지, 공작물 등의 개축 또는 이전, 그 밖에 필요한 처분을 하거나 조치를 명할 수 있습니다.

Q 건축용어에서 연면적, 용적률, 건축면적, 건폐율이란 무엇인지요?

A ① 연면적이란 건물 전체 층 바닥면적의 합계입니다(건축법 시행령 제119조제1항제4호). 여기서 전체층이란 지하와 지상의 모든 층을 말합니다.

② 용적률이란 대지면적에 대한 연면적(대지에 건축물이 둘 이상 있는 경우에는 이들 연면적의 합계로 함)의 비율을 말합니다. 다만, 용적율을 산정할 때의 연면적은 다음에 해당하는 면적을 제외한 부분을 뜻합니다.

　가. 지하층의 면적

　나. 지상층의 주차용(해당건축물의 부속용도인 경우만 해당)으로 쓰는 면적

　다. 건축법 시행령 제34조제3항 및 제4항에 따라 초고층 건축물과 준초고층 건축물에 설치하는 피난안전구역의 면적

　라. 건축법 시행령 제40조제3항제2호에 따라 건축물의 경사지붕 아래에 설치하는 대피공간의 면적

　　용적률(%) = 지상층 연면적/대지면적 * 100

③ 건축면적이란 수평투영면적 중 가장 넓게 보이는 층의 면적을 말합니다(건축법 시행령 제119조제1항제2호). 이 때 가장 넓은 층의 면적이 다른 층의 면적을 모두 포함하는 경우에는 그 넓은 층의 면적이 건축면적이 됩니다. 한편 각각의 층의 면적이 어느 층의 범위에도 포함되지 않는 경우에는 가장 넓은 층의 면적에 각 층의 돌출된 면적을 더해서 건축면적을 구하게 됩니다.

④ 건폐율이란 대지면적에 대한 건축면적(대지에 건축물이 둘 이상 있는 경우에는 이들 건축면적의 합계)의 비율을 말합니다.

　　건폐율(%) = 건축면적/대지면적 * 100

예) (A)건물이 100평의 대지에 1층부터 5층까지 모두 40평인 건
물인 경우의 용적률과 건폐율은?

(A) 건물의 용적률=지상층연면적(40*5=200)/대지면적100)*100 = 200%

(A) 건물의 건폐율= 건축면적(40)/대지면적(100) *100 = 40%

2-2. 용도지역의 용적률

2-2-1. 용적률

용적률이란 대지면적에 대한 연면적(대지에 건축물이 둘 이상 있는 경우에
는 이들 연면적의 합계로 함)의 비율을 말합니다.

2-2-2. 용도지역에서의 용적률 기준

① 국토의 계획 및 이용에 관한 법률 제36조에 따라 지정된 용도지역에서
용적률의 최대 한도는 관할 구역의 면적과 인구 규모, 용도지역의 특성
등을 고려해서 다음의 기준에 따라 특별시·광역시·특별자치시·특별자치
도·시 또는 군의 조례로 정합니다.

② 그럼에도 불구하고 건축물을 건축하려는 자가 그 대지의 일부에 사회복
지사업법 제2조제4호에 따른 사회복지시설 중 다음의 시설을 설치하여
국가 또는 지방자치단체에 기부채납하는 경우에는 특별시·광역시·특별자
치시·특별자치도·시 또는 군의 조례로 해당 용도지역에 적용되는 용적률
이 완화될 수 있습니다.

1. 영유아보육법 제2조제3호에 따른 어린이집

2. 노인복지법 제36조제1항제1호에 따른 노인복지관

3. 그 밖에 특별시장·광역시장·특별자치시장·특별자치도지사·시장 또는 군
수가 해당 지역의 사회복지시설 수요를 고려하여 도시·군계획조례로
정하는 사회복지시설

2-2-3. 용도지역에서의 용적률 기준의 예외

① 국토의 계획 및 이용에 관한 법률 제37조제4항 후단에 따른 방재지구의 재해저감대책에 부합하게 재해예방시설을 설치하는 건축물의 경우에는 용적률에 대한 위의 규정에도 불구하고 도시지역 중 주거지역, 상업지역 및 공업지역은 해당 용적률의 120퍼센트 이하의 범위에서 도시·군계획조례로 정하는 비율로 할 수 있습니다.

② 국토의 계획 및 이용에 관한 법률 제77조제3항제2호부터 제5호까지의 규정에 해당하는 지역에서의 용적률에 대한 기준은 위 규정에도 불구하고 다음의 기준에 따라 특별시·광역시·특별자치시·특별자치도·시 또는 군의 도시·군계획조례로 정하는 비율을 초과해서는 안 됩니다.

  1) 도시지역 외의 지역에 지정된 개발진흥지구 : 100퍼센트 이하

  2) 수산자원보호구역 : 80퍼센트 이하

  3) 자연공원법에 따른 자연공원 100퍼센트 이하

  4) 산업입지 및 개발에 관한 법률 제2조제8호라목에 따른 농공단지(도시지역 외의 지역에 지정된 농공단지에 한함) : 150퍼센트 이하

③ 준주거지역·중심상업지역·일반상업지역·근린상업지역·전용공업지역·일반공업지역 또는 준공업지역안의 건축물로서 다음의 어느 하나에 해당하는 건축물에 대한 용적률은 경관·교통·방화 및 위생상 지장이 없다고 인정되는 경우에는 국토의 계획 및 이용에 관한 법률 제78조제1항 각 호의 규정에 따른 해당 용적률 120퍼센트 이하의 범위안에서 특별시·광역시·특별자치시·특별자치도·시 또는 군의 도시·군계획조례로 용적률을 따로 정할 수 있습니다.

  1) 공원·광장(교통광장은 제외)·하천이나 그 밖에 건축이 금지된 공지에 접한 도로를 전면도로로 하는 대지안의 건축물이나 공원·광장·하천이나 그 밖에 건축이 금지된 공지에 20미터 이상 접한 대지안의 건축물

  2) 너비 25미터 이상인 도로에 20미터 이상 접한 대지안의 건축면적이 1천제곱미터 이상인 건축물

④ 또한, 다음의 지역·지구 또는 구역안에서 건축물을 건축하려는 사람이 그 대지의 일부를 공공시설부지로 제공하는 경우에는 해당 건축물에 대

한 용적률은 국토의 계획 및 이용에 관한 법률 제78조제1항 각호에 따른 해당 용적률의 200퍼센트 이하의 범위에서 대지면적의 제공비율에 따라 특별시·광역시·특별자치시·특별자치도·시 또는 군의 도시·군계획조례가 정하는 비율로 할 수 있습니다.

1) 상업지역
2) 도시 및 주거환경정비법에 따른 재개발사업 및 재건축사업을 시행하기 위한 정비구역

2-2-4. 용도지역 미지정 또는 미세분 지역에서의 행위 제한

① 도시지역, 관리지역, 농림지역 또는 자연환경보전지역으로 용도가 지정되지 않은 지역에 대해서는 국토의 계획 및 이용에 관한 법률 제76조부터 제78조까지의 규정을 적용할 때에 자연환경보전지역에 관한 규정이 적용됩니다.

② 국토의 계획 및 이용에 관한 법률 제36조에 따른 도시지역 또는 관리지역이 국토의 계획 및 이용에 관한 법률 제36조제1항 각 호 각 목의 세부 용도지역으로 지정되지 않은 경우에는 국토의 계획 및 이용에 관한 법률 제76조부터 제78조까지의 규정을 적용할 때에 해당 용도지역이 도시지역인 경우에는 녹지지역 중 보전녹지지역에 관한 규정을 적용하고, 관리지역인 경우에는 보전관리지역에 관한 규정이 적용됩니다.

2-2-5. 위반 시 제재

국토교통부장관, 시·도지사, 시장·군수 또는 구청장은 위 규정에 따른 용적률을 위반해서 건축한 자에게 국토의 계획 및 이용에 관한 법률에 따른 허가·인가 등의 취소, 공사의 중지, 공작물 등의 개축 또는 이전, 그 밖에 필요한 처분을 하거나 조치를 명할 수 있습니다.

3. 일조 등의 확보를 위한 주택의 높이 제한

3-1. 일조(日照) 등의 확보를 위한 건축물의 높이 제한
3-1-1. 전용주거지역과 일반주거지역에서의 제한

① 전용주거지역과 일반주거지역 안에서 건축하는 건축물의 높이는 일조 등의 확보를 위해서 정북방향(正北方向)의 인접 대지경계선으로부터의 거리에 따라 다음에서 정하는 높이 이하에서 건축조례로 정하는 거리 이상을 띄어 건축해야 합니다.

   1) 높이 9미터 이하인 부분: 인접 대지경계선으로부터 1.5미터 이상

   2) 높이 9미터를 초과하는 부분: 인접 대지경계선으로부터 해당 건축물 각 부분 높이의 2분의 1 이상

② 다음 어느 하나에 해당하는 경우에는 일조 등의 확보를 위한 건축물의 높이 제한이 적용되지 않습니다.

   1) 다음 어느 하나에 해당하는 구역 안의 대지 상호간에 건축하는 건축물로서 해당 대지가 너비 20미터 이상의 도로(자동차·보행자·자전거 전용도로 를 포함하며, 도로에 공공공지, 녹지, 광장, 그 밖에 건축미관에 지장이 없는 도시·군계획시설이 접한 경우 해당 시설을 포함)에 접한 경우

   - 국토의 계획 및 이용에 관한 법률」 제51조에 따른 지구단 위계획구역, 국토의 계획 및 이용에 관한 법률 제37조제1항 제1호에 따른 경관지구
     가. 경관법 제9조제1항제4호에 따른 중점경관관리구역
     나. 건축법 제77조의2제1항에 따른 특별가로구역
     다. 도시미관 향상을 위하여 허가권자가 지정·공고하는 구역

   2) 건축협정구역 안에서 대지 상호간에 건축하는 건축물(건축법 제77조의4 제1항에 따른 건축협정에 일정 거리 이상을 띄어 건축하는 내용이 포함된 경우만 해당)의 경우

   3) 건축물의 정북 방향의 인접 대지가 전용주거지역이나 일반주거지역이 아닌 용도지역에 해당하는 경우

3-1-2. 높이 제한이 완화되는 경우

다음의 어느 하나에 해당하면 건축법 제61조제1항에도 불구하고 건축물의 높이를 정남(正南)방향의 인접 대지경계선으로부터의 거리에 따라 특별자치시장·특별자치도지사 또는 시장·군수·구청장이 정해서 고시하는 높이 이하로 할 수 있습니다.

① 택지개발촉진법 제3조에 따른 택지개발지구인 경우
② 주택법 제15조에 따른 대지조성사업지구인 경우
③ 지역개발 및 지원에 관한 법률 제11조에 따른 지역개발사업구역인 경우
④ 산업입지 및 개발에 관한 법률 제6조, 제7조, 제7조의2 및 제8조에 따른 국가산업단지, 일반산업단지, 도시첨단산업단지 및 농공단지인 경우
⑤ 도시개발법 제2조제1항제1호에 따른 도시개발구역인 경우
⑥ 도시 및 주거환경정비법 제8조에 따른 정비구역인 경우
⑦ 정북방향으로 도로, 공원, 하천 등 건축이 금지된 공지에 접하는 대지인 경우
⑧ 정북방향으로 접하고 있는 대지의 소유자와 합의한 경우

3-1-3. 위반 시 제재

① 도시지역에서 일조 등의 확보를 위한 건축물의 높이 제한(건축법 제61조)를 위반해서 건축물을 건축한 건축주 및 공사시공자는 3년 이하의 징역이나 5억원 이하의 벌금에 처해집니다.
② 도시지역 밖에서 일조 등의 확보를 위한 건축물의 높이 제한(건축법 제61조)를 위반해서 건축물을 건축한 건축주 및 공사시공자는 2년 이하의 징역 또는 1억원 이하의 벌금에 처해집니다.

3-1-4. 대지경계선의 설정

건축물을 건축하려는 대지와 다른 대지 사이에 다음의 시설 또는 부지가 있는 경우에는 그 반대편의 대지경계선이 인접 대지경계선으로 됩니다.

① 공원(도시공원 및 녹지 등에 관한 법률 제2조제3호에 따른 도시공원 중 지방건축위원회의 심의를 거쳐 허가권자가 공원의 일조 등을 확보할 필

요가 있다고 인정하는 공원 제외), 도로, 철도, 하천, 광장, 공공공지, 녹지, 유수지, 자동차 전용도로, 유원지

② 다음에 해당하는 대지

　1) 너비(대지경계선에서 가장 가까운 거리)가 2m 이하인 대지

　2) 면적이 건축법시행령 제80조 각호에 따른 분할제한 기준 이하인 대지

③ 위의 1. 및 2. 외에 건축이 허용되지 않는 공지

3-2. 높이 제한 적용의 예외

2층 이하로서 높이가 8미터 이하인 건축물에는 해당 지방자치단체의 조례로 정하는 바에 따라 위 건축법 제61조제1항 및 건축법 제61조제3항이 적용되지 않을 수 있습니다.

■ 일조 등의 확보를 위한 건축물의 높이 제한은 어떻게 되나요?

Q 일조 등의 확보를 위한 건축물의 높이 제한은 어떻게 되나요?

A 전용주거지역과 일반주거지역 안에서 건축하는 건축물의 높이는 일조 등의 확보를 위해서 정북방향(正北方向)의 인접 대지경계선으로부터의 거리에 따라 일정한 높이 이하에서 건축조례로 정하는 거리 이상을 띄어 건축해야 합니다.

◇ 전용주거지역과 일반주거지역에서의 제한

① 전용주거지역과 일반주거지역 안에서 건축하는 건축물의 높이는 일조 등의 확보를 위해서 정북방향(正北方向)의 인접 대지경계선으로부터의 거리에 따라 다음에서 정하는 높이 이하에서 건축조례로 정하는 거리 이상을 띄어 건축해야 합니다.

　1. 높이 9미터 이하인 부분: 인접 대지경계선으로부터 1.5미터 이상

　2. 높이 9미터를 초과하는 부분: 인접 대지경계선으로부터 해당 건축물 각 부분 높이의 2분의 1 이상

② 다음 어느 하나에 해당하는 경우에는 일조 등의 확보를 위한 건축물의 높이 제한이 적용되지 않습니다.

　1. 다음 어느 하나에 해당하는 구역 안의 대지 상호간에 건축하는 건축물로서 해당 대지가 너비 20미터 이상의 도로(자동차 · 보행자 · 자전거 전용도로를 포함하며, 도로에 공공공지, 녹지, 광장, 그 밖에 건축미관에 지장이 없는 도시 · 군계획시설이 접한 경우 해당 시설을 포함)에 접한 경우

　　- 국토의 계획 및 이용에 관한 법률 제51조에 따른 지구단위계획구역, 국토의 계획 및 이용에 관한 법률 제37조제1항제1호에 따른 경관지구

　　- 경관법 제9조제1항제4호에 따른 중점경관관리구역

　　- 건축법 제77조의2제1항에 따른 특별가로구역

　　- 도시미관 향상을 위하여 허가권자가 지정 · 공고하는 구역

　2. 건축협정구역 안에서 대지 상호간에 건축하는 건축물(건축법

제77조의4제1항에 따른 건축협정에 일정 거리 이상을 띄어 건축하는 내용이 포함된 경우만 해당)의 경우
- 건축물의 정북 방향의 인접 대지가 전용주거지역이나 일반주 거지역이 아닌 용도지역에 해당하는 경우

◇ 위반 시 제재

① 도시지역에서 일조 등의 확보를 위한 건축물의 높이 제한을 위반해서 건축물을 건축한 건축주 및 공사시공자는 3년 이하의 징역이나 5억원 이하의 벌금에 처해집니다.

② 도시지역 밖에서 일조 등의 확보를 위한 건축물의 높이 제한을 위반해서 건축물을 건축한 건축주 및 공사시공자는 2년 이하의 징역 또는 1억원 이하의 벌금에 처해집니다.

(관련판례)

토지의 소유자 등이 종전부터 향유하던 일조이익(일조이익)이 객관적인 생활이익으로서 가치가 있다고 인정되면 법적인 보호의 대상이 될 수 있는데, 그 인근에서 건물이나 구조물 등이 신축됨으로 인하여 햇빛이 차단되어 생기는 그늘, 즉 일영(일영)이 증가함으로써 해당 토지에서 종래 향유하던 일조량이 감소하는 일조방해가 발생한 경우, 그 일조방해의 정도, 피해이익의 법적 성질, 가해 건물의 용도, 지역성, 토지이용의 선후관계, 가해 방지 및 피해 회피의 가능성, 공법적 규제의 위반 여부, 교섭 경과 등 모든 사정을 종합적으로 고려하여 사회통념상 일반적으로 해당 토지 소유자의 수인한도를 넘게 되면 그 건축행위는 정당한 권리행사의 범위를 벗어나 사법상(사법상) 위법한 가해행위로 평가된다. (나) 일반적으로 위법한 건축행위에 의하여 건물 등이 준공되거나 외부골조공사가 완료되면 그 건축행위에 따른 일영의 증가는 더 이상 발생하지 않게 되고 해당 토지의 소유자는 그 시점에 이러한 일조방해행위로 인하여 현재 또는 장래에 발생 가능한 재산상 손해나 정신적 손해 등을 예견할 수 있다고 할 것이므로, 이러한 손해배상청구권에 관한 민법 제766조 제1항 소정의 소멸시효는 원칙적으로 그 때부터 진행한다. 다만, 위와 같은 일조방해로 인하여 건물 등의 소유자 내지 실질적 처분권자가 피해자에 대하여 건물 등의 전부 또는 일부에 대한 철거의무를 부담하는 경우가 있다면, 이러한 철거의무를 계속적으로 이행하지 않는 부작위는 새로운 불법행위가 되고 그 손해는 날마다 새로운 불법행위에 기하여 발생하는 것이므로 피해자가 그 각 손해를 안 때로부터 각별로 소멸시효가 진행한다(대법원 2008. 4. 17. 선고 2006다35865 전원합의체 판결).

■ 공동주택에서 사회통념상 허용되는 일조 침해로 판단되는 기준은 어떻게 되는지요?

Q 공동주택에 거주하고 있는데 주변 아파트들로 인해 일조 침해를 받고 있습니다. 손해배상을 청구할 수 있는 일조 침해로 판단되는 기준은 어떻게 되는지요?

A 법원은 "건물의 신축으로 인하여 인근 건물의 소유자가 종전부터 향유하고 있던 일조 등에 대하여 침해를 받은 경우 그 신축행위가 정당한 권리행사로서의 범위를 벗어나 사법상 위법한 가해행위로 평가되기 위하여는 그 일조 침해의 정도가 사회통념상 일반적으로 허용되는 수인한도를 넘어야 하는바, 대도시 인구의 과밀화 및 토지의 효율적 이용을 위한 건물의 고층화 경향 등을 고려할 때 아파트와 같은 공동주택의 경우 동지일을 기준으로 9시부터 15시까지 사이의 6시간 중 일조시간이 연속하여 2시간 이상 확보되는 경우 또는 동지일을 기준으로 8시에서 16시까지 사이의 8시간 중 일조시간이 통틀어서 최소한 4시간 이상 확보되는 경우에는 이를 수인하여야 할 것으로 봄이 사회통념상 상당하다.(서울고등법원 2005. 10. 28. 선고 2004나56440 판결)"라고 판시한 바 있습니다.

(관련판례)
동시에 또는 거의 같은 시기에 건축된 가해 건물들이 피해 건물에 대하여 전체적으로 수인한도를 초과하는 일조 침해의 결과를 야기한 경우, 각 가해 건물들이 함께 피해 건물의 소유자 등이 종래 향유하던 일조를 침해하게 된다는 점을 예견할 수 있었다면 특별한 사정이 없는 한 각 가해 건물의 건축자 등은 일조 침해로 피해 건물의 소유자 등이 입은 손해 전부에 대하여 공동불법행위자로서의 책임을 부담한다(대법원 2006.1.26.선고 2005다47014,47021,47038 판결).

Q 甲은 10층 건물에 거주하였고 甲의 건물 앞에는 5층 건물만이 있어 한강을 조망할 수 있었습니다. 그런데 乙이 5층 건물을 철거하고 甲의 건물보다 더 높은 건물을 신축하여 甲은 더 이상 한강을 조망할 수 없게 되었습니다. 이 경우 甲은 조망권 침해로 乙에게 손해배상을 구할 수 있나요?

A 대법원은 "어느 토지나 건물의 소유자가 종전부터 향유하고 있던 경관이나 조망이 그에게 하나의 생활이익으로서의 가치를 가지고 있다고 객관적으로 인정된다면 법적인 보호의 대상이 될 수 있는 것인바, 이와 같은 조망이익은 원칙적으로 특정의 장소가 그 장소로부터 외부를 조망함에 있어 특별한 가치를 가지고 있고, 그와 같은 조망이익의 향유를 하나의 중요한 목적으로 하여 그 장소에 건물이 건축된 경우와 같이 당해 건물의 소유자나 점유자가 그 건물로부터 향유하는 조망이익이 사회통념상 독자의 이익으로 승인되어야 할 정도로 중요성을 갖는다고 인정되는 경우에 비로소 법적인 보호의 대상이 되는 것이고, 그와 같은 정도에 이르지 못하는 조망이익의 경우에는 특별한 사정이 없는 한 법적인 보호의 대상이 될 수 없다. (중략)

조망이익이 법적인 보호의 대상이 되는 경우에 이를 침해하는 행위가 사법상 위법한 가해행위로 평가되기 위해서는 조망이익의 침해 정도가 사회통념상 일반적으로 인용되는 수인한도를 넘어야 하고, 그 수인한도를 넘었는지 여부는 조망의 대상이 되는 경관의 내용과 피해건물이 입지하고 있는 지역에 있어서 건조물의 전체적 상황 등의 사정을 포함한 넓은 의미에서의 지역성, 피해건물의 위치 및 구조와 조망상황, 특히 조망과의 관계에서의 건물의 건축 · 사용목적 등 피해건물의 상황, 주관적 성격이 강한 것인지 여부와 여관·식당 등의 영업과 같이 경제적 이익과 밀접하게 결부되어 있는지 여부 등 당해 조망이익의 내용, 가해건물의 위치 및 구조와 조망방해의 상황 및 건축·사용목적 등 가해건물의 상황, 가해건물 건축의 경위, 조망방해를 회피할 수 있는 가능성의 유무, 조망방해에 관하여 가해자측이 해의(害意)를 가졌는지의 유무, 조망이익이 피해이익으로서 보호가 필요한 정도 등 모든 사정을 종합적으로 고려하여 판단하여야 한다. (중략)

조망의 대상과 그에 대한 조망의 이익을 누리는 건물 사이에 타인소유의 토지가 있지만 그 토지 위에 건물이 건축되어 있지 않거나 저층의 건물만이 건축되어 있어 그 결과 타인의 토지를 통한 조망의 향수가 가능하였던 경우, 그 타인은 자신의 토지에 대한 소유권을 자유롭게 행사하여 그 토지 위에 건물을 건축할 수 있고, 그 건물 신축이 국토의 계획 및 이용에 관한 법률에 의하여 정해진 지역의 용도에 부합하고 건물의 높이나 이격거리에 관한 건축관계법규에 어긋나지 않으며 조망 향수자가 누리던 조망의 이익을 부당하게 침해하려는 해의(害意)에 의한 것으로서 권리의 남용에 이를 정도가 아닌 한 인접한 토지에서 조망의 이익을 누리던 자라도 이를 함부로 막을 수는 없으며, 따라서 조망의 이익은 주변에 있는 객관적 상황의 변화에 의하여 저절로 변용 내지 제약을 받을 수밖에 없고, 그 이익의 향수자가 이러한 변화를 당연히 제약할 수 있는 것도 아니다. (중략)

5층짜리 아파트의 뒤에 그보다 높은 10층짜리 건물을 세움으로써 한강 조망을 확보한 경우와 같이 보통의 지역에 인공적으로 특별한 시설을 갖춤으로써 누릴 수 있게 된 조망의 이익은 법적으로 보호받을 수 없다(중략)(대법원 2007. 6. 28. 선고 2004다54282 판결)"라고 판시하였습니다. 따라서 甲은 乙에게 조망권 침해를 이유로 손해배상을 청구할 수 없습니다.

(관련판례)

조망이익이 법적인 보호의 대상이 되는 경우에 이를 침해하는 행위가 사법상 위법한 가해행위로 평가되기 위해서는 조망이익의 침해 정도가 사회통념상 일반적으로 인용되는 수인한도를 넘어야 하고, 그 수인한도를 넘었는지 여부는 조망의 대상이 되는 경관의 내용과 피해건물이 입지하고 있는 지역에 있어서 건조물의 전체적 상황 등의 사정을 포함한 넓은 의미에서의 지역성, 피해건물의 위치 및 구조와 조망상황, 특히 조망과의 관계에서의 건물의 건축·사용목적 등 피해건물의 상황, 주관적 성격이 강한 것인지 여부와 여관·식당 등의 영업과 같이 경제적 이익과 밀접하게 결부되어 있는지 여부 등 당해 조망이익의 내용, 가해건물의 위치 및 구조와 조망방해의 상황 및 건축·사용목적 등 가해건물의 상황, 가해건물 건축의 경위, 조망방해를 회피할 수 있는 가능성의 유무, 조망방해에 관하여 가해자측이 해의(害意)를 가졌는지의 유무, 조망이익이 피해이익으로서 보호가 필요한 정도 등 모든 사정을 종합적으로 고려하여 판단하여야 한다(대법원 2007. 6. 28. 선고 2004다54282 판결).

Q 甲이 현재 거주 중인 건물 바로 옆에 새로운 건축물이 예정되어 있습니다. 본래 주변에 높은 건물이 없어 시원하게 전망이 트여있었는데, 새로 건축될 건물은 17층 규모로 굉장히 긴 형태의 건축물이어서 그동안 녹지를 볼 수 있었던 방향의 시야를 완전히 가로막는 형태입니다.

甲이 거주 중인 건물의 일부 주민은 새로 지어질 건축물에 의해 일조량의 변화와 녹지를 볼 수 있었던 시야의 완전 차단, 나아가 인접 건물 입주자 사이의 사생활 침해 등 문제가 발생할 것으로 예상되며, 특히 이로 인해 부동산 거래가 원활하지 않게 되어 가치 하락이 예상됩니다.

시청에 민원을 제기했지만, 예상되는 피해사항은 이해당사자간 민사적인 절차와 방법에 따라 처리할 사안이라는 답변뿐   . 甲   어떠한 청구를 할 수 있는지요?

A 본 사안은 종래 甲이 누리던 일조권 등 환경에 관한 권리가 침해될 우려가 있어 그에 대한 해결방법을 모색하는 것으로 보입니다.

흔히 공해라고 불리는 환경오염에 대하여는 '환경정책기본법' 등 공법적 규율이 존재하기는 하지만, 甲의 사안은 사람의 사망이나 질병 또는 피해자 소유의 동식물 기타 재산에 대한 가시적인 침해가 있는 때와 같이 명백한 환경오염 또는 환경훼손이 있는 경우는 아니고, 단지 사람의 쾌적한 생활을 방해하는 정도의 침해(일광차단)나 간접적인 재산 피해(부동산 가격하락)가 우려되는 경우로 보이며, 실제 시청 등 행정청에서도 특별히 공법적 규제를 위반한 사정이 발견되지 않는다고 회신했다는 것이므로, 결국 공법적 구제수단 보다는 사법(私法)적 구제수단을 검토해 보아야 할 사안인 것입니다.

본 사안은, 인접 토지상에 건축물을 건축하려고 하는 자로서도 자신의 소유권에 기한 적법활동을 하는 것인데, 그럼에도 불구하고 그러한 적법활동의 결과 필연적, 부수적으로 인접한 다른 자에게 침해가 발생하는 경우이므로, 해당 활동이 특정한 인접자와의 관계에서 '위법하다'고 평가할 수 있으려면, 그 피해의 정도가 가해자측 사정, 피해자측 사정, 지역성 기타의 사정을 비교교량하여 사회통념상 통상 인내할 것이 요구되는 한도, 즉 '수인한도'를 넘어 피해자에게 구체적인 피해를 줄 것이 요구된다고 함이 판례의 태도입니다. 특히 일조권 침해에 관하여는 비교적 다수의 판례가 축적되어 있는바, 대법원은 건축법 등 관계법령에 일조방해에 관한 직접적인 단속법규가 있다면 그 법규에 적합한지 여부가 사법상 위법성을 판단함에 있어서 중요한 판단자료가 될 것이라는 점은 부정할 수 없지만, 이러한 공법적 규제에 의하여 확보하고자 하는 일조는 원래 사법상 보호되는 일조권을 공법적인 면에서도 가능한 한 보증하려는 것으로서 특별한 사정이 없는 한 일조권 보호를 위한 최소한도의 기준으로 보아야 하고, 구체적인 경우에 있어서는 어떠한 건물 신축이 건축 당시의 공법적 규제에 형석적으로 적합하다 하더라도 현실적인 일조방해의 정도가 현저하게 커 사회통념상 수인한도를 넘은 경우에는 위법행위로 평가될 수도 있다고 판시하고 있습니다(대법원 2002. 12. 10. 선고 2000다72213 판결, 대법원 2004. 10. 28. 선고 2002다63565 판결, 대법원 2014. 2. 27. 선고 2009다40462 판결 등 참조).

한편 조망권에 관하여는, 먼저 어느 토지나 건물의 소유자가 종전부터 향유하고 있던 경관이나 조망이 그에게 하나의 생활이익으로서의 가치를 가지고 있다고 객관적으로 인정될 정도가 되어야만 법적인 보호의 대상이 될 수 있고, 그러한 법적 보호의 대상이 되는 조망이익을 수인한도를 넘어 침해한 때에만 위법하다고 판시한바 있어(대법원 2004. 9. 13. 선고 2003다64602 판결), 일조권에 비하여는 비교적 소극적인 태도를 취하였습니다.

다만, 최근 판례(대법원 2014. 2. 27. 선고 2009다40462 판결)에서는, 인접토지에 건물 등이 건축되어 발생하는 시야차단으로 인한 폐쇄감이나 압박감 등의 생활이익의 침해를 이유로 하는 소송에서 침해가 사회통념상 일반적으로 수인할 정도를 넘어서서 위법하다고 할 것인지 여부는, 천공률, 조망침해율, 기타 모든 사정을 종합적으로 고려하여 판단하여야 한다고 판시하였는바, 일조권 침해의 문제와 크게 다르지 않은 태도를 보인 것으로 이해되기도 합니다.

결국 甲의 질의사안은 실제 건축 예정인 건물의 현황을 파악할 수 있는 자료들을 토대로 한 가해건물의 이격거리나 높이, 귀하가 거주 중인 건물의 창과 거실의 위치, 크기 및 방향 등 전반적인 구조, 건물들이 입지하고 있는 지역의 사정, 가해건물 건축의 경위 및 공공성, 가해자의 방지조치와 손해회피의 가능성 등 제반사정을 면밀히 따져보아야만 일조권 또는 조망권을 위법하게 침해하는 사정이 존재하는지 여부를 판단할 수 있고, 나아가 이를 객관적인 자료를 통해 입증할 수 있어야만, 가해건물의 건축자 등에게 사법적 조치를 취하는 것이 가능할지 여부를 가늠할 수 있을 것입니다.

위와 같은 사정에 따라 충분히 일조권 또는 조망권 침해가 있을 것이라고 판단되는 경우에는 사법적 구제수단을 취하여야 할 것인데, 여기에는 크게 두 가지, 사전적 구제수단과 사후적 구제수단을 나누어 고려할 수 있습니다. 사후적 구제수단은 실제 인접토지에 가해건물이 건축된 이후에 일조권, 조망권 등 법적침해에 따라 甲이 입은 손해를 금전적 방법에 의해 배상할 것을 청구하는 방법입니다.

다만, 이는 이미 침해가 예상되는 상황에서 예상가능한 손해를 일단 감수하라는 결론이 되어 구제수단으로서는 충분하지 않을 우려가 있는바, 사전적 구제수단으로 공사중지가처분을 검토해볼 필요성은 있습니다. 물론 이러한 가처분은, 한편으로 가해건물 건축자의 적법한 재산권행사를 제약하고, 또 법적 이익의 침해가 실제 존재하는지 여부에 대한 법원의 최종적인 판단이 있기 전에 강제적인 사법적 조치를 취하는 것이 되는바, 법적이익의 침해 가능성 및 그러한 침해가 실제 발생한 이후에 금전적으로 배상하는 것만으로는 손해가 충분히 회복될 수 없다는 사정을 객관적인 자료를 바탕으로 충분히 소명할 수 있어야만 인용될 수 있을 것입니다.

(관련판례)

일조방해, 사생활 침해, 조망 침해, 시야 차단으로 인한 압박감, 소음, 분진, 진동 등과 같은 생활이익에 대한 침해가 사회통념상의 수인한도를 초과하여 위법한지를 판단하고 그에 따른 재산상 손해를 산정함에 있어서는, 생활이익을 구성하는 요소들을 종합적으로 참작하여 수인한도를 판단하여야만 형평을 기할 수 있는 특별한 사정이 없다면, 원칙적으로 개별적인 생활이익별로 침해의 정도를 고려하여 수인한도 초과 여부를 판단한 후 수인한도를 초과하는 생활이익들에 기초하여 손해배상액을 산정하여야 하며, 수인한도를 초과하지 아니하는 생활이익에 대한 침해를 다른 생활이익 침해로 인한 수인한도 초과 여부 판단이나 손해배상액 산정에 있어서 직접적인 근거 사유로 삼을 수는 없다(대법원 2007. 6. 28. 선고 2004다54282 판결).

■ 도시계획도로의 실제 도로폭이 19.2~19.5미터로 도시계획상 도로폭에 미달되었을 경우 정북방향 일조권을 배제할 수 있는지요?

Q 신축대지에 접한 기 개설(10년전)된 도시계획상 20미터 도시계획도로의 실제 도로폭이 19.2~19.5미터로 도시계획상 도로폭(20m)에 미달되었을 경우 정북방향 일조권을 배제할 수 있는지요?

A 건축법 제53조 및 동법 시행령 제86조 규정에 따르면 전용주거지역 및 일반주거지역 안에서 건축하는 건축물의 높이는 일조 등의 확보를 위하여 일정 높이 이하로 하여야 하는 것이나, 시행령 제86조 제1항 단서규정에 따라 너비 20미터 이상의 도로(자동차전용도로 포함)로서 건축조례가 정하는 도로에 접한 대지 상호간에 건축하는 건축물의 경우에는 그러하지 아니합니다.

여기서 도로라 함은 건축법 제2조 제1항 제11호의 규정에 의하여 「국토의 계획 및 이용에 관한 법률」, 「도로법」, 「사도법」 기타 관계법령에 의하여 신설 또는 변경에 관한 고시가 된 도로 및 건축허가시 시장 · 군수 · 구청장이 그 위치를 지정한 도로 등을 말하며, 여기에는 현황도로뿐만이 아니라 공부상에만 존재하는 그 예정도로까지 포함되는 것입니다.

따라서 건축법령의 도로폭 기준을 적용할 때 기준이 되는 것은 공부상 도로가 되는 것이며, 도시계획 등으로 고시되어 공부상 도로폭이 20미터라면 실제 도로의 폭이 일부 미달한 경우라 하여도 위 단서규정에 따른 너비 20미터 이상의 도로로 보아 정북방향 일조권을 배제할 수 있을 것입니다.

(관련판례)
동시에 또는 거의 같은 시기에 건축된 가해 건물들이 피해 건물에 대하여 전체적으로 수인한도를 초과하는 일조 침해의 결과를 야기한 경우, 각 가해 건물들이 함께 피해 건물의 소유자 등이 종래 향유하던 일조를 침해하게 된다는 점을 예견할 수 있었다면 특별한 사정이 없는 한 각 가해 건물의 건축자 등은 일조 침해로 피해 건물의 소유자 등이 입은 손해 전부에 대하여 공동불법행위자로서의 책임을 부담한다(대법원 2006.1.26.선고 2005다47014,47021,47038 판결).

■ 이미 다른 기존 건물에 의하여 일조방해를 받고 있거나 피해건물의 구조자체가 충분한 일조를 확보하기 어려운 경우, 가해건물의 신축으로 인한 일조방해가 사회통념상 수인한도를 넘었는지 여부의 판단 기준은?

Q 제가 거주하고 있는 건물은 기존에 접해서 지어진 건물로 인해서 일조량이 평소보다 줄어든 상태였습니다. 그래도 그럭저럭 지낼만한 상황이었는데 추가로 인접하여 건물이 신축됨으로 인해 하루에 1~2시간도 빛이 들어오지 않게 되어버렸습니다. 기존 건물 소유자와 신축건물 소유자에게 일조침해를 이유로 손해배상청구가 가능할까요?

A 기존 건물의 건립으로 인하여 피해건물에 발생한 일조방해의 정도가 수인한도를 넘지 않고 있었는데 그로부터 상당한 기간이 경과한 후 타인 소유의 인접건물이 신축되고 그 기존 건물과 인접건물로 인하여 생긴 일영이 결합하여 피해건물에 수인한도를 넘는 일조방해가 발생한 때에는, 피해건물의 소유자 등은 인접건물의 신축 전에 기존 건물로 인하여 발생한 일조방해의 정도가 수인한도를 넘지 아니하여 기존 건물로 인한 일조방해를 수인할 의무가 있었으므로, 특별한 사정이 없는 한 기존 건물 소유자와 무관하게 신축된 인접건물로 인하여 수인한도를 넘게 된 일조방해의 결과에 대하여는 인접건물의 소유자를 상대로 불법행위책임을 물을 수 있는지는 별론으로 하고 기존 건물의 소유자를 상대로 불법행위책임을 물을 수 없다는 것이 판례의 견해입니다(대법원 2010. 6. 24. 선고 2008다23279 판결 참조).

따라서 기존건물소유자로 인하여 수인한도를 넘는 일조방해가 있었던 것이 아니라면 특별한 사정이 없는 한, 기존건물 소유자에 대해서는 손해배상을 청구할 수 없다고 할 것입니다.

Q 저는 최근에 제 소유 토지 지상에 건물을 신축하였습니다. 해당 신축건물 주변에는 X건물과 Y건물이 존재하고 있었습니다. X건물은 Y건물의 그림자로 인해 저녁 무렵이면 햇빛이 잘 들지 않는 상태였다고 합니다. 그런데 제가 신축한 건물로 인하여 오전·오후 모두 건물의 그림자로 인해 햇빛이 잘 들지 않게 되었다고 하면서 X건물의 소유자는 발생한 일조침해에 관한 손해배상을 전부 저에게 청구하고 있습니다. 제가 모든 손해를 배상해야 하는 것인가요?

A 판례는 "피해건물이 이미 타인 소유의 다른 기존 건물에 의하여 일조방해를 받고 있는 상황에서 가해건물이 신축됨으로써 일조방해의 정도가 심화되어 피해건물에 수인한도를 넘는 일조방해의 피해가 발생하고 그로 인하여 피해건물의 재산적 가치가 하락된 경우 신축건물 소유자는 피해건물 소유자에 대하여 불법행위로 인한 재산상 손해배상 책임을 부담한다. 그런데 이때 다른 기존 건물의 일조방해가 위와 같이 수인한도를 넘는 데 기여한 부분에 대한 책임을 신축건물의 소유자에게 전부 부담시킨다면 신축건물의 소유자는 이미 건립되어 있던 기존 건물로 인한 일조방해를 자신의 전적인 책임으로 인수하는 것이 되어 불합리하고, 반대로 기존 건물의 일조방해가 수인한도를 넘는 데 기여한 부분에 대한 책임을 피해건물의 소유자에게 전부 부담시킨다면, 실제로 기존 건물과 신축건물에 의하여 생긴 일영이 결합하여 피해건물에 수인한도를 넘는 일조방해의 피해가 발생하였는데도 피해자가 아무런 구제를 받을 수 없게 될 수 있으므로 이 역시 불합리하다. 따라서 이러한 경우에는 상린관계에 있는 이웃 간의 토지이용의 합리적인 조정이라는 요청

과 손해부담의 공평이라는 손해배상제도의 이념에 비추어, 특별한 사정이 없는 한 기존 건물의 일조방해가 수인한도를 넘는 데 기여함으로써 피해건물의 소유자가 입게 된 재산적 손해가 신축건물의 소유자와 피해 건물의 소유자 사이에서 합리적이고 공평하게 분담될 수 있도록 정하여야 하고, 이를 위해서는 특히 가해건물이 신축되기 전부터 있었던 기존 건물로 인한 일조방해의 정도, 신축건물에 의하여 발생하는 일조방해의 정도,가해건물 신축 후 위 두 개의 원인이 결합하여 피해건물에 끼치는 전체 일조방해의 정도, 기존 건물로 인한 일조방해와 신축건물에 의한 일조방해가 겹치는 정도, 신축건물에 의하여 발생하는 일조방해시간이 전체 일조방해시간 중 차지하는 비율 등을 고려하여야 한다."고 판시한바 있습니다 (대법원 2010. 6. 24. 선고 2008다23729 판결 참조).

따라서 기존 Y건물에 의한 일조침해 부분의 산정 없이 전액을 상담인께 청구하는 것은 무리가 있을 것으로 보입니다.

4. 건축선 등의 규제

4-1. 대지와 도로의 관계

① 건축물의 대지는 다음의 어느 하나에 해당하는 경우를 제외하고는 2미터 이상이 도로(자동차만의 통행에 사용되는 도로는 제외)에 접해야 합니다.

  1) 해당 건축물의 출입에 지장이 없다고 인정되는 경우

  2) 건축물의 주변에 광장, 공원, 유원지나 그 밖에 관계 법령에 따라 건축이 금지되고 공중의 통행에 지장이 없는 공지(空地)로서 허가권자가 인정한 것

  3) 농지법 제2조제1호나목에 따른 농막을 건축하는 경우

② 연면적의 합계가 2천 제곱미터 이상인 건축물의 대지는 너비 6미터 이상의 도로에 4미터 이상 접해야 합니다.

4-2. "맹지"에서의 건축제한

구 건축법(1991. 5. 31. 법률 제4381호로 전문 개정되기 전의 것) 제27조제1항에 건축물의 대지는 2m 이상을 "도로"에 접하여야 한다고 규정하고 있으므로, 맹지인 대지상에 건축허가를 받기 위하여는 "도로"에 접하여야 하는바, 폭 2m 이하의 골목길과 같은 사실상의 도로는 건축법상의 도로가 아니므로 맹지가 그와 같은 골목길에 접한다 하여 구 건축법 제27조제1항 소정의 요건을 갖추었다고 할 수 없으므로, 그 맹지상에 건축하려고 하는 경우에는 그 자체로는 건축허가가 불가능하여 위 골목길을 도로로 지목변경하여야 하며, 그 경우 구 건축법 시행령(1992. 5. 30. 대통령령 제13655호로 전문 개정되기 전의 것) 제62조제1항 소정의 3m 노폭을 갖추어야 합니다[대법원 1995. 7. 25. 선고 95다146,153(반소) 판결].

※ 주위토지통행권

어느 토지와 공로사이에 그 토지의 용도에 필요한 통로가 없는 경우에 그 토지소유자는 주위의 토지를 통행 또는 통로로 하지 않으면 공로에 출입할 수 없거나 과다한 비용을 요하는 때에는 그 주위의 토지를 통행할 수 있고 필요한 경우에는 통로를 개설할 수 있습니

다. 그러나 이로 인한 손해가 가장 적은 장소와 방법을 선택해야 하며, 통행권자는 통행지 소유자의 손해를 보상해야 합니다(민법 제219조).

※ 수도 등 시설권
① 토지소유자는 타인의 토지를 통과하지 않으면 필요한 수도, 소수관, 까스관, 전선 등을 시설할 수 없거나 과다한 비용을 요하는 경우에는 타인의 토지를 통과하여 이를 시설할 수 있습니다. 그러나 이로 인한 손해가 가장 적은 장소와 방법을 선택하여 이를 시설할 것이며 타토지의 소유자의 청구에 의하여 손해를 보상해야 합니다(민법 제218조제1항).
② 위 시설을 한 후 사정의 변경이 있는 때에는 타토지의 소유자는 그 시설의 변경을 청구할 수 있는데, 시설변경의 비용은 토지소유자가 부담합니다(민법 제218조제2항).

4-3. 대지 안의 공지

건축물을 건축하는 경우에는 국토의 계획 및 이용에 관한 법률에 따른 용도지역·용도지구, 건축물의 용도 및 규모 등에 따라 건축선 및 인접 대지경계선으로부터 6미터 이내의 범위에서 다음에서 정하는 바에 따라 해당 지방자치단체의 조례로 정하는 거리 이상을 띄워야 합니다.
① 건축선으로부터 건축물까지 띄어야 하는 거리
건축조례로 정하는 건축물은 1미터 이상 6미터 이하(한옥의 경우에는 처마선 2미터 이하, 외벽선 1미터 이상 2미터 이하)의 거리를 띄어야 합니다.
② 인접 대지경계선으로부터 건축물까지 띄어야 하는 거리
건축조례로 정하는 건축물의 경우 0.5미터 이상 6미터 이하(한옥의 경우에는 처마선 2미터 이하, 외벽선 1미터 이상 2미터 이하)의 거리를 띄어야 합니다.

4-4. 위반 시 제재

① 이를 위반해서 도시지역에서 건축물을 건축한 건축주 및 공사시공자는 3년 이하의 징역이나 5억원 이하의 벌금에 처해집니다. 도시지역이란 인구와 산업이 밀집되어 있거나 밀집이 예상되어 그 지역에 대해서 체계적인 개발·정비·관리·보전 등이 필요한 지역을 말합니다.

② 또한, 도시지역 밖에서 건축물을 건축한 건축주 및 공사시공자는 2년 이하의 징역 또는 1억원 이하의 벌금에 처해집니다.

■ 이웃에서 법정거리 없이 건물을 신축한 경우 철거청구 가능한지요?

Q 제 소유 토지와 인접하여 있는 토지의 소유자 甲이 그 위에 건물을 신축하면서, 저의 토지경계에 바싹 붙여 건축을 하고 있기 때문에 일조권침해 등 많은 피해가 예상됩니다. 이 경우 위 건물의 철거청구 등을 요구할 수 있는지요?

A 민법에 따르면 건물을 축조함에는 특별한 관습이 없으면 경계로부터 반 미터 이상의 거리를 두어야 하고(경계로부터 건물의 가장 돌출된 부분까지의 거리를 말함. 대법원 2011. 7. 28. 선고 2010다108883 판결), 인접 토지소유자는 이를 위반한 자에 대하여 건물의 변경이나 철거를 청구할 수 있으나, 건축에 착수한 후 1년을 경과하거나 건물이 완성된 후에는 손해배상만을 청구할 수 있으며(민법 제242조), 경계로부터 2미터 이내의 거리에서 이웃주택의 내부를 관망할 수 있는 창이나 마루를 설치하는 경우에는 적당한 차면시설(遮面施設)을 하여야 합니다(민법 제243조).

민법 제242조 제2항 단서에서의 '건축의 착수'는 인접지의 소유자가 객관적으로 건축공사가 개시되었음을 인식할 수 있는 상태에 이른 것을 말하고, '건물의 완성'은 사회통념상 독립한 건물로 인정될 수 있는 정도로 건축된 것을 말하며, 그것이 건축 관계 법령에 따른 건축허가나 착공신고 또는 사용승인 등 적법한 절차를 거친 것인지는 문제되지 아니합니다(대법원 2011. 7. 28. 선고 2010다 108883 판결).

한편, 건물철거소송을 제기하더라도 공사는 계속 진행할 수 있는 것이므로 이를 방지하기 위해서는 법원에 공사중지가처분신청을 해 두는 것이 좋을 것입니다.

나아가 경계선부근의 거리제한에 위반하지 않은 경우에도 일조권침 해 등을 이유로 건축공사의 금지 또는 중지를 청구할 수 있습니 다. 다만, 건물신축으로 인하여 그 이웃토지상의 거주자가 직사광 선이 차단되는 불이익을 받은 경우, 그 신축행위가 정당한 권리행 사로서의 범위를 벗어나 사법상(私法上) 위법한 가해행위로 평가되 려면 그 일조방해정도가 사회통념상 일반적으로 인용하는 서로 참 아야 할 한도(수인한도)를 넘어야 합니다. 구체적으로는 건축법 등 관계법령에 일조방해에 관한 직접적인 단속법규가 있다면 그 법규 에 적합한지가 사법상 위법성을 판단함에 있어서 중요한 판단자료 가 될 것이지만, 이러한 공법적 규제에 의하여 확보하고자 하는 일 조는 원래 사법상 보호되는 일조권을 공법적인 면에서도 가능한 한 보장하려는 것으로서 특별한 사정이 없는 한 일조권보호를 위 한 최소한도기준으로 봄이 상당하고, 구체적인 경우에 어떠한 건 물신축이 건축당시의 공법적 규제에 형식적으로 적합하더라도 현실 적인 일조방해정도가 현저하게 커서 사회통념상 서로 참아야 할 한도를 넘은 경우에는 위법행위로 평가될 수 있으며, 일조방해행위 가 사회통념상 서로 참아야 할 한도를 넘었는지는 피해정도, 피해 이익의 성질 및 그에 대한 사회적 평가, 가해건물의 용도, 지역성, 토지이용선후관계, 가해방지 및 피해회피가능성, 공법적 규제의 위 반여부, 교섭경과 등 모든 사정을 종합적으로 고려하여 판단하여 야 하고(대법원 2004. 9. 13. 선고 2003다64602 판결; 대법원 2014.2.27. 선고 2009다40462 판결), 건축 후에 신설된 일조권에 관한 새로운 공법적 규제 역시 이러한 위법성평가의 중요자료가 될 수 있으며(대법원 2002. 12. 10. 선고 2000다72213 판결), 쾌적하고 건강한 생활에 필요한 생활이익으로서 법적보호의 대상이 되는 주거의 일조는 현재 살고 있는 지역주민을 보호하기 위한 것이므로 일조방해행위가 서로 참아야 할 한도를 넘었는지를 판단하기 위한 지역성은 그 지역의 토지이용현황과 실태를 바탕으로 지역의 변화가능성과 변화속도 그리고 지역주민들의 의식 등을 감안하여 결정하여야 할 것이고, 바람직한 지역정비로 토지의 경제적·효율적 이용과 공공복리증진을 도모하기 위한 국토의 계획 및 이용에 관한 법률 등 공법에 의한 지역의 지정은 그 변화가능성 등을 예측하는 지역성판단의 요소가 됩니다(대법원 2007. 6. 14. 선고 2005다72058 판결).

그러므로 甲이 거리제한을 위반하여 건물을 축조하고 있거나, 甲의 건물축조로 인하여 귀하의 일조권이 수인한도를 넘을 정도로 침해된다면 귀하는 甲에게 설계변경, 건물철거, 손해배상 등을 청구할 수 있습니다. 다만, 설계변경이나 건물철거는 甲이 건축에 착수한 후 1년 이내에만 청구할 수 있습니다.

참고로 일조권침해에 있어 객관적인 생활이익으로서 일조이익을 향유하는 토지소유자 등은 토지소유자, 건물소유자, 지상권자, 전세권자 또는 임차인 등의 거주자를 말하는 것으로서, 당해 토지·건물을 일시적으로 이용하는 것에 불과한 사람은 이러한 일조이익을 향유하는 주체가 될 수 없습니다(대법원 2008. 12. 24. 선고 2008다41499 판결).

4-5. 건축선

4-5-1. 건축선의 지정

① 도로와 접한 부분에 건축물을 건축할 수 있는 선[이하 "건축선(建築線)"이라 함]은 대지와 도로의 경계선으로 합니다.

② 다만, 건축법 제2조제1항제11호에 따른 소요 너비에 못 미치는 너비의 도로인 경우에는 그 중심선으로부터 그 소요 너비의 2분의 1의 수평거리만큼 물러난 선을 건축선으로 하되, 그 도로의 반대쪽에 경사지, 하천, 철도, 선로부지나 그 밖에 이와 유사한 것이 있는 경우에는 그 경사지 등이 있는 쪽의 도로경계선에서 소요 너비에 해당하는 수평거리의 선을 건축선으로 하며, 너비 8미터 미만인 도로의 모퉁이에 위치한 대지의 도로모퉁이 부분의 건축선은 그 대지에 접한 도로경계선의 교차점으로부터 도로경계선에 따라 다음의 표에 따른 거리를 각각 후퇴한 두 점을 연결한 선으로 합니다.

도로의 교차각	해당 도로의 너비		교차되는 도로의 너비
	6이상 8미만	4이상 6미만	
90° 미만	4	3	6 이상 8 미만
	3	2	4 이상 6 미만
90° 이상 120° 미만	3	2	6 이상 8 미만
	2	2	4 이상 6 미만

③ 특별자치시장·특별자치도지사 또는 시장·군수·구청장은 건축법 제46조제2항에 따라 국토의 계획 및 이용에 관한 법률 제36조제1항제1호에 따른 도시지역에는 4미터 이하의 범위에서 건축선을 따로 지정할 수 있습니다.

④ 특별자치시장·특별자치도지사 또는 시장·군수·구청장은 위 규정에 따라 건축선을 지정하려면 미리 그 내용을 해당 지방자치단체의 공보(公報), 일간신문 또는 인터넷 홈페이지 등에 30일 이상 공고해야 하며, 공고한 내용에 대해서 의견이 있는 사람은 공고기간에 특별자치시장·특별자치도지사 또는 시장·군수·구청장에게 의견을 제출(전자문서에 의한 제출을 포함)할 수 있습니다.

4-5-2. 건축선에 따른 건축제한

① 건축물과 담장은 지표(地表) 아래 부분을 제외하고는 건축선의 수직면(垂直面)을 넘어서는 안 됩니다.

② 도로면으로부터 높이 4.5미터 이하에 있는 출입구, 창문이나 그 밖에 이와 유사한 구조물은 열고 닫을 때 건축선의 수직면을 넘지 않는 구조로 해야 합니다.

4-5-3. 위반 시 제재

① 도시지역에서 건축선에 따른 건축제한(건축법 제47조)를 위반해서 건축물을 건축한 건축주 및 공사시공자는 3년 이하의 징역이나 5억원 이하의 벌금에 처해집니다.

② 도시지역 밖에서 건축선에 따른 건축제한(건축법 제47조)를 위반해서 건축물을 건축한 건축주 및 공사시공자는 2년 이하의 징역 또는 1억원 이하의 벌금에 처해집니다.

③ 국토의 계획 및 이용에 관한 법률에 따른 도시지역 및 도지지역 외 지구단위계획구역 외의 지역으로서 동이나 읍(동이나 읍에 속하는 섬의 경우에는 인구가 500명 이상인 경우만 해당)이 아닌 지역은 위의 규정이 적용되지 않습니다.

④ 도시지역 및 도시지역 외 지구단위계획구역 여부 등을 확인하려면 국토교통부 토지이용규제정보서비스)를 이용하거나 해당 시·군·구청 또는 대한민국 정부 24에서 토지이용계획확인원 등본을 발급받아 확인할 수 있습니다.

Q 주택을 건축할 때 사람의 출입 및 이웃한 건축물 등으로 인한 규제에 관해서 알고 싶습니다.

A 주택을 건축하는 경우에는 용도지역·용도지구, 건축물의 용도 및 규모 등에 따라 건축선 및 인접 대지경계선으로부터 6미터 이내의 범위에서 해당 지방자치단체의 조례로 정하는 거리 이상을 띄어야 합니다.

◇ 대지 안의 공지

건축물을 건축하는 경우에는 「국토의 계획 및 이용에 관한 법률」에 따른 용도지역·용도지구, 건축물의 용도 및 규모 등에 따라 건축선 및 인접 대지경계선으로부터 6미터 이내의 범위에서 다음에서 정하는 바에 따라 해당 지방자치단체의 조례로 정하는 거리 이상을 띄워야 합니다.

① 건축선으로부터 건축물까지 띄어야 하는 거리

건축조례로 정하는 건축물은 1미터 이상 6미터 이하(한옥의 경우에는 처마선 0.5미터 이상 2미터 이하, 외벽선 1미터 이상 2미터 이하)의 거리를 띄어야 합니다.

② 인접 대지경계선으로부터 건축물까지 띄어야 하는 거리

건축조례로 정하는 건축물의 경우 0.5미터 이상 6미터 이하(한옥의 경우에는 처마선 0.5미터 이상 2미터 이하, 외벽선 1미터 이상 2미터 이하)의 거리를 띄어야 합니다.

③ 위반 시 제재

이를 위반해서 도시지역에서 건축물을 건축한 건축주 및 공사시공자는 3년 이하의 징역이나 5억원 이하의 벌금에 처해집니다. 또한, 도시지역 밖에서 건축물을 건축한 건축주 및 공사시공자는 2년 이하의 징역 또는 1억원 이하의 벌금에 처해집니다.

건축주와 그로부터 건축설계를 위임받은 건축사가 상세계획지침에 의한 건축한 계선의 제한이 있다는 사실을 간과한 채 건축설계를 하고 이를 토대로 건축물의 신축 및 증축허가를 받은 경우, 그 신축 및 증축허가가 정당하다고 신뢰한 데에 귀책사유가 있다(대법원 2002. 11. 8. 선고 2001두1512 판결).

■ 매수한 토지 위에 건물을 신축하기 위하여 이웃 토지를 통행할 수 있는지요?

Q 저는 甲으로부터 토지를 매수하여 건물을 건축하려고 보니, 인접해 있는 乙소유의 토지가 공로(公路)로 통행할 수 있는 유일한 통로였습니다. 그래서 저는 이곳을 통하여 건축자재 등을 운반하려고 하였으나, 乙이 그 통로의 사용을 완강히 거부하므로 공사가 중단된 상태입니다. 乙을 교통방해죄 등으로 고소할 수는 없는지요?

A 법 제185조는 육로, 수로 또는 교량을 손괴 또는 불통하게 하거나 기타 방법으로 교통을 방해한 경우 형사상 처벌할 수 있음을 규정하고 있습니다.

그런데 형법 제185조의 일반교통방해죄는 일반 공중의 교통안전을 그 보호법익으로 하는 범죄로서 육로 등을 손괴 또는 불통하게 하거나 기타의 방법으로 교통을 방해하여 통행을 불가능하게 하거나 현저하게 곤란하게 하는 일체의 행위를 처벌하는 것을 그 목적으로 하는 죄이고(대법원 1995. 9. 15. 선고 95도1475 판결), 여기에서 '육로'란 일반 공중의 왕래에 공용된 장소, 즉 특정인에 한하지 않고 불특정 다수인 또는 차마가 자유롭게 통행할 수 있는 공공성을 지닌 장소를 말하므로(대법원 2010. 2. 25. 선고 2009도13376 판결), 귀하만이 乙의 토지를 사용할 필요가 있고 乙이 방해한 것이 귀하만의 통행행위였을 경우에는 형법 제185조가 규정하는 일반교통방해죄로 처벌할 수는 없을 것입니다.

다만, 민법 제219조는 어느 토지와 공로(公路)사이에 그 토지의 용도에 필요한 통로가 없는 경우에 그 토지소유자는 주위의 토지를 통행 또는 통로로 하지 아니하면 공로에 출입할 수 없거나 과다한 비용을 요하는 때에는 그 주위의 토지를 통행할 수 있고, 필요한 경우에는 통로를 개설할 수 있으며, 다만 이로 인한 손해가 가장 적은 장소와 방법을 선택하여야 하고, 통행권자는 통행지소유자의 손해를 보상하여야 한다고 규정하고 있습니다.

따라서 귀하는 乙소유의 토지를 통행할 수 있으며, 필요한 경우에는 통로를 개설할 수도 있지만, 이로 인하여 乙이 입게 되는 손해를 가장 최소화하는 장소와 방법을 선택하여야 하고, 乙에게 손해가 발생하면 이를 보상하여야 합니다.

그리고 乙의 적극적인 통행방해행위에 대하여는 법원에통행방해금지를 청구하는 소송을 제기할 수도 있을 것이며, 긴급한 경우에는 통행방해금지가처분신청을 할 수도 있을 것입니다.

(관련판례)
구 「건축법」(1991.5.31. 법률 제4381호로 전문 개정되기 전의 것) 제27조제1항에 건축물의 대지는 2m 이상을 "도로"에 접하여야 한다고 규정하고 있으므로, 맹지인 대지상에 건축허가를 받기 위하여는 "도로"에 접하여야 하는바, 폭 2m 이하의 골목길과 같은 사실상의 도로는 건축법상의 도로가 아니므로 맹지가 그와 같은 골목길에 접한다 하여 구 건축법 제27조 제1항 소정의 요건을 갖추었다고 할 수 없으므로, 그 맹지상에 건축하려고 하는 경우에는 그 자체로는 건축허가가 불가능하여 위 골목길을 도로로 지목변경하여야 하며, 그 경우 구「건축법 시행령」(1992.5.30. 대통령령 제13655호로 전문 개정되기 전의 것) 제62조 제1항 소정의 3m 노폭을 갖추어야 한다(대법원 1995. 7. 25. 선고 95다 146,153(반소) 판결).

Q 저희 집은 주택 밀집 지역에 위치한 단독주택인데 저희 집
옆에 신축되고 있는 빌라의 창문이 저희 집 거실 쪽으로
나 있고, 옆 집 창문에서 보면 저희 집 거실이 훤히 보여
사생활이 침해받고 있는 경우 어떻게 해야 하는지요?

A 「민법」 제243조는 경계로부터 2미터 이내의 거리에서 이웃 주택의
내부를 관망할 수 있는 창이나 마루를 설치하는 경우에는 적당한
차면시설을 하여야 한다고 정하고 있고, 건축법 시행령 제55조 또
한 인접 대지경계선으로부터 직선거리 2미터 이내에 이웃 주택의 내
부가 보이는 창문 등을 설치하는 경우에는 차면시설을 설치하여야
한다고 정하고 있습니다.

따라서 옆 집 빌라의 창문 때문에 사생활이 침해받고 있다면 귀하
는 귀하의 집 경계로부터 2미터 이내에 있는 창이나 마루에 대하여
옆 집 건물의 소유자에게 차면시설의 설치를 요구할 수 있을 것으
로 보입니다.

만약 차면시설 설치 의무자가 이를 이행하지 않으면 손해배상을 청
구할 수 있을 것이며, 이와 관련하여 먼저 연립주택의 전면이 그 병
원의 부지 쪽을 향하여 건축된 다음 상당한 기간이 지난 후에 그
병원이 건축되었으나 병원 측이 이러한 차면시설을 설치하지 않음
에 따른 손해배상 청구에 대하여 판례는, "연립주택 부지와 병원
부지 사이의 경계로부터 그 병원의 3층 산부인과 입원실의 연립주
택 쪽 창문까지의 직선거리는 차면시설 의무가 있는 법정 거리인
2m에 미치지 못하는 경우, 비록 그 병원이 그 부지의 도시계획상
용도에 적합한 시설이고 그 병원과 같은 종합병원은 공익시설이며
이를 운영함에 있어서 응급실과 영안실의 설치가 필수적이라고 하
더라도 그 병원 및 연립주택의 현황과 그 위치한 지역의 형태, 토

지 이용의 선후 관계, 의료법인으로서는 그 병원의 운영에 지장을 초래하지 않는 범위 내에서 인근 주민들의 생활방해를 방지하거나 감소시키기 위한 조치를 할 수 있었을 것으로 보이는 점 등 제반 사정에 비추어 볼 때, 의료법인이 그와 같은 조치를 하지 아니함으로써 발생한 생활방해는 인근 주민들에게 사회통념상 요구되는 수인의 한도를 넘은 것이라고 봄이 상당하다(대법원 1997. 10. 28. 선고 95다15599 판결)."고 판시하여 나중에 지어진 병원 측의 위자료 지급 책임을 인정하고 있습니다.

또한 직접 차면시설의 설치를 요구하는 채무의 이행을 청구할 수도 있고, 그러한 판결 이후에도 의무자가 채무의 이행을 등한히 하는 경우에는 제3자로 하여금 차면시설을 설치하게 한 후 의무자에게 비용을 청구할 수도 있을 것입니다.

5. 대지의 조경

5-1. 조경을 해야 하는 경우

① 면적이 200제곱미터 이상인 대지에 건축을 하는 건축주는 용도지역 및 건축물의 규모에 따라 해당 지방자치단체의 조례로 정하는 기준에 따라 대지에 조경이나 그 밖에 필요한 조치를 해야 합니다.

② "건축주"란 건축물의 건축·대수선·용도변경, 건축설비의 설치 또는 공작물의 축조에 관한 공사를 발주하거나 현장 관리인을 두어 스스로 그 공사를 하는 사람을 말합니다.

③ 건축물의 옥상에 조경기준에 따라 조경이나 그 밖에 필요한 조치를 하는 경우에는 옥상부분 조경면적의 3분의 2에 해당하는 면적을 건축법 제42조제1항에 따른 대지의 조경면적으로 산정할 수 있습니다. 이 경우 조경면적으로 산정하는 면적은 건축법 제42조제1항에 따른 조경면적의 100분의 50을 초과할 수 없습니다.

5-2. 조경을 하지 않아도 되는 경우

① 다만, 다음의 건축물에 대해서는 조경 등의 조치를 하지 않아도 됩니다.

1) 녹지지역에 건축하는 건축물

2) 대지에 염분이 함유되어 있는 경우 또는 건축물 용도의 특성상 조경 등의 조치를 하기가 곤란하거나 조경 등의 조치를 하는 것이 불합리한 경우로서 건축조례로 정하는 건축물

3) 국토의 계획 및 이용에 관한 법률에 따라 지정된 자연환경보전지역·농림지역 또는 관리지역(도시지역 외 지구단위계획 구역으로 지정된 지역은 제외)의 건축물

② 이 경우 조경 등의 조치에 관한 기준으로서 면적 200제곱미터 이상 300제곱미터 미만인 대지에 건축하는 건축물은 대지면적의 10퍼센트 이상이어야 하며, 건축조례로 더 완화된 기준을 정한 경우에는 그 기준에 따릅니다.

5-3. 위반 시 제재

이를 위반한 건축주 및 공사시공자는 5천만원의 이하의 벌금에 처해집니다.

6. 부설주차장의 설치

6-1. 부설주차장 설치 의무

6-1-1. 설치 대상

① 국토의 계획 및 이용에 관한 법률에 따른 도시지역·도시지역 외 지구단위계획구역 및 지방자치단체의 조례로 정하는 관리지역 안에서 건축물을 건축하려는 자는 해당 시설물의 내부 또는 그 부지 안에 부설주차장(화물의 하역이나 그 밖의 사업수행을 위한 주차장을 포함)을 설치해야 합니다.

② "부설주차장"이란 주차장법 제19조에 의해서 건축물, 골프연습장이나 그 밖에 주차수요를 유발하는 시설에 부대해서 설치된 주차장으로서 해당 건축물·시설의 이용자 또는 일반의 이용에 제공되는 것을 말합니다.

③ 위 규정에 따른 시설물의 종류와 부설주차장의 설치기준은 다음과 같습니다.

시설물	설치기준
단독주택(다가구주택은 제외)	시설면적 50㎡ 초과 150㎡ 이하: 1대 시설면적 150㎡ 초과: 1대에 150㎡를 초과하는 100㎡당 1대를 더한 대수[1+ { (시설면적-150㎡)/100㎡ }]
다가구주택	주택건설기준 등에 관한 규정 제27조제1항에 따라 산정된 주차대수, 이 경우 다가구주택의 전용면적은 공동주택의 전용면적 산정방법을 따릅니다.

③ 다만, 다음의 경우에는 특별시·광역시·특별자치도·시 또는 군(광역시의 군은 제외)의 조례로 시설물의 종류를 세분하거나 부설주차장의 설치기준을 따로 정할 수 있습니다.

1) 오지·벽지·섬 지역, 도심지의 간선도로변이나 그 밖에 해당 지역의 특수성으로 인해서 주차장법 시행령 별표 1의 기준을 적용하는 것이 현저히 부적합한 경우

2) 국토의 계획 및 이용에 관한 법률 제6조제2호에 따른 관리 지역으로서 주차난이 발생할 우려가 없는 경우

3) 단독주택(다가구주택 포함)의 부설주차장 설치기준을 세대별 또는 호실별로 정하려는 경우

4) 대한민국주재 외국공관 안의 외교관 또는 그 가족이 거주하는 구역 등 일반인의 출입이 통제되는 구역에 주택 등의 시설물을 건축하는 경우

④ 이를 위반해서 부설주차장을 설치하지 않고 시설물을 건축하거나 설치한 자는 3년 이하의 징역 또는 5천만원 이하의 벌금에 처해집니다.

6-1-2. 설치 예외

① 주차장법 제19조제1항의 경우에 시설물의 위치·용도·규모 및 부설주차장의 규모 등이 다음에서 정하는 기준에 해당하는 때에는 해당 주차장의 설치에 소요되는 비용을 특별자치도지사·시장·군수 또는 구청장(구청장은 자치구의 구청장을 말함)에게 납부함으로써 부설주차장의 설치에 갈음할 수 있습니다.

1) 시설물의 위치

가) 도로교통법 제6조에 따른 차량통행의 금지 또는 주변의 토지이용상황으로 인해서 주차장법 시행령 제6조 및 제7조에 따른 부설주차장의 설치가 곤란하다고 특별자치도지사·시장·군수 또는 구청장이 인정하는 장소

나) 부설주차장의 출입구가 도심지 등의 간선도로변에 위치하게 되어 자동차교통의 혼잡을 가중시킬 우려가 있다고 특별자치도지사·시장·군수 또는 구청장이 인정하는 장소

2) 시설물의 용도 및 규모 : 연면적 1만 제곱미터 이상의 판매시설 및 운수시설에 해당하지 않거나 연면적 1만 5천 제곱미터 이상의 문화 및 집회시설(공연장·집회장 및 관람장만을 말함)·위락시설·숙박시설 또는

업무시설에 해당하지 않는 시설물(도로교통법 제6조에 따라 차량통행
이 금지된 장소의 시설물인 경우에는 건축법이 정하는 용도별 건축허
용 연면적의 범위에서 설치하는 시설물을 말함)

  3) 부설주차장의 규모 : 주차대수 300대 이하의 규모(도로교통법 제6조
에 따라 차량통행이 금지된 장소의 경우에는 주차장법 시행령 별표 1
의 부설주차장설치기준에 의하여 산정한 주차대수에 상당하는 규모를
말함)

② 부설주차장의 설치의무를 면제받으려는 자는 다음의 사항을 적은 주차
장설치의무면제신청서 및 면제서(주차장법 시행규칙 별지 제4호서식)를
특별자치도지사·시장·군수 또는 구청장에게 제출해야 합니다.

  1) 시설물의 위치·용도 및 규모

  2) 설치해야 할 부설주차장의 규모

  3) 부설주차장의 설치에 필요한 비용 및 주차장설치 의무가 면제되는 경
우 해당 비용의 납부에 관한 사항

  4) 신청인의 성명(법인인 경우에는 명칭 및 대표자의 성명) 및 주소

③ 부설주차장의 설치의무를 면제받으려는 자는 해당 시설물의 건축 또는
설치에 대한 허가·인가 등을 받기 전에 해당 지방자치단체의 조례로 정
하는 바에 따라 부설주차장의 설치에 필요한 비용을 다음의 구분에 따
라 특별자치도지사·시장·군수 또는 구청장에게 납부해야 합니다.

  1) 해당 시설물의 건축 또는 설치에 대한 허가·인가 등을 받기 전까지 그
설치에 필요한 비용의 50퍼센트

  2) 해당 시설물의 준공검사(건축물인 경우에는 건축법 제22조에 따른 사
용승인 또는 임시사용승인을 말함) 신청 전까지 그 설치에 필요한 비
용의 50퍼센트

Q 주택을 건축하는 경우 반드시 주차장을 설치해야 하나요?

A 국토의 계획 및 이용에 관한 법률에 따른 도시지역·도시지역 외 지구단위계획구역 및 지방자치단체의 조례로 정하는 관리지역 안에서 건축물을 건축하려는 자는 해당 시설물의 설치기준에 맞는 부설주차장을 시설의 내부 또는 그 부지 안에 설치해야 합니다.

◇ 설치 대상

① 국토의 계획 및 이용에 관한 법률에 따른 도시지역·도시지역 외 지구단위계획구역 및 지방자치단체의 조례로 정하는 관리지역 안에서 건축물을 건축하려는 자는 해당 시설물의 내부 또는 그 부지 안에 부설주차장(화물의 하역이나 그 밖의 사업수행을 위한 주차장을 포함)을 설치해야 합니다.

② 위 규정에 따른 시설물의 종류와 부설주차장의 설치기준은 다음과 같습니다.

1) 단독주택(다가구주택은 제외)
 - 시설면적 50㎡ 초과 150㎡ 이하: 1대
 - 시설면적 150㎡ 초과: 1대에 150㎡를 초과하는 100㎡당 1대를 더한 대수[1+{(시설면적-150㎡)/100㎡}]

2) 다가구주택 : 주택건설기준 등에 관한 규정 제27조제1항에 따라 산정된 주차대수, 이 경우 다가구주택의 전용면적은 공동주택의 전용면적 산정방법을 따릅니다.

(관련판례)

구「주차장법 시행령」(2004. 2. 9. 대통령령 제18281호로 개정되기 전의 것) 제6조제4항은 건축물의 용도를 변경하는 경우에는 용도변경 시점의 주차장 설치기준에 따라 변경 후 용도의 주차대수와 변경 전 용도의 주차대수를 산정하여 그 차이에 해당하는 부설주차장을 추가로 확보하여야 한다고 규정하고 있는 한편, 구「주차장법」(2003. 12. 31. 법률 제7055호로 개정되기 전의 것) 제19조의 2는 부설주차장을 설치하는 자는 시설물의 건축 또는 설치에 관한 허가·인가 등을 신청하는 때 또는 용도변경을 신고하는 때에 부설주차장 설치계획서를 제출하여야 한다고 규정하고 있는바, 이들 규정에 의하면, 부설주차장 설치계획서를 제출하지 아니한 채 인근 토지를 사실상 주차장용도로 사용하는 것만으로는 부설주차장을 설치한 것으로 볼 수 없다(대법원 2007. 7. 27. 선고 2005도1722 판결).

(관련판례)
「주차장법」 제19조제1항, 제3항 위반의 죄는 부설주차장을 설치하지 아니하고 시설물을 건축 또는 설치하여 위 조항들이 지키고자 하는 법익에 대한 위험을 야기함으로써 즉시 성립하는 것이고, 이후에는 그 법익 침해의 상태만이 지속할 뿐으로서, 일단 시설기준에 따른 부설주차장을 설치하지 아니하고 시설물을 건축함으로써 발생한 법익 침해는 추후 부설주차장을 증설하거나 시설물을 일부 철거 또는 용도 변경하는 등으로 시설기준을 사후 충족하게 되었다 하여 소멸하는 것이 아니고, 「건축법」과 「주차장법」은 입법 취지가 서로 다른 것이므로, 피고인이 위법하게 건축한 부분을 추후 원상회복함으로써 법익침해의 상태를 종료시켰다 하여도, 기왕에 이루어진 「주차장법」 제19조 제1항, 제3항 위반 행위에 대하여는 「건축법」위반 행위와는 별도의 법적 평가 및 처벌을 피할 수 없다(대법원 2004. 5. 13. 선고 2003도8081 판결).

(관련판례)
건물에 대한 부설주차장 설치의무위반 사항과 관련하여 한 행정청의 처분은 행정청이 건물 소유자들에 대하여 신뢰의 대상이 되는 공적인 견해표명을 한 것으로 볼 여지가 있으나, 행정청의 그 견해표명이 정당하다고 신뢰한 데에 대하여 건물 소유자들에게 귀책사유가 없다고 단정할 수 없으므로 결국 행정청의 처분이 신뢰보호의 원칙에 반하지 않는다(대법원 1996. 2. 23. 선고 95누3787 판결).

7. 개인하수처리시설(정화조)의 설치

7-1. 개인하수처리시설의 설계

7-1-1. 설계 대상

① 개인하수처리시설을 설치하려는 자는 다음의 어느 하나에 해당하는 경우를 제외하고는 하수도법 제51조에 따른 처리시설설계·시공업자(같은 조 제1항 단서에 따른 건설업자를 포함)로 하여금 설계·시공하도록 해야 합니다.

  1) 하수처리에 관한 연구를 목적으로 개인하수처리시설을 설치 또는 변경하는 경우

  2) 환경기술 및 환경산업 지원법 제15조에 따라 환경전문공사업을 등록한 자가 개인하수처리시설을 설치 또는 변경하는 경우

  3) 국내에서 처리기술상 일반화되어 있지 않은 하수처리방법을 이용하는 경우로서 시험용 시설(국·공립시험기관 또는 대학부설연구소 그 밖에 환경부장관이 인정하는 연구·시험기관의 시험을 거친 경우만 해당)을 설치하는 경우

  4) 하수도법 제52조제1항에 따라 개인하수처리시설제조업의 등록을 한 자가 자신이 제조한 개인하수처리시설을 직접 설치 또는 변경하는 경우

  5) 가축분뇨의 관리 및 이용에 관한 법률 제34조에 따라 처리시설 설계·시공업의 등록을 한 자가 개인하수처리시설을 설치하거나 변경하는 경우

② '개인하수처리시설'이란 건물·시설 등에서 발생하는 오수를 침전·분해 등의 방법으로 처리하는 시설을 말합니다.

7-1-2. 위반 시 제재

이를 위반해서 개인하수처리시설의 설치 또는 변경을 맡기면 100만원 이하의 과태료가 부과됩니다.

7-2. 개인하수처리시설의 설치

7-2-1. 설치 대상

① 오수를 배출하는 건물·시설 등(이하 "건물 등"이라 함)을 설치하는 자는 다음의 어느 하나에 해당하는 경우를 제외하고는 단독 또는 공동으로 개인하수처리시설을 설치해야 합니다.

  1) 물환경보전법 제2조제17호에 따른 공공폐수처리시설로 오수를 유입시켜 처리하는 경우

  2) 오수를 흐르도록 하기 위한 분류식하수관로로 배수설비를 연결하여 오수를 공공하수처리시설에 유입시켜 처리하는 경우

  3) 공공하수도관리청이 다음에서 정하는 기준·절차에 따라 하수관로정비구역으로 공고한 지역에서 합류식하수관로로 배수설비를 연결하여 공공하수처리시설에 오수를 유입시켜 처리하는 경우

    ※ 공공하수도관리청이 하수관거정비구역을 공고하려는 경우에는 다음의 기준에 맞아야 합니다.

    가) 하수관로는 하수의 흐름이 보이지 않는 밀폐형 구조일 것

    나) 월류수 수질의 생물화학적 산소요구량이 1리터 당 40밀리그램 이하로 관리될 수 있을 것

  4) 건물 등을 설치하는 자가 오수를 하수도법 제45조에 따른 분뇨수집·운반업자에게 위탁하여 공공하수처리시설·공공폐수처리시설 또는 자기의 오수처리시설로 운반하여 처리하는 경우

② 위 규정에 따라 개인하수처리시설의 설치를 면제받으려는 자는 개인하수처리시설 설치면제 신청서에 오수 운반·처리 계획서를 첨부하여 특별자치시장·특별자치도지사·시장·군수·구청장(자치구의 구청장을 말함)에게 신고해야 합니다. 이 경우 담당 공무원은 전자정부법 제36조제1항에 따른 행정정보의 공동이용을 통해 건축물대장을 확인해야 합니다.

③ 위 규정에 따라 개인하수처리시설을 설치하거나 그 시설의 규모·처리방법 등 다음의 중요한 사항을 변경하려는 자는 미리 특별자치시장·특별자치도지사·시장·군수·구청장에게 신고해야 하며, 개인하수처리시설을 폐쇄하려는 때에도 또한 같습니다.

1) 개인하수처리시설의 규모 또는 처리용량

2) 개인하수처리시설의 구조

3) 개인하수처리시설 본체의 교체

7-2-2. 설치 기준

① 개인하수처리시설을 설치하려는 자는 다음에서 정하는 기준에 적합하게 설치해야 합니다.

1) 하수처리구역 밖

가) 1일 오수 발생량이 2㎥를 초과하는 건물 등을 설치하려는 자는 오수처리시설(개인하수처리시설로서 건물 등에서 발생하는 오수를 처리하기 위한 시설을 말함)을 설치할 것

나) 1일 오수 발생량 2㎥ 이하인 건물 등을 설치하려는 자는 정화조(개인 하수처리시설로서 건물 등에 설치한 수세식 변기에서 발생하는 오수를 처리하기 위한 시설을 말함)를 설치할 것

※ 위 규정에도 불구하고 환경정책기본법 제38조제1항에 따른 특별대책지역 또는 한강수계상수원수질개선및주민지원등에관한법률 제4조제1항, 낙동강수계물관리및주민지원등에관한법률 제4조제1항, 금강수계물관리및주민지원등에관한법률 제4조제1항 및 영산강·섬진강수계물관리및주민지원등에관한법률 제4조제1항에 따른 수변구역에서 수세식 변기를 설치하거나 1일 오수 발생량이 1㎥를 초과하는 건물 등을 설치하려는 자는 오수처리시설을 설치해야 합니다.

2) 하수처리구역 안(합류식하수관로 설치지역만 해당): 수세식변기를 설치하려는 자는 정화조를 설치할 것

② 위 규정에 따른 개인하수처리시설의 설치기준에 관한 세부내용은 하수도법 시행령 별표 1의5와 같습니다.

③ 개인하수처리시설의 설치기준에 따른 오수발생량 산정기준을 확인하려면 건축물의 용도별 오수발생량 및 정화조 처리대상인원 산정방법에서 확인할 수 있습니다.

7-2-3. 설치 신고

① 개인하수처리시설을 설치하려는 자는 오수처리시설·정화조 설치·변경 신고서에 다음의 서류를 첨부해서 특별자치시장·특별자치도지사·시장·군수·구청장에게 제출해야 합니다.

  1) 개인하수처리시설의 설계도서{하수도법 제52조제1항에 따라 개인하수처리시설제조업의 등록을 한 자(이하 "개인하수처리시설제조업자"라 함)가 제조·판매하는 개인하수처리시설을 설치하는 경우에는 그 개인하수처리시설의 주요 치수가 구체적으로 기록된 설계도서}

  2) 건물·시설 등의 배수 계통도

② 이 경우 담당 공무원은 전자정부법 제36조제1항에 따른 행정정보의 공동이용을 통해 건축물대장을 확인해야 합니다.

③ 건축법 제11조제1항에 따른 건축허가를 받은 경우에는 개인하수처리시설의 설치 신고를 한 것으로 보므로 별도로 신고를 하지 않아도 됩니다.

④ 이를 위반해서 설치 신고를 하지 않으면 100만원 이하의 과태료가 부과됩니다.

7-2-4. 위반 시 제재

개인하수처리시설을 설치(설치해야 하는 개인하수처리시설의 처리용량이 1일 2㎥를 초과하는 경우만 해당)하지 않으면 2년 이하의 징역 또는 2천만원 이하의 벌금에 처해집니다.

7-3. 준공검사

7-3-1. 준공검사 신청

① 개인하수처리시설을 설치하는 자가 그 설치공사를 완료한 때에는 특별자치시장·특별자치도지사·시장·군수·구청장의 준공검사를 받아야 합니다.

② 개인하수처리시설의 설치공사를 마치고 준공검사를 받으려는 자는 오수처리시설·정화조 준공검사신청서를 관할 특별자치시장·특별자치도지사·시장·군수·구청장에게 제출해야 합니다.

③ 다만, 하수도법 제51조에 따른 개인하수처리시설설계·시공업자가 폴리에

틸렌(PE) 또는 유리섬유강화플라스틱(FRP)으로 제작(개인하수처리시설제 조업자에게 의뢰하여 제작하는 경우를 포함)하여 설치하는 경우에는 하 수도법 제56조제2호에 따른 재질검사기관에서 발급한 재질검사성적서를 첨부해야 합니다.

④ 건축법 제11조제1항에 따른 건축허가를 받은 경우에는 개인하수처리시설 의 설치 신고를 한 것으로 보므로 별도로 신고를 하지 않아도 됩니다.

7-3-2. 위반 시 제재

이를 위반해서 준공검사를 받지 않고 개인하수처리시설을 사용하면 100만원 이하의 과태료가 부과됩니다.

7-4. 개인하수처리시설의 운영·관리

7-4-1. 소유자 또는 관리자의 준수사항

① 개인하수처리시설의 소유자 또는 관리자는 개인하수처리시설을 운영·관리 함에 있어 다음의 어느 하나에 해당하는 행위를 해서는 안 됩니다.

1) 건물 등에서 발생하는 오수를 개인하수처리시설에 유입시키지 않고 배 출하거나 개인하수처리시설에 유입시키지 않고 배출할 수 있는 시설을 설치하는 행위

2) 개인하수처리시설에 유입되는 오수를 최종방류구를 거치지않고 중간배 출하거나 중간배출할 수 있는 시설을 설치하는 행위

3) 건물 등에서 발생하는 오수에 물을 섞어 처리하거나 물을 섞어 배출 하는 행위

4) 정당한 사유 없이 개인하수처리시설을 정상적으로 가동하지 않아 방류 수수질기준을 초과하여 배출하는 행위

② 이를 위반해서 위의 어느 하나에 해당하는 행위를 한 개인하수처리시설 의 소유자 또는 관리인은 1년 이하의 징역 또는 1천만원 이하의 벌금에 처해집니다.

③ 개인하수처리시설의 소유자 또는 관리자는 방류수의 수질자가측정 및 내 부청소 등에 관해서 다음에서 정하는 기준에 따라 그 시설을 유지·관리

해야 합니다. 다만, 공공하수처리시설 또는 공공폐수처리시설로 오수를 유입시켜 처리하는 지역에 설치된 개인하수처리시설에는 1.과 4.를 적용하지 않고, 해당 지역에 설치된 오수처리시설은 3.에 따른 내부청소를 연 1회 이상 해야 합니다.

1) 다음의 구분에 따른 기간마다 그 시설로부터 배출되는 방류수의 수질을 자가측정하거나 환경분야 시험·검사 등에 관한 법률 제16조에 따른 측정대행업자가 측정하게 하고, 그 결과를 기록하여 3년 동안 보관할 것

가. 1일 처리용량이 200㎥ 이상인 오수처리시설과 1일 처리 대상 인원이 2천 명 이상인 정화조 : 6개월마다 1회 이상

나. 1일 처리용량이 50㎥ 이상 200㎥ 미만인 오수처리시설과 1일 처리 대상 인원이 1천 명 이상 2천 명 미만인 정화조 : 연 1회 이상

2) 정화조는 연 1회 이상 내부청소를 할 것.

3) 오수처리시설은 그 기능이 정상적으로 유지될 수 있도록 침전 찌꺼기와 부유 물질 제거 등 내부청소를 하여야 하며, 청소 과정에서 발생된 찌꺼기를 탈수하여 처리하거나 하수도법 제45조제1항에 따른 분뇨수집·운반업자에게 위탁하여 처리할 것

4) 1일 처리대상 인원이 500명 이상인 정화조에서 배출되는 방류수는 염소 등으로 소독할 것

④ 이를 위반해서 개인하수처리시설을 그 기준에 적합하지 않게 유지·관리하면 100만원 이하의 과태료가 부과됩니다.

⑤ 특별자치시장·특별자치도지사·시장·군수·구청장은 개인하수처리시설의 소유자 또는 관리자가 해당 시설에 대하여 위 규정에 따른 기준에 따라 내부청소를 하지 않아 과태료 처분을 받고도 계속하여 내부청소를 하지 않는 때에는 행정대집행법이 정하는 바에 따라 대집행을 하고 그 비용을 소유자 또는 관리자로부터 징수할 수 있습니다.

⑥ 개인하수처리시설의 소유자나 관리자는 개인하수처리시설을 운영할 때에 다음의 행위를 해서는 안 됩니다.

1) 정화조의 경우에 수세식변기에서 나오는 오수가 아닌 그 밖의 오수를

유입시키는 행위

2) 전기 설비가 되어 있는 개인하수처리시설의 경우에 전원을 끄는 행위

7-5. 개인하수처리시설에 대한 개선명령

7-5-1. 방류수수질검사 결과에 따른 개선명령

① 특별자치시장·특별자치도지사·시장·군수·구청장은 하수도법 제37조제2항에 따른 방류수수질검사 결과 방류수수질기준을 초과하는 경우에는 해당 시설의 소유자에게 그 개선에 필요한 조치 및 기계·시설의 종류 등을 고려해서 3개월의 범위에서 개선기간을 정해 해당 시설의 개선·대체·폐쇄 또는 시설의 가동상태를 확인할 수 있는 기기의 설치 등 필요한 조치(이하 "개선명령"이라 함)를 명할 수 있습니다.

② 특별자치시장·특별자치도지사·시장·군수·구청장은 개인하수처리시설이 방류수수질기준 또는 하수도법 제34조제3항 및 제39조제2항에 따른 기준에 적합하지 않게 설치 또는 운영·관리된다고 인정되는 경우에는 그 소유자 또는 관리자에 대하여 3개월의 범위에서 개선기간을 정해 해당 시설에 대한 개선명령을 할 수 있습니다.

③ 특별자치시장·특별자치도지사·시장·군수·구청장은 천재지변이나 그 밖의 부득이한 사유로 인하여 위 규정에 따른 개선기간에 필요한 조치를 완료할 수 없는 자에 대해서는 신청에 따라 3개월의 범위에서 그 개선기간을 연장할 수 있습니다.

7-5-2. 위반 시 제재

이를 위반해서 개인하수처리시설에 대한 개선명령을 이행하지 않으면 1년 이하의 징역 또는 1천만원 이하의 벌금에 처해집니다.

제2절 허가 및 신고관련

1. 건축허가 또는 신고의무

1-1. 건축허가

1-1-1. 건축물의 허가

건축물을 건축하려는 사람은 특별자치시장·특별자치도지사 또는 시장·군수·구청장(자치구의 구청장을 말함)의 허가를 받아야 합니다.

1-1-2. 건축허가 신청

① 신청절차 및 첨부서류

건축 또는 대수선의 허가를 받으려는 자는 허가신청서에 다음의 도서를 첨부해서 허가권자에게 제출(전자문서로 제출하는 것을 포함)해야 합니다.

1) 건축할 대지의 범위에 관한 서류

2) 건축할 대지의 소유에 관한 권리를 증명하는 서류. 다만, 건축할 대지에 포함된 국유지 또는 공유지에 대해서는 허가권자가 해당 토지의 관리청과 협의하여 그 관리청이 해당 토지를 건축주에게 매각하거나 양여할 것을 확인한 서류의 경우에는 그에 따른 서류로 갈음할 수 있습니다.

3) 건축법 제11조제11항제1호에 해당하는 경우에는 건축할 대지를 사용할 수 있는 권원을 확보하였음을 증명하는 서류

4) 건축법 제11조제11항제2호 및 건축법 시행령 제9조의2제1항 각 호의 사유에 해당하는 경우에는 다음의 서류

가) 건축물 및 해당 대지의 공유자 수의 100분의 80 이상의 서면동의서
: 공유자가 지장(指章)을 날인하고 자필로 서명하는 서면동의의 방법으로 하며, 주민등록증, 여권 등 신원을 확인할 수 있는 신분증명서의 사본을 첨부해야 합니다. 다만, 공유자가 해외에 장기체류하거나 법인인 경우 등 불가피한 사유가 있다고 허가권자가 인정하는 경우에는 공유자의 인감도장을 날인한 서면동의서에 해당 인감증명

서를 첨부하는 방법으로 할 수 있습니다.

　나) 가)에 따라 동의한 공유자의 지분 합계가 전체 지분의 100분의 80 이상임을 증명하는 서류

　다) 건축법 시행령 제9조의2제1항 각 호의 어느 하나에 해당함을 증명하는 서류

　라. 해당 건축물의 개요

5) 건축법 시행규칙 제5조에 따른 사전결정서(건축법 제10조에 따라 건축에 관한 입지 및 규모의 사전결정서를 받은 경우만 해당)

6) 건축법 시행규칙 별표 2의 설계도서(실내마감도는 제외하며, 건축법 제10조에 따른 사전결정을 받은 경우에는 건축계획서 및 배치도를 제외). 다만, 건축법 제23조제4항에 따른 표준설계도서에 따라 건축하는 경우에는 건축계획서 및 배치도만 해당합니다.

7) 건축법 제11조제5항 각 호에 따른 허가 등을 받거나 신고를 하기 위해서 해당 법령에서 제출하도록 의무화하고 있는 신청서 및 구비서류(해당 사항이 있는 경우로 한정)

　※ 국토교통부장관이 관계 행정기관의 장과 협의하여 건축법시행규칙으로 정하는 신청서 및 구비서류는 건축법 제21조에 따른 착공신고 전까지 제출할 수 있습니다.

8) 건축법 시행규칙 별지 제27호의11서식에 따른 결합건축협정서(해당 사항이 있는 경우로 한정)

건축허가신청에 필요한 설계도서

도서의 종류	도서의 축척	표시하여야 할 사항
건축 계획서	임 의	1. 개요(위치·대지면적 등) 2. 지역·지구 및 도시계획사항 3. 건축물의 규모(건축면적·연면적·높이·층수 등) 4. 건축물의 용도별 면적 5. 주차장규모 6. 에너지절약계획서(해당건축물에 한한다) 7. 노인 및 장애인 등을 위한 편의시설 설치계 획서(관계법령에 의하여 설치의무가 있는 경 우에 한한다)
배 치 도	임 의	1. 축척 및 방위 2. 대지에 접한 도로의 길이 및 너비 3. 대지의 종·횡단면도 4. 건축선 및 대지경계선으로부터 건축물까지의 거리 5. 주차동선 및 옥외주차계획 6. 공개공지 및 조경계획
평 면 도	임 의	1. 1층 및 기준층 평면도 2. 기둥·벽·창문 등의 위치 3. 방화구획 및 방화문의 위치 4. 복도 및 계단의 위치 5. 승강기의 위치
입면도	임 의	1. 2면 이상의 입면계획 2. 외부마감재료 3. 간판 및 건물번호판의 설치계획(크기·위치)
단 면 도	임 의	1. 종·횡단면도 2. 건축물의 높이, 각층의 높이 및 반자높이
구조도 (구조안전 확인 또는 내진설계 대상 건축물)	임의	1. 구조내력상 주요한 부분의 평면 및 단면 2. 주요부분의 상세도면 3. 구조안전확인서

구조계산서 (구조안전 확인 또는 내진설계 대상 건축물)	임의	1. 구조계산서 목록표(총괄표, 구조계획서, 설계 하중, 주요 구조도, 배근도 등) 2. 구조내력상 주요한 부분의 응력 및 단면 산정 과정 3. 내진설계의 내용(지진에 대한 안전 여부 확인 대상 건축물)
실내 마감도	임의	벽 및 반자의 마감의 종류
소방 설비도	임의	「소방시설설치유지 및 안전관리에 관한 법률」에 따라 소방관서의 장의 동의를 얻어야 하는 건축 물의 해당소방 관련 설비

② 허가권자는 건축허가를 하고자 하는 때에 건축기본법 제25조에 따른 한 국건축규정의 준수 여부를 확인해야 합니다

③ 허가권자는 건축허가를 하였으면 건축허가서(건축법 시행규칙 별지 제2 호서식)를 신청인에게 발급해야 합니다.

④ 위반 시 제재

이를 위반해서 ㉮ 도시지역에서 건축물을 건축한 건축주 및 공사시공자는 3 년 이하의 징역이나 5억원 이하의 벌금에 처해지며, ㉯ 도시지역 밖에서 건축물을 건축한 건축주 및 공사시공자는 2년 이하의 징역 또는 1억원 이하의 벌금에 처해집니다.

⑤ "도시지역"이란 인구와 산업이 밀집되어 있거나 밀집이 예상되어 그 지역 에 대해서 체계적인 개발·정비·관리·보전 등이 필요한 지역을 말합니다.

1-1-3. 건축허가 시 개별법령에 따른 인·허가 등의 의제

건축허가를 받으면 다음의 허가 등을 받거나 신고를 한 것으로 봅니다.

1) 건축법 제20조제3항에 따른 공사용 가설건축물의 축조신고

2) 건축법 제83조에 따른 공작물의 축조신고

3) 국토의 계획 및 이용에 관한 법률 제56조에 따른 개발행위허가

4) 국토의 계획 및 이용에 관한 법률 제86조제5항에 따른 시행자의 지정과 국토의 계획 및 이용에 관한 법률 제88조제2항에 따른 실시계획의 인가

5) 산지관리법 제14조 및 제15조에 따른 산지전용허가와 산지전용신고. 다만, 보전산지인 경우에는 도시지역만 해당됩니다.

6) 사도법 제4조에 따른 사도(私道)개설허가

7) 농지법 제34조, 농지법 제35조 및 제43조에 따른 농지전용허가·신고 및 협의

8) 도로법 제36조에 따른 도로관리청이 아닌 자에 대한 도로공사 시행의 허가, 도로법 제52조제1항에 따른 도로와 다른 시설의 연결 허가

9) 도로법 제61조에 따른 도로의 점용 허가

10) 하천법 제33조에 따른 하천점용 등의 허가

11) 하수도법 제27조에 따른 배수설비(配水設備)의 설치신고

12) 하수도법 제34조제2항에 따른 개인하수처리시설의 설치신고

13) 수도법 제38조에 따라 수도사업자가 지방자치단체인 경우 그 지방자치단체가 정한 조례에 따른 상수도 공급신청

14) 전기사업법 제62조에 따른 자가용전기설비 공사계획의 인가 또는 신고

15) 물환경보전법 제33조에 따른 수질오염물질 배출시설 설치의 허가나 신고

16) 대기환경보전법 제23조에 따른 대기오염물질 배출시설설치의 허가나 신고

17) 소음·진동관리법 제8조에 따른 소음·진동 배출시설 설치의 허가나 신고

18) 가축분뇨의 관리 및 이용에 관한 법률 제11조에 따른 배출시설 설치허가나 신고

19) 자연공원법 제23조에 따른 행위허가

20) 도시공원 및 녹지 등에 관한 법률 제24조에 따른 도시공원의 점용허가

21) 토양환경보전법 제12조에 따른 특정토양오염관리대상시설의 신고

22) 수산자원관리법 제52조제2항에 따른 행위의 허가

23) 초지법 제23조에 따른 초지전용의 허가 및 신고

[서식] 건축 · 대수선 · 용도변경 (변경)허가 신청서

건축 · 대수선 · 용도변경 (변경)허가 신청서

• 어두운 난(▨)은 신청인이 작성하지 않으며, [ ]에는 해당하는 곳에 √ 표시를 합니다.(6쪽 중 제1쪽)

허가번호 (연도-기관코드-업무구분-허가일련번호)	접수일자	처리일자

건축구분	[ ] 신축 [ ] 증축 [ ] 개축 [ ] 재축 [ ] 이전 [ ] 대수선 [ ] 허가사항 변경 [ ] 용도변경 [ ] 가설건축물 건축		

① 건축주	성명(법인명)		생년월일 (사업자 또는 법인등록번호)	
	주소			(전화번호:)
	전자우편송달 동의	『행정절차법』 제14조에 따라 정보통신망을 이용한 각종 부담금 부과 사전통지 등의 문서 송달에 동의합니다.		
		[ ] 동의함 [ ] 동의하지 않음		
		건축주 (서명 또는 인)		
		전자우편 주소	@	

② 설계자	성명(법인명) (서명 또는 인)	자격번호
	사무소명	신고번호
	사무소 주소	(전화번호:)

③ 대지 조건	대지위치	
	지번	관련지번
	지목	용도지역
	용도 지구 /	용도 구역 /

• 대수선의 경우에는 대수선 개요(IV)만 적되, 대수선으로 인하여 층별 개요와 동별 개요의 (주)구조가 변경되는 경우에는 변경되는 (주)구조를 동별 개요와 층별 개요에 적습니다.
• 건축구분에 관계없이 전체 건축물에 대한 개요를 적습니다.

I. 전체 개요

대지면적	㎡	건축면적	㎡
건폐율	%	연면적 합계	㎡
연면적 합계 (용적률 산정용)	㎡	용적률	%
④ 건축물 명칭	주 건축물 수 동	부속 건축물	동 ㎡
⑤ 주용도	세대/호/가구 세대 수 호 가구	총 주차대수	대
주택을 포함하는 경우 세대/가구/호별 평균 전용면적			㎡

210mm×297mm [보존용지(2종) 70g/㎡]

- 159 -

⑥하수처리시설	형식			용량				(인용)

주차장	구분	옥내		옥외		인근		전기 자동차	면제
	자주 식	대	㎡	대	㎡	대	㎡	옥내: 대 옥외: 대	대
	기계 식	대	㎡	대	㎡	대	㎡	인근: 대	

공개 공지 면적	㎡	조경 면적	㎡	건축선 후퇴 면적	㎡	건축선 후퇴 거리	m
[ ] 건축협정을 체결한 건축물				[ ] 결합건축협정을 체결한 건축물			

변경 사항	※ 유의사항: 허가사항을 변경하려는 경우에만 그 내용을 간략하게 적습니다.

일괄처리 사항	[ ] 공사용 가설건축물 축조 [ ] 공작물 축조신고 [ ] 개발행위허가 　　신고 [ ] 도시·군계획시설사업 시행자의 지정 및 실시계획 [ ]산지전용허가신고, 산 　　인가　　　　　　　　　　　　　　　　　　　지일시사용 허가신고 [ ] 농지전용허가·신고 및 협의 [ ] 사도개설허가　　 [ ] 도로점용허가 [ ] 비관리청 도로공사 시행 허가 및 도로의 연결허가 [ ] 하천점용허가 [ ] 개인하수처리시설 설치신고 [ ] 배수설비 설치신고 [ ] 상수도 공급신청 [ ] 자가용전기설비 공사계획 인가· [ ] 수질오염물질 배출시설 설치 허 　　신고　　　　　　　　　　　　　　가·신고 [ ] 대기오염물질 배출시설 설치 허 [ ] 소음·진동 배출시설 설치 허가·신고 　　가·신고 [ ] 가축분뇨 배출시설 설치 허가·신고 [ ] 공원구역 행위허가 [ ] 도시공원 점용허가　　　　　　 [ ] 특정토양오염관리대상시설 신고 [ ] 수산자원보호구역 행위허가　　 [ ] 초지전용 허가·신고 ※ 유의사항:「건축법」제11조에 따라 다른 법률의 허가를 받거나 신고를 한 　　것으로 보는 사항에 √ 표시합니다.

존치기간	년　 월　 일까지(가설건축물 건축허가인 경우만 적습니다)
시공기간	착공일부터　　　　　년

「건축법」제11조· 제16조· 제19조 및 제20조 제1항에 따라 위와 같이 (변경)허가를 신청합니다.

년　　　월　　　일

건축주　　　　　　　　　　　　　　(서명 또는 인)

특별시장·광역시장·특별자치시장·특별자치도지사, 시장·군수·구청장　귀하

Ⅱ. 동별 개요

※ 는 증축이 있는 경우 증가부분만 적습니다.

기존 건축물의 동별 개요	구 분	허가신청 건축물의 동별 개요
[ ] 주 건축물　　[ ] 부속 건축물	주/부속구분	[ ] 주 건축물　　[ ] 부속 건축물
	⑦동 명칭 및 번호	
	주용도	
호	※⑧호수	호
가구　　　　　세대	※⑨가구/세대 수	가구　　　　　세대
[ ] 철근콘트리트조 [ ] 철골조 [ ] 기타	주구조	[ ] 철근콘트리트조 [ ] 철골조 [ ] 기타
	⑩세부구조	
	지붕	
	⑪지붕 마감재료	
	건축면적(㎡)	
	※연면적(㎡)	
	※용적률 산정용 연면적(㎡)	
지하: 　층　지상: 　층	층수	지하: 　층　지상: 　층
	높이(m)	
	승용승강기	
	비상용승강기	
보·차양길이:　　　m 기둥과 기둥사이:　　　m 내력벽과 내력벽사이:　　　m	특수구조 건축물 (「건축법 시행령」 제2조제18호)	보·차양길이:　　　m 기둥과 기둥사이:　　　m 내력벽과 내력벽사이:　　　m
	※⑫특수구조 건축물 유형	

Ⅲ. 층별 개요

· 동 명칭 및 번호 (⑦과 동일하게 적습니다)

기존 건축물의 층별 개요			구 분		허가신청 건축물의 층별 개요		
⑬구조	⑭용도	⑮면적(㎡)	층구분	건축구분	⑯구조	⑰용도	⑱면적(㎡)

Ⅳ. 대수선 개요

• 대수선을 하려는 항목에 √를 표시하고, 증설·해체·수선 또는 변경여부를 표시하시기 바랍니다.

대수선 내용	[ ] 내력벽	증설·해체·수선·변경 [　　㎡]
	[ ] 기둥	증설·해체·수선·변경 [　　㎡]
	[ ] 보	증설·해체·수선·변경 [　　㎡]
	[ ] 지붕틀	증설·해체·수선·변경 [　　㎡]
	[ ] 방화벽	증설·해체·수선·변경
	[ ] 방화구획	증설·해체·수선·변경
	[ ] 주계단	증설·해체·수선·변경
	[ ] 피난계단	증설·해체·수선·변경
	[ ] 특별피난계단	증설·해체·수선·변경
	[ ] 다가구주택의 가구 간 경계벽의 증설·해체·수선·변경	
	[ ] 다세대주택의 세대 간 경계벽의 증설·해체·수선·변경	
	[ ] 건축물의 외벽	증설·해체·수선·변경 [　　㎡]

※ 준주택, 도시형 생활주택 개요

기존 건축물의 유형별 개요			허가신청 건축물의 유형별 개요		
⑲ 유형	⑳ 실/호/세대 수	㉑ 실/호/세대별 면적(㎡)	㉒ 유형	㉓ 실/호/세대 수	㉔ 실/호/세대별 면적(㎡)

※ 다가구주택 호(가구)별 면적

기존 건축물의 유형별 개요			허가신청 건축물의 유형별 개요		
호(가구) 구분	층 구분	㉕호(가구)별 전용면적(㎡)	호(가구) 구분	층 구분	㉖ 호(가구)별 전용면적(㎡)

첨부서류 및 허가권자 확인사항

1. 신축, 증축, 개축, 재축, 이전, 대수선 및 가설 건축물 의 건축	가. 건축할 대지의 범위에 관한 서류 나. 건축할 대지의 소유에 관한 권리를 증명하는 서류. 다만, 다음 각 목의 경우에는 그에 따른 서류로 갈음할 수 있습니다. 　1) 건축할 대지에 포함된 국유지 또는 공유지에 대해서는 허가권자가 해당 토지의 관리청과 협의하여 그 관리청이 해당 토지를 건축주에게 매각하거나 양여할 것을 확인한 서류 　2) 집합건물의 공용부분을 변경하는 경우에는 「집합건물의 소유 및 관리에 관한 법률」 제15조제1항에 따른 결의가 있었음을 증명하는 서류 　3) 「건축법」 제11조에 따라 주택과 주택 외의 시설을 동일 건축물로 건축하는 건축허가를 받아 「주택법 시행령」 제27조제1항에 따른 호수 또는 세대수 이상으로 건설·공급하는 경우 「주택법」 제21조제1항 각 호의 어느 하나에 해당함을 증명하는 서류 다. 「건축법」 제11조제11항제1호에 해당하는 경우에는 건축할 대지를 사용할 수 있는 권원을 확보하였음을 증명하는 서류 라. 「건축법」 제11조제11항제2호 및 같은 법 시행령 제9조의2제1항 각 호의 사유에 해당하는 경우에는 다음 각 목의 서류 　1) 건축물 및 해당 대지의 공유자 수의 100분의 80 이상의 서면동의서: 공유자가 지장(指章)을 날인하고 자필로 서명하는 서면동의의 방법으로 하며, 주민등록증, 여권 등 신원을 확인할 수 있는 신분증명서의 사본을 첨부해야 합니다. 다만, 공유자가 해외에 장기체류하거나 법인인 경우 등 불가피한 사유가 있다고 허가권자가 인정하는 경우에는 공유자의 인감도장을 날인한 서면동의서에 해당 인감증명서를 첨부하는 방법으로 할 수 있습니다. 　2) 가목에 따라 동의한 공유자의 지분 합계가 전체 지분의 100분의 80 이상임을 증명하는 서류 　3) 「건축법 시행령」 제9조의2제1항 각 호의 어느 하나에 해당함을 증명하는 서류 　4) 해당 건축물의 개요 마. 「건축법 시행규칙」 제5조에 따른 사전결정서(「건축법」 제10조에 따라 건축에 관한 입지 및 규모의 사전결정서를 받은 경우만 해당합니다) 바. 「건축법 시행규칙」 별표 2의 설계도서(실내마감도는 제외하며, 「건축법」 제10조에 따른 사전결정을 받은 경우에는 건축계획서 및 배치도는 제외합니다). 다만, 「건축법」 제23조제4항에 따른 표준설계도서에 따라 건축하는 경우에는 건축계획서 및 배치도만 제출합니다. 사. 「건축법」 제11조제5항 각 호에 따른 허가 등을 받거나 신고하기 위해 해당 법령에서 제출하도록 의무화하고 있는 신청서 및 구비서류(해당 사항이 있는 경우로 한정합니다) 아. 「건축법 시행규칙」 별지 제27호의11서식에 따른 결합건축협정서(해당 사항이 있는 경우로 한정합니다)
2. 허가 사항변경	변경하려는 부분에 대한 변경 전·후의 설계도서
3. 용도 변경	가. 용도를 변경하려는 층의 변경 후의 평면도 나. 용도변경에 따라 변경되는 내화·방화·피난 또는 건축설비에 관한 사항을 표시한 도서 ※ 용도를 변경하려는 층의 변경 전 평면도는 행정정보의 공동이용 또는 「건축법」 제32조제1항에 따른 전산자료를 통해 확인되지 않는 경우 직접 제출해야 합니다.
4. 허가권 자 확인 사항	가. 제1호나목: 토지등기사항증명서 나. 제3호: 건축물대장 또는 「건축법」 제32조제1항에 따른 전산자료를 통해 변경 전의 평면도 확인

행정정보 공동이용 동의서

본인은 이 건 업무처리와 관련하여 특별시장·광역시장·특별자치시장·특별자치도지사·시장·군수·구청장이 「전자정부법」 제36조제1항에 따른 행정정보의 공동이용을 통해 토지등기사항증명서 또는 건축물대장을 확인하는 것에 동의합니다.

* 동의하지 않는 경우에는 신청인이 직접 첨부서류를 제출해야 합니다.

신청인   (서명 또는 인)

허가안내

제출하는 곳	특별시·광역시·특별자치시·특별자치도·시·군·구	처리 부서	건축허가 부서
수수료	「건축법 시행규칙」 별표 4 참조	처리 기간	특별시·광역시: 40일 ~ 50일 특별자치시·특별자치도·시·군·구: 2일 ~ 15일 (도지사 사전승인대상: 70일)

「건축법」 근거규정

제11조 제1항	1. 건축물을 건축하거나 대수선하려는 자는 특별자치시장·특별자치도지사 또는 시장·군수·구청장의 허가를 받아야 합니다. 다만, 「건축법」 제14조제1항 및 같은 법 시행령 제11조제2항에 해당하는 경우에는 미리 특별자치시장·특별자치도지사 또는 시장·군수·구청장에게 같은 법 시행규칙 제12조에 따라 신고하면 건축허가를 받은 것으로 봅니다. 2. 층수가 21층 이상이거나 연면적의 합계가 10만 제곱미터 이상인 건축물[공장, 창고 및 지방건축위원회의 심의를 거친 건축물(초고층 건축물은 제외)은 제외합니다]의 건축(연면적의 10분의 3 이상을 증축하여 층수가 21층 이상으로 되거나 연면적의 합계가 10만 제곱미터 이상으로 되는 경우를 포함합니다)을 특별시 또는 광역시에 하려면 특별시장 또는 광역시장의 허가를 받아야 합니다.
제16조 제1항	허가받은 사항을 변경하려는 경우
제19조 제2항	용도변경(상위군으로의 용도변경을 말합니다)
제20조 제1항	도시·군계획시설 또는 도시·군계획시설 예정지에 가설건축물을 건축하려는 경우

유의사항

「건축법」 제11조, 제19조, 제80조, 제108조 및 제110조	1. 건축 또는 용도변경 허가를 받은 후 다음 각 목의 어느 하나에 해당하는 경우에는 그 허가가 취소됩니다. 　가. 허가를 받은 날부터 2년(신설·증설 또는 업종변경의 승인을 받은 공장: 3년) 이내에 공사에 착수하지 않은 경우 　나. 가목의 기간 이내에 공사에 착수하였으나 공사의 완료가 불가능하다고 인정되는 경우 　다. 「건축법」 제21조에 따른 착공신고 전에 경매 또는 공매 등으로 건축주가 대지의 소유권을 상실한 때부터 6개월이 경과한 이후 공사의 착수가 불가능하다고 판단되는 경우 2. 도시지역에서 허가를 받지 않고 건축물을 건축·대수선 또는 용도변경을 한 경우에는 3년 이하의 징역 또는 5억원이하의 벌금에 처하게 되며, 위반건축물은 위반사항이 시정될 때까지 연 2회 이내의 이행강제금이 부과됩니다. 3. 다음 각 목의 어느 하나에 해당하는 경우에는 2년 이하의 징역 또는 1억원 이하의 벌금에 처하게 되며, 위반건축물은 위반사항이 시정될 때까지 연 2회 이내의 이행강제금이 부과됩니다. 　가. 도시지역 밖에서 허가를 받지 않고 건축물을 건축·대수선 또는 용도변경을 한 경우 　나. 허가받은 사항을 허가 없이 변경한 경우 　다. 허가받지 않고 가설건축물을 건축한 경우

- 164 -

작성방법

1. ① · ② : 해당하는 자가 다수인 경우에는 "○○○외 인"으로 적고, "외 ○인"의 현황도 제출합니다. 아울러, 각종 부담금 사전통지의 전자우편 송달에 대한 동의여부를 표시하고, 동의하는 경우에는 전자우편 주소를 적습니다.
2. ③ : 지번은 「공간정보의 구축 및 관리 등에 관한 법률」에 따른 지번을 적되, 여러 필지인 경우 "지번"란에 대표지번을 적고, "관련지번"란에 대표지번 외의 지번을 적으며, 「공유수면의 관리 및 매립에 관한 법률」 제8조에 따라 공유수면의 점용 · 사용 허가를 받은 경우 그 장소가 지번이 없으면 그 점용 · 사용 허가를 받은 장소를 적습니다.
3. ④ : 건축물(단독주택 제외)을 총칭할 수 있는 명칭을 반드시 적습니다(예: 쌍둥이빌딩, ○○아파트).
4. ⑤ : 복합용도인 경우에는 주된 용도 하나 이상을 적습니다("주상복합" 등으로 적지 않습니다).
5. ⑥ : 여러 형식이 혼합되는 경우에는 대표형식을 적고(그 외의 형식도 적습니다), 하수처리시설의 용량은 대표형식과 그 외의 형식을 합한 용량을 적습니다.
6. ⑦ : 동의 명칭 및 번호는 다른 동과 중복되지 않도록 명확하게 적습니다. (예 : 101동, A동 등)
7. ⑧ · ⑨ · ⑳ · ㉓ : 집합건물의 구분소유 업무구획 수는 "호수", 단독주택의 주거구획 수는 "가구수", 공동주택의 구분소유 주거구획 수는 "세대수"를 적고, 고시원의 구획 수는 "실수"를 적습니다.
8. ⑩ : 세부구조 유형(단일 형강구조, 철골철근콘크리트 합성구조, 공업화 박판 강구조(PEB), 경량철골구조, 트러스구조, 기타)을 적으며, 건축물이 복수의 유형에 해당하는 경우에는 모두 적습니다.
9. ⑪ : 지붕 마감재료(RC슬래브, 복합자재, 금속판, 유리, 기와, 기타)를 적습니다.
10. ⑫ : 「건축법 시행령」 제2조제18호다목에 따른 특수구조 건축물의 유형을 적으며, 건축물이 복수의 유형에 해당하는 경우에는 모두 적습니다.

특수구조 건축물 유형	
1. 주요구조부가 공업화박판강구조(PEB)인 건축물	2. 주요구조부가 강관입체트러스(스페이스프레임)인 건축물
3. 주요구조부가 막 구조인 건축물	4. 주요구조부가 케이블 구조인 건축물
5. 주요구조부가 부유식구조인 건축물	6. 6개 층 이상을 지지하는 기둥이나 벽체의 하중이 슬래브나 보에 전이되는 건축물
7. 건축물의 주요구조부에 면진·제진장치를 사용한 건축물	8. 기타

11. ⑲ · ㉒ : 「주택법시행령」 제4조 및 제10조에 따른 준주택과 도시형생활주택의 유형을 적습니다.
12. ㉑ · ㉔ : 층별 개요 내용과 관계없이 대지 전체를 기준으로 준주택은 실/호/세대별 면적을, 도시형생활주택은 주거전용면적(「주택법시행규칙」 제2조)을 적습니다.
13. ⑬ ~ ㉔

작성례 1) 도시지역에서 지하 1층에 바닥면적 100㎡의 단독주택(다가구주택)을 철근콘크리트

조로, 지상 1층에 바닥면적 100㎡의 단독주택(다가구주택)을 조적조로 신축하려는 경우

기존 건축물 층별 개요			구분		허가신청 층별 개요		
구조	용도	면적 (㎡)	층구분	건축구분	구조	용도	면적 (㎡)
			지1	신축	철근콘크리 트조	단독주택(다가구)	100
			1	신축	조적조	단독주택(다가구)	100

작성례 2) 기존건축물(5층)의 각 층 바닥면적이 300㎡이고, 철근콘크리트조인 1층의 업무시설(사무소) 100㎡를 제2종근린생활시설(일반음식점)로 용도변경하고, 6층에 숙박시설(여관) 150㎡를 증축하려는 경우

기존 건축물 층별 개요			구분		허가신청 층별 개요		
구조	용도	면적 (㎡)	층구분	건축구분	구조	용도	면적 (㎡)
철근콘크리 트조	업무시설(사무소)	100	1	용도변경	철근콘크리 트조	제2종근린생활시설 (일반음식점)	100
			6	증축	철근콘크리 트조	숙박시설(여관)	150

작성례 3) 기존 건축물(3층)의 연면적이 400㎡이고, 철근콘크리트구조인 1층의 제2종근린생활시설(사무소) 150㎡을 대수선하려는 경우

기존 건축물 층별 개요			구분		허가신청 층별 개요		
구조	용도	면적 (㎡)	층구분	건축구분	구조	용도	면적 (㎡)
철근콘크리 트조	제2종근린생활시설 (사무소)	150	1	대수선	철근콘크리 트조	제2종근린생활시설 (사무소)	150

작성례 4) 준주택(오피스텔) 호별 면적 25㎡-10호 또는 도시형생활주택(원룸형주택) 전용면적 30㎡-13세대를 건축(용도변경 포함)하려는 경우

※ 준주택 · 도시형 생활주택 개요

기존 건축물의 유형별 개요			허가신청 건축물의 유형별 개요		
유형	실/호/세 대수	실/호/세대별 면적 (㎡)	유형	실/호/세 대수	실/호/세대별 면적 (㎡)
			준주택(오피스텔)	10	25
			도시형생활주택(원룸 형주택)	13	30

14. ㉕·㉖ :「주택법 시행규칙」제2조제1호에 따라 다가구주택의 각 호(가구)별 주거전용면적을 적습니다.

처리절차

신청서 작성 → 접 수 → 검 토 (협 의) → 결 재 → 허가서 작성 → 허가서 교부

신청인(건축주)　　　특별시·광역시·특별자치시·특별자치도, 시·군·구(건축허가 부서) 신청인(건축주)

1-1-4. 건축허가의 취소

허가권자는 건축법 제11조제1항에 따른 허가를 받은 사람이 다음의 어느 하나에 해당하면 허가를 취소하게 됩니다. 다만, 제1호에 해당하는 경우로서 정당한 사유가 있다고 인정되면 1년의 범위에서 공사의 착수기간을 연장받을 수 있습니다.

① 허가를 받은 날부터 2년 이내에 공사에 착수하지 않은 경우
② 허가를 받은 날부터 2년 이내에 공사에 착수하였으나 공사의 완료가 불가능하다고 인정되는 경우
③ 건축법 제21조에 따른 착공신고 전에 경매 또는 공매 등으로 건축주가 대지의 소유권을 상실한 때부터 6개월이 경과한 이후 공사의 착수가 불가능하다고 판단되는 경우

1-2. 건축신고
1-2-1. 건축신고 대상

건축법 제11조에 해당하는 허가 대상 건축물이라 하더라도 다음 어느 하나에 해당하는 경우에는 미리 특별자치시장·특별자치도지사 또는 시장·군수·구청장에게 다음에서 정하는 바에 따라 신고를 하면 건축허가를 받은 것으로 봅니다.

① 바닥면적의 합계가 85제곱미터 이내의 개축. 다만, 3층 이상 건축물인 경우에는 개축하려는 부분의 바닥면적의 합계가 건축물 연면적의 10분의 1 이내인 경우로 한정합니다.
② 국토의 계획 및 이용에 관한 법률에 따른 관리지역, 농림지역 또는 자연환경보전지역에서 연면적이 200제곱미터 미만이고 3층 미만인 건축물의 건축. 다만, 지구단위계획구역이나 방재지구 등 재해취약지역으로 정해진 일정한 구역에서의 건축은 제외됩니다.
③ 연면적의 합계가 100제곱미터 이하인 건축물
④ 건축법 제23조제4항에 따른 표준설계도서(이하 '표준설계도서'라 함)에 따라 건축하는 건축물로서 그 용도 및 규모가 주위환경이나 미관에 지장이 없다고 인정하여 건축조례로 정하는 건축물

1-2-2. 건축신고

① 신고절차 및 첨부서류

건축물의 건축신고를 하려는 사람은 건축·대수선·용도변경(변경)신고서에 다음의 서류를 첨부해서 특별자치시장·특별자치도지사 또는 시장·군수·구청장에게 제출(전자문서로 제출하는 것을 포함)해야 합니다. 이 경우 특별자치시장·특별자치도지사 또는 시장·군수·구청장은 행정정보의 공동이용을 통해 건축법 시행규칙 제6조제1호의2의 서류 중 토지등기사항증명서를 확인해야 하며, 신청인이 확인에 동의하지 않은 경우에는 해당 서류를 제출하도록 해야 합니다.

1) 건축법 시행규칙 별표 2 중 배치도·평면도(층별로 작성된 것만 해당)·입면도 및 단면도. 다만, 다음 각 목의 경우에는 각 목의 구분에 따른 도서를 말합니다.

가) 연면적의 합계가 100제곱미터를 초과하는 건축법 시행령 별표 1 제1호의 단독주택을 건축하는 경우 : 건축법 시행규칙 별표 2의 설계도서 중 건축계획서·배치도·평면도·입면도·단면도 및 구조도(구조내력상 주요한 부분의 평면 및 단면을 표시한 것만 해당)

나) 건축법 제23조제4항에 따른 표준설계도서에 따라 건축하는 경우: 건축계획서 및 배치도

다) 건축법 제10조에 따른 사전결정을 받은 경우: 평면도

2) 건축법 제11조제5항 각 호에 따른 허가 등을 받거나 신고를 하기 위하여 해당법령에서 제출하도록 의무화하고 있는 신청서 및 구비서류 (해당사항이 있는 경우로 한정)

3) 건축할 대지의 범위에 관한 서류

4) 건축할 대지의 소유 또는 그 사용에 관한 권리를 증명하는 서류. 다만, 건축할 대지에 포함된 국유지·공유지에 대해서는 허가권자가 해당 토지의 관리청과 협의하여 그 관리청이 토지를 건축주에게 매각하거나 양여할 것을 확인한 서류로 그 토지의 소유에 관한 권리를 증명하는 서류를 갈음할 수 있습니다.

② 특별자치시장·특별자치도지사 또는 시장·군수·구청장이 건축신고서를 받

은 때에는 그 기재내용을 확인한 후 그 신고의 내용에 따라 건축신고필증을 신고인에게 교부해야 합니다.

③ 위반 시 제재

이를 위반해서 신고를 하지 않거나 거짓으로 신고하면 5천만원 이하의 벌금에 처해집니다.

1-2-3. 건축신고 효력의 소멸

신고를 한 사람이 신고일부터 1년 이내에 공사에 착수하지 않으면 그 신고의 효력은 없어집니다. 다만, 건축주의 요청에 따라 허가권자가 정당한 사유가 있다고 인정하면 1년의 범위에서 착수기한을 연장할 수 있습니다.

1-3. 허가·신고사항의 변경

1-3-1. 일반적인 경우

① 건축주가 건축법 제11조나 건축법 제14조에 따라 허가를 받았거나 신고한 사항을 변경하려면 변경하기 전에 다음의 구분에 따라 허가권자의 허가를 받거나 특별자치시장·특별자치도지사 또는 시장·군수·구청장에게 신고해야 합니다.

  1) 바닥면적의 합계가 85제곱미터를 초과하는 부분에 대한 증축·개축에 해당하는 변경인 경우에는 허가를 받고, 그 밖의 경우에는 신고할 것

  2) 건축법 제14조제1항제2호 또는 제5호에 따라 신고로써 허가를 갈음하는 건축물에 대해서는 변경 후 건축물의 연면적을 각각 신고로써 허가를 갈음할 수 있는 규모에서 변경하는 경우에는 제1호에도 불구하고 신고할 것

  3) 건축주·설계자·공사시공자 또는 공사감리자를 변경하는 경우에는 신고할 것

② 위 규정에 따른 허가나 신고사항의 변경에 관해서는 건축법 시행령 제9조제1항을 준용합니다.

③ 또한, 위 규정에 따른 허가 사항의 변경허가에 관해서는 건축법 제11조제5항 및 제6항을 준용합니다.

1-3-2. 예외적인 경우

① 허가·신고를 할 필요가 없는 경우

신축·증축·개축·재축·이전·대수선 또는 용도변경에 해당하지 않는 변경의 경우에는 허가 또는 신고를 하지 않아도 됩니다.

② 허가·신고사항에 대해 사용승인 신청 시 일괄신고가 가능한 경우 건축법 제16조제1항 본문에 따른 허가나 신고사항 중 다음 사항의 변경은 건축법 제22조에 따른 사용승인을 신청할 때 허가권자에게 일괄해서 신고할 수 있습니다.

　1) 건축물의 동수나 층수를 변경하지 아니하면서 변경되는 부분의 바닥면적의 합계가 50제곱미터 이하인 경우로서 다음의 요건을 모두 갖춘 경우

　가) 변경되는 부분의 높이가 1미터 이하이거나 전체 높이의 10분의 1 이하일 것

　나) 허가를 받거나 신고를 하고 건축 중인 부분의 위치 변경 범위가 1미터 이내일 것

　다) 건축법 제14조제1항에 따라 신고를 하면 건축법 제11조에 따른 건축허가를 받은 것으로 보는 규모에서 건축허가를 받아야 하는 규모로의 변경이 아닐 것

　2) 건축물의 동수나 층수를 변경하지 않으면서 변경되는 부분이 연면적 합계의 10분의 1 이하인 경우(연면적이 5천 제곱미터 이상인 건축물은 각 층의 바닥면적이 50제곱미터 이하의 범위에서 변경되는 경우만 해당). 다만, 건축법 시행령 제12조제3항제4호 본문 및 제5호 본문에 따른 범위의 변경인 경우만 해당합니다.

　3) 건축물의 층수를 변경하지 않으면서 변경되는 부분의 높이가 1미터 이하이거나 전체 높이의 10분의 1 이하인 경우. 다만, 변경되는 부분이 건축법 시행령 제12조제3항제1호 본문, 제2호 본문 및 제5호 본문에 따른 범위의 변경인 경우만 해당합니다.

　4) 허가를 받거나 신고를 하고 건축 중인 부분의 위치가 1미터 이내에서 변경되는 경우. 다만, 변경되는 부분이 건축법시행령 제12조제3항제1호 본문, 제2호 본문 및 제4호 본문에 따른 범위의 변경인 경우만 해

당합니다.

③ 위반 시 제재

이를 위반한 건축주 및 공사시공자는 2년 이하의 징역 또는 1억원 이하의 벌금에 처해집니다.

[서식] 건축 · 대수선 · 용도변경 (변경)신고서

건축 · 대수선 · 용도변경 (변경)신고서

• 어두운 난(▨▨▨)은 신고인이 작성하지 않으며, [ ]에는 해당하는 곳에 √ 표시를 합니다.

신고번호(연도-기관코드-업무구분-신고일 련번호)	접수일자	처리일자
건축 구분	[ ] 신축 [ ] 증축 [ ] 개축 [ ] 재축 [ ] 이전 [ ] 대수선 [ ] 신고사항 변경 [ ] 용도변경	

①건축주	성명(법인명)		생년월일 (사업자 또는 법인등록번호)	
	주소		(전화번호:)	
	전자우편 송달동의	「행정절차법」 제14조에 따라 정보통신망을 이용한 각종 부담금 부과 사전통지 등의 문서 송달에 동의합니다.		
		[ ] 동의함 [ ] 동의하지 않음		
		건축주 (서명 또는 인)		
		전자우편 주소	@	

②설계자	성명(법인명)	(서명 또는 인)	자격번호
	사무소명		신고번호
	사무소 주소		
			(전화번호:)

③대지 조건	대지위치		
	지번	관련지번	
	지목	용도지역 /	
	용도 지구 /	용도 구역 /	

• 대수선의 경우에는 대수선 개요(Ⅳ)만 적되, 대수선으로 인하여 층별 개요와 동별 개요의 (주)구조가 변경되는 경우에는 변경되는 (주)구조를 동별 개요와 층별 개요에 적습니다.
• 건축구분에 관계없이 전체 건축물에 대한 개요를 적습니다.

Ⅰ. 전체 개요

대지면적	㎡	건축면적	㎡
건폐율	%	연면적 합계	㎡
연면적 합계 (용적률 산정용)	㎡	용적률	%
④건축물명	주 건축물 수 동	부속 건축물	동, ㎡
⑤주용도	세대/호/가 구수	세대 호 가구	총 주차대수 대
주택을 포함하는 경우 세대/가구/호별 평균 전용면적			㎡

210mm×297mm [보존용지(2종) 70g/㎡]

⑥ 하수처리시설		형식				용량			(인용)

주차장	구분	옥내		옥외		인근		전기자동차	면제
	자주식	대	㎡	대	㎡	대	㎡	옥내: 대	대
	기계식	대	㎡	대	㎡	대	㎡	옥외: 대 인근: 대	

공개 공지 면적 ㎡	조경 면적 ㎡	건축선 후퇴 면적 ㎡	건축선 후퇴 거리 m

[ ] 건축협정을 체결한 건축물	[ ] 결합건축협정을 체결한 건축물

일괄처리 사항	[ ] 공사용 가설건축물 축조신고　[ ] 공작물 축조신고　[ ] 개발행위허가
	[ ] 도시·군계획시설사업 시행자의 지정 및 실시계획인가　[ ] 산지전용허가·신고, 산지일시사용 허가신고
	[ ] 농지전용허가·신고 및 협의　[ ] 사도개설허가　[ ] 도로점용허가
	[ ] 비관리청 도로공사시행 허가 및 도로의 연결허가　[ ] 하천점용허가
	[ ] 개인하수처리시설 설치신고　[ ] 배수설비 설치신고　[ ] 상수도 공급신청
	[ ] 자가용전기설비 공사계획 인가·신고　[ ] 수질오염물질 배출시설 설치허가·신고
	[ ] 대기오염물질 배출시설 설치 허가·신고　[ ] 소음·진동 배출시설 설치 허가·신고
	[ ] 가축분뇨 배출시설 설치 허가신고　[ ] 공원구역 행위허가
	[ ] 도시공원 점용허가　[ ] 특정토양오염관리대상시설 신고
	[ ] 수산자원보호구역 행위허가　[ ] 초지전용 허가·신고
	※ 유의사항 : 「건축법」 제14조, 제16조 및 제19조에 따라 다른 법률의 허가를 받거나 신고를 한 것으로 보는 사항에 √ 표시합니다.

「건축법」 제14조·제16조제1항·제19조 및 같은 법 시행규칙 제12조·제12조의 2 에 따라 위와 같이 건축·대수선·용도변경 (변경)신고서를 제출합니다.

년　　　월　　　일

건축주　　　　　　　　　(서명 또는 인)

특별자치시장·특별자치도지사, 시장·군수·구청장　　귀하

Ⅱ. 동별 개요

※ 는 증축이 있는 경우 증가부분만 적습니다.

기존 건축물의 층별 개요		구 분	신고 건축물의 층별 개요	
[ ] 주 건축물	[ ] 부속 건축물	주/부속구분	[ ] 주 건축물	[ ] 부속 건축물
		⑦ 동 명칭 및 번호		
		주 용도		
호		※ ⑧ 호수	호	
가구	세대	※ ⑨ 가구/세대수	가구	세대
[ ] 철근콘트리트조 [ ] 철골조 [ ] 기타		주구조	[ ] 철근콘트리트조 [ ] 철골조 [ ] 기타	
		⑩ 세부구조		
		지붕		
		⑪ 지붕마감 재료		
		※건축면적(㎡)		
		※ 연면적(㎡)		
		※ 용적률 산정용 연면적(㎡)		
지하: 층	지상: 층	층수	지하: 층	지상: 층
		높이(m)		
		승용승강기		
		비상용승강기		
보·차양길이: m 기둥과 기둥사이: m 내력벽과 내력벽사이: m		특수구조 건축물 (「건축법 시행령」 제2조제18호)	보·차양길이: m 기둥과 기둥사이: m 내력벽과 내력벽사이: m	
		※ ⑫특수구조 건축물 유형		

Ⅲ. 층별 개요

・ 동 명칭 및 번호 (⑦과 동일하게 적습니다)

기존 건축물의 층별 개요			구 분		신고 건축물의 층별 개요		
⑬ 구조	⑭ 용도	⑮ 면적(㎡)	층 구분	건축 구분	⑯ 구조	⑰ 용도	⑱ 면적(㎡)

Ⅳ. 대수선 개요

· 대수선을 하려는 해당 항목에 √를 표시하시고, 증설·해체·수선 또는 변경여부를 표시하시기 바랍니다.

대수선 내용	[ ] 내력벽	증설·해체·수선·변경 [㎡]
	[ ] 기둥	증설·해체·수선·변경 [개]
	[ ] 보	증설·해체·수선·변경 [개]
	[ ] 지붕틀	증설·해체·수선·변경 [개]
	[ ] 방화벽	증설·해체·수선·변경
	[ ] 방화구획	증설·해체·수선·변경
	[ ] 주계단	증설·해체·수선·변경
	[ ] 피난계단	증설·해체·수선·변경
	[ ] 특별피난계단	증설·해체·수선·변경
	[ ] 다가구주택의 가구 간 경계벽의 증설·해체·수선·변경	
	[ ] 다세대주택의 세대 간 경계벽의 증설·해체·수선·변경	
	[ ] 건축물의 외벽 증설·해체·수선·변경 [㎡]	

※ 준주택, 도시형 생활주택 개요

기존 건축물의 유형별 개요			신고 건축물의 유형별 개요		
⑲ 유형	⑳ 실/호/세 대수	㉑ 실/호/세 대별 면적(㎡)	㉒ 유형	㉓ 실/호/세 대수	㉔ 실/호/세 대별 면적(㎡)

※ 다가구주택 호(가구)별 면적

기존 건축물의 유형별 개요			신고 건축물의 유형별 개요		
호(가구) 구분	층 구분	㉕ 호(가구)별 전용면적(㎡)	호(가구) 구분	층구분	㉖ 호(가구) 별 전용면 적(㎡)

V. 도면개요

· 배치도 및 평면도를 층별로 작성합니다.

도면종류	축 척	/

도면종류	축 척	/

작성방법

1. 배치도에 표기해야 할 사항(증축의 경우에는 건축물대장을 참고하시면 편리합니다)
   가. 방위, 나. 축척, 다. 대지경계선, 라. 기존건축물이 있는 경우 기존건축물의 외벽선,
   마. 건축물의 외벽과 대지경계선 사이의 거리
2. 평면도에 표기해야 할 사항
   가. 방위, 나. 축척, 다. 각 실의 용도

첨부서류 및 허가권자 확인사항	
1. 신축, 증축, 개축, 재축, 이전 및 대수선	가. 「건축법 시행규칙」 별표 2 중 배치도·평면도(층별로 작성된 것만 해당합니다)·입면도 및 단면도. 다만, 다음 각 목의 경우에는 각 목의 구분에 따른 도서를 말합니다. 　1) 연면적의 합계가 100제곱미터를 초과하는 「건축법 시행령」 별표 1 제1호의 단독주택을 건축하는 경우:「건축법 시행규칙」 별표 2의 설계도서 중 건축계획서·배치도·평면도·입면도·단면도 및 구조도(구조내력상 주요한 부분의 평면 및 단면을 표시한 것만 해당합니다) 　2) 「건축법」 제23조제4항에 따른 표준설계도서에 따라 건축하는 경우: 건축계획서 및 배치도 　3) 「건축법」 제10조에 따른 사전결정을 받은 경우 : 평면도 나. 「건축법」 제11조제5항 각 호에 따른 허가 등을 받거나 신고를 하기 위해 해당 법령에서 제출하도록 규정하고 있는 신청서 및 구비서류(해당 사항이 있는 경우로 한정합니다) 다. 건축할 대지의 범위에 관한 서류 라. 건축할 대지의 소유 또는 사용에 관한 권리를 증명하는 서류. 다만, 건축할 대지에 포함된 국유지·공유지에 대해서는 특별자치시장·특별자치도지사 또는 시장·군수·구청장이 해당 토지의 관리청과 협의하여 그 관리청이 해당 토지를 건축주에게 매각하거나 양여할 것을 확인한 서류로 그 토지의 소유에 관한 권리를 증명하는 서류를 갈음할 수 있으며, 집합건물의 공용부분을 변경하는 경우에는 「집합건물의 소유 및 관리에 관한 법률」 제15조제1항에 따른 결의가 있었음을 증명하는 서류로 갈음할 수 있습니다. ※ 특별자치시장·특별자치도지사 또는 시장·군수·구청장은 건축물을 건축하려는 대지에 재해의 위험이 있다고 인정하는 경우에는 지방건축위원회의 심의를 거쳐 「건축법 시행규칙」 별표 2의 서류 중 이미 제출된 서류를 제외한 나머지 서류를 추가로 제출하도록 요구할 수 있습니다. 마. 「건축법」 제48조제2항에 따라 구조안전을 확인해야 하는 건축·대수선의 경우: 「건축법 시행규칙」 별표 2에 따른 구조도 및 구조계산서. 다만 「건축물의 구조기준 등에 관한 규칙」에 따른 소규모건축물로서 국토교통부장관이 고시하는 소규모건축구조기준에 따라 설계한 경우에는 구조도만 제출합니다.
2. 신고 사항 변경	변경하려는 부분에 대한 변경 전·후의 설계도서
3. 용도 변경	가. 용도를 변경하려는 층의 변경 후의 평면도 나. 용도변경에 따라 변경되는 내화·방화·피난 또는 건축설비에 관한 사항을 표시한 도서 ※ 용도를 변경하려는 층의 변경 전 평면도는 행정정보의 공동이용 또는 「건축법」 제32조제1항에 따른 전산자료를 통해 확인되지 않는 경우 직접 제출해야 합니다.
4. 허가권자 확인사항	가. 제1호라목 관련: 토지등기사항증명서 나. 제3호 중 용도를 변경하려는 층의 변경 전 평면도: 건축물대장 또는 「건축법」 제32조제1항에 따른 전산자료

행정정보 공동이용 동의서

본인은 이 건 업무처리와 관련하여 특별시장·광역시장·특별자치시장·특별자치도지사·시장·군수·구청장이 「전자정부법」 제36조제1항에 따른 행정정보의 공동이용을 통해 토지등기사항증명서 또는 건축물대장을 확인하는 것에 동의합니다.
* 동의하지 않는 경우에는 신청인이 직접 첨부서류를 제출해야 합니다.

신청인　　　　　　　　　　　　　(서명 또는 인)

신고안내			
제출하는 곳	특별자치시·특별자치도·시·군·구	처리부서	건축신고 부서
수수료	「건축법 시행규칙」 별표 4 참조	처리기간	5일, 20일(협의 등이 필요한 신고)

「건축법」 근거규정	

제14조
제1항
	1. 바닥면적의 합계가 85제곱미터 이내의 증축·개축 또는 재축. 다만, 3층 이상 건축물인 경우에는 증축·개축 또는 재축하려는 부분의 바닥면적의 합계가 건축물 연면적의 10분의 1 이내인 경우로 한정합니다.
	2.「국토의 계획 및 이용에 관한 법률」에 따른 관리지역·농림지역 또는 자연환경보전지역에서 연면적 200제곱미터 미만이고 3층 미만인 건축물의 건축. 다만, 지구단위계획구역 및 「건축법 시행령」 제11조제1항에 따른 지구 또는 지역에서의 건축은 제외합니다.
	3. 연면적 200제곱미터 미만이고 3층 미만인 건축물의 대수선
	4. 다음 각 목의 어느 하나에 해당하는 대수선
	  가. 내력벽의 면적 30제곱미터 이상 수선, 나. 세 개 이상의 기둥 수선
	  다. 세 개 이상의 보 수선, 라. 세 개 이상의 지붕틀 수선
	  마. 방화벽 또는 방화구획을 위한 바닥 또는 벽 수선, 바. 주계단·피난계단 또는 특별피난계단 수선
	5. 다음 각 목의 어느 하나에 해당하는 건축물의 건축
	  가. 연면적의 합계가 100제곱미터 이하인 건축물,
	  나. 건축물의 높이를 3미터 이하의 범위에서 증축하는 건축물
	  다. 「건축법」 제23조 제4항에 따른 표준설계도서에 따라 건축하는 건축물로서 그 용도·규모가 주위환경·미관상 지장이 없다고 인정하여 건축조례로 정하는 건축물
	  라. 「국토의 계획 및 이용에 관한 법률」 제36조 제1항 제1호다목에 따른 공업지역, 같은 법 제51조제3항에 따른 지구단위계획구역(산업·유통형만 해당합니다) 및 「산업입지 및 개발에 관한 법률」에 따른 산업단지에서 건축하는 2층 이하인 건축물로서 연면적의 합계가 500제곱미터 이하인 공장(「건축법 시행령」 별표 1 제4호너목에 따른 제조업소 등의 물품 제조·가공을 위한 시설을 포함합니다)
	  마. 농업이나 수산업을 영위하기 위해 읍·면지역(특별자치시장·특별자치도지사·시장·군수가 지역계획 또는 도시·군계획에 지장이 있다고 지정·공고한 구역은 제외합니다)에서 건축하는 연면적 200제곱미터 이하의 창고 및 연면적 400제곱미터 이하의 축사·작물재배사(作物栽培舍), 종묘배양시설, 화초 및 분재 등의 온실

제16조 제1항	신고한 사항을 변경하려는 경우
제19조 제2항	용도변경(하위군으로의 용도변경을 말합니다)

「건축법」에 따른 유의사항	
제14조· 제19조	건축 또는 용도변경 신고일부터 1년 이내에 공사에 착수하지 않으면 그 신고의 효력이 없어집니다.
제80조· 제108조	도시지역에서 신고 없이 용도변경을 한 경우에는 3년 이하의 징역 또는 5억원 이하의 벌금에 처하게 되며, 위반건축물은 위반사항이 시정될 때까지 연 2회 이내의 이행강제금이 부과됩니다.
제80조· 제110조	도시지역 밖에서 신고 없이 용도변경을 한 경우에는 2년 이하의 징역 또는 1억원 이하의 벌금에 처하게 되며, 위반건축물은 위반사항이 시정될 때까지 연 2회 이내의 이행강제금이 부과됩니다.
제80조· 제111조	신고 또는 변경신고 없이 건축물을 건축 또는 대수선하거나 거짓으로 신고한 경우에는 5천만원 이하의 벌금에 처하게 되며, 위반건축물은 위반사항이 시정될 때까지 연 2회 이내의 이행강제금이 부과됩니다.

작성방법

1. ① · ② : 해당하는 자가 다수인 경우에는 "○○○ 외 ○인"으로 적고, "외 ○인"의 현황도 제출합니다. 아울러, 각종 부담금 사전통지의 전자우편 송달에 대한 동의여부를 표시하고, 동의하는 경우에는 전자우편 주소를 적습니다.

2. ③ : 지번은 「공간정보의 구축 및 관리 등에 관한 법률」에 따른 지번을 적되, 여러 필지인 경우 "지번"란에 대표지번을 적고, "관련지번"란에 대표지번 외의 지번을 적으며, 「공유수면의 관리 및 매립에 관한 법률」 제8조에 따라 공유수면의 점용 · 사용 허가를 받은 경우 그 장소가 지번이 없으면 그 점용 · 사용 허가를 받은 장소를 적습니다.

3. ④ : 건축물(단독주택은 제외합니다)을 총칭할 수 있는 명칭을 반드시 적습니다(예: 쌍둥이 빌딩, ○○아파트).

4. ⑤ : 복합용도인 경우에는 주용도 하나만 적습니다("주상복합" 등으로 적지 않습니다).

5. ⑥ : 여러 형식이 혼용되는 경우에는 대표 형식을 적고(그 외의 형식도 적습니다), 하수처리시설의 용량은 대표형식과 그 외의 형식을 합한 용량을 적습니다.

6. ⑦ : 동의 명칭 및 번호는 다른 동과 중복되지 않도록 명확하게 적습니다. (예 : 101동, A동 등)

7. ⑧ · ⑨ · ⑳ · ㉓ : 집합건물의 구분소유 업무구획 수는 "호수", 단독주택의 주거구획 수는 "가구수", 공동주택의 구분소유 주거구획 수는 "세대수"를 적고, 고시원의 구획 수는 "실수"를 적습니다.

8. ⑩ : 동별 구조 유형[단일 형강구조, 철골철근콘크리트 합성구조, 공업화 박판 강구조(PEB), 경량철골구조, 트러스구조, 기타]을 적습니다

9. ⑪ : 지붕 마감재료(RC슬래브, 복합자재, 금속판, 유리, 기와, 기타)를 적습니다.

10. ⑫ : 「건축법 시행령」 제2조제18호다목에 따른 특수구조 건축물의 유형을 적으며, 건축물이 복수의 유형에 해당하는 경우에는 모두 적습니다.

특수구조 건축물 유형	
1. 주요구조부가 공업화박판강구조(PEB)인 건축물	2. 주요구조부가 강관입체트러스(스페이스프레임)인 건축물
3. 주요구조부가 막 구조인 건축물	4. 주요구조부가 케이블 구조인 건축물
5. 주요구조부가 부유식구조인 건축물	6. 6개 층 이상을 지지하는 기둥이나 벽체의 하중이 슬래브나 보에 전이되는 건축물
7. 건축물의 주요구조부에 면진·제진장치를 사용한 건축물	8. 기타

11. ⑲ · ㉒ : 「주택법 시행령」 제4조 및 제10조에 따른 준주택과 도시형생활주택의 유형을 적습니다.

12. ㉑ · ㉔ : 층별 개요 내용과 관계없이 대지 전체를 기준으로 준주택은 실/호/세대별 면적을, 도시형생활주택은 주거전용면적(「주택법 시행규칙」 제2조)을 적습니다.

13. ⑬ ~ ㉔

작성례 1) 농림지역에서 지하 1층에 바닥면적 50㎡의 단독주택(단독주택)을 철근콘크리트조로, 지상 1층에 바닥면적 50㎡의 단독주택(단독주택)을 조적조로 신축하려는 경우

기존 건축물 층별 개요			구분		신고 층별 개요		
구조	용도	면적(㎡)	층구분	건축구분	구조	용도	면적(㎡)
			지1	신축	철근콘크리트조	단독주택(단독주택)	50
			1	신축	조적조	단독주택(단독주택)	50

작성례 2) 기존 건축물(5층)의 각 층 바닥면적이 300㎡이고, 철근콘크리트조인 3층의 숙박시설(여관) 150㎡를 제2종근린생활시설(일반음식점)로 용도변경하고, 6층에 숙박시설(여관) 80㎡를 증축하려는 경우

기존 건축물 층별 개요			구분		신고 층별 개요		
구조	용도	면적(㎡)	층구분	건축구분	구조	용도	면적(㎡)
철근콘크리트조	숙박시설(여관)	150	3	용도변경	철근콘크리트조	제2종근린생활시설(일반음식점)	150
			6	증축	철근콘크리트조	제2종근린생활시설(사무소)	80

작성례 3) 기존 건축물(2층)의 연면적이 200㎡이고, 철근콘크리트구조인 1층의 제2종근린생활시설(사무소) 100㎡을 대수선하려는 경우

기존 건축물 층별 개요			구분		신고 층별 개요		
구조	용도	면적(㎡)	층구분	건축구분	구조	용도	면적(㎡)
철근콘크리트조	제2종근린생활시설(사무소)	100	1	대수선	철근콘크리트조	제2종근린생활시설(사무소)	100

작성례 4) 준주택(오피스텔) 호별 면적 25㎡-2호를 증축하거나, 관리지역에서 도시형생활주택(원룸형주택) 전용면적 30㎡-6세대를 건축(용도변경 포함)하려는 경우

※ 준주택 · 도시형 생활주택 개요

기존 건축물의 유형별 개요			신고 건축물의 유형별 개요		
유 형	실/호/세대수	실/호/세대별 면적(㎡)	유 형	실/호/세대수	실/호/세대별 면적(㎡)
준주택(오피스텔)	10	25	준주택(오피스텔)	2	25
			도시형생활주택(원룸형주택)	6	30

14. ㉕ · ㉖ : 「주택법 시행규칙」 제2조제1호에 따라 다가구주택의 각 호(가구)별 주거전용면적을 적습니다.

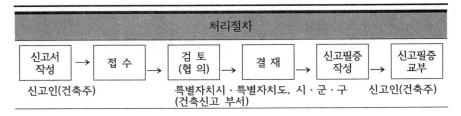

1-4. 건축허가·신고 수수료의 납부

건축법 제11조(건축허가), 건축법 제14조(건축신고) 및 제16조(허가와 신고사항의 변경)에 따라 허가를 신청하거나 신고를 하는 사람은 다음의 범위에서 해당 지방자치단체의 건축조례로 정하는 수수료를 허가권자나 신고수리자에게 납부해야 합니다. 다만 재해복구를 위한 건축물의 건축은 제외됩니다.

연면적 합계	금 액
200제곱미터 미만	단독주택: 2천7백원 이상 4천원 이하 기타: 6천7백원 이상 9천4백원 이하
200제곱미터 이상 1천제곱미터 미만	단독주택: 4천원 이상 6천원 이하 기타: 1만4천원 이상 2만원 이하
1천제곱미터 이상 5천제곱미터 미만	3만4천원 이상 5만4천원 이하
5천제곱미터 이상 1만제곱미터 미만	6만8천원 이상 10만원 이하
1만제곱미터 이상 3만제곱미터 미만	13만5천원 이상 20만원 이하
3만제곱미터 이상 10만제곱미터 미만	27만원 이상 41만원 이하
10만제곱미터 이상 30만제곱미터 미만	54만원 이상 81만원 이하
30만제곱미터 이상	108만원 이상 162만원 이하

※ 설계변경의 경우에는 변경하는 부분의 면적에 따라 적용됩니다.

1-5. 건축허가의 제한

1-5-1. 제한사유

① 국토교통부장관은 국토관리를 위해서 특히 필요하다고 인정하거나 주무부장관이 국방, 문화재보존, 환경보전 또는 국민경제를 위해서 특히 필

요하다고 인정하여 요청하면 허가권자의 건축허가나 허가를 받은 건축물의 착공을 제한할 수 있으며, 이 경우 국토교통부장관이 건축허가나 건축허가를 받은 건축물의 착공을 제한하려는 경우에는 토지이용규제 기본법 제8조에 따라 주민의견을 청취한 후 건축위원회의 심의를 거쳐야 합니다.

② 특별시장·광역시장·시·도지사는 지역계획이나 도시계획에 특히 필요하다고 인정하면 시장·군수·구청장의 건축허가나 허가를 받은 건축물의 착공을 제한할 수 있으며, 이 경우 시·도지사는가 건축허가나 건축허가를 받은 건축물의 착공을 제한하려는 경우에는 토지이용규제 기본법 제8조에 따라 주민의견을 청취한 후 건축위원회의 심의를 거쳐야 합니다.

③ 특별시장·광역시장·시·도지사가 시장·군수·구청장의 건축허가나 건축물의 착공을 제한한 경우 즉시 국토교통부장관에게 보고해야 하며, 보고를 받은 국토교통부장관은 제한 내용이 지나치다고 인정하면 해제를 명할 수 있습니다.

1-5-2. 제한기간

위 규정에 따라 건축허가나 건축물의 착공을 제한하는 경우 제한기간은 2년 이내로 합니다. 다만, 1회에 한해서 1년 이내의 범위에서 제한기간을 연장할 수 있습니다.

1-5-3. 제한목적 등의 공고

국토교통부장관이나 특별시장·광역시장·도지사는 건축허가나 건축물의 착공을 제한하는 경우 제한 목적·기간, 대상 건축물의 용도와 대상 구역의 위치·면적·경계 등을 상세하게 정해서 허가권자에게 통보해야 하며, 통보를 받은 허가권자는 지체 없이 이를 공고해야 합니다.

Q 건축허가를 신청할 때 제출해야 하는 서류에는 어떤 것이 있나요?

A 건축허가를 받으려는 사람은 허가신청서, 건축할 대지의 범위에 관한 서류 및 건축할 대지의 소유에 관한 권리 또는 건축할 대지를 사용할 수 있는 권원을 확보하였음을 증명하는 서류 등을 제출해야 합니다.

◇ 건축허가 신청절차 및 첨부서류

건축허가를 받으려는 사람은 허가신청서에 다음의 도서를 첨부해서 허가권자에게 제출(전자문서로 제출하는 것을 포함)해야 합니다.

1. 건축할 대지의 범위에 관한 서류

2. 건축할 대지의 소유에 관한 권리를 증명하는 서류. 다만, 다음의 경우에는 그에 따른 서류로 갈음할 수 있습니다.

   가. 건축할 대지에 포함된 국유지 또는 공유지에 대해서는 허가권자가 해당 토지의 관리청과 협의하여 그 관리청이 해당 토지를 건축주에게 매각하거나 양여할 것을 확인한 서류

   나. 집합건물의 공용부분을 변경하는 경우에는 집합건물의 소유 및 관리에 관한 법률 제15조제1항에 따른 결의가 있었음을 증명하는 서류

   다. 분양을 목적으로 하는 공동주택을 건축하는 경우에는 그 대지의 소유에 관한 권리를 증명하는 서류. 다만, 건축법 제11조에 따라 주택과 주택 외의 시설을 동일 건축물로 건축하는 건축허가를 받아 주택법 시행령 제27조제1항에 따른 호수 또는 세대수 이상으로 건설·공급하는 경우 대지의 소유권에 관한 사항은 주택법 제15조를 준용합니다.

3. 건축법 제11조제11항제1호에 해당하는 경우에는 건축할 대지를 사용 할 수 있는 권원을 확보하였음을 증명하는 서류

4. 건축법 제11조제11항제2호 및 건축법 시행령 제9조의2제1항 각 호의 사유에 해당하는 경우에는 다음의 서류

　가. 건축물 및 해당 대지의 공유자 수의 100분의 80 이상의 서면동의서: 공유자가 지장(指章)을 날인하고 자필로 서명하는 서면동의의 방법으로 하며, 주민등록증, 여권 등 신원을 확인할 수 있는 신분증명서의 사본을 첨부해야 합니다. 다만, 공유자가 해외에 장기체류하거나 법인인 경우 등 불가피한 사유가 있다고 허가권자가 인정하는 경우에는 공유자의 인감도장을 날인한 서면동의서에 해당 인감증명서를 첨부하는 방법으로 할 수 있습니다.

　나. 가.에 따라 동의한 공유자의 지분 합계가 전체 지분의 100분의 80이상임을 증명하는 서류

　다. 건축법 시행령 제9조의2제1항 각 호의 어느 하나에 해당함을 증명하는 서류

　라. 해당 건축물의 개요

5. 사전결정서(건축법 제10조에 따라 건축에 관한 입지 및 규모의 사전결정서를 받은 경우만 해당)

6. 건축법 시행규칙 별표 2의 설계도서(실내마감도는 제외하며, 건축법 제10조에 따른 사전결정을 받은 경우에는 건축계획서 및 배치도를 제외). 다만, 건축법 제23조제4항에 따른 표준설계도서에 따라 건축하는 경우에는 건축계획서 및 배치도만 해당

7. 건축법 제11조제5항 각 호에 따른 허가 등을 받거나 신고를 하기 위해서 해당 법령에서 제출하도록 의무화하고 있는 신청서 및 구비서류(해당 사항이 있는 경우로 한정)

8. 건축법 시행규칙 별지 제27호의11서식에 따른 결합건축협정서(해당 사항이 있는 경우로 한정)

◇ 위반 시 제재

이를 위반해서 ① 도시지역에서 건축물을 건축한 건축주 및 공사시

공자는 3년 이하의 징역이나 5억원 이하의 벌금에 처해지며, ② 도시지역 밖에서 건축물을 건축한 건축주 및 공사시공자는 2년 이하의 징역 또는 1억원 이하의 벌금에 처해집니다.

(관련판례)

건축허가는 시장·군수 등의 행정관청이 건축행정상 목적을 수행하기 위하여 수허가자에게 일반적으로 행정관청의 허가 없이는 건축행위를 하여서는 안 된다는 상대적 금지를 관계 법규에 적합한 일정한 경우에 해제함으로써 일정한 건축행위를 하도록 회복시켜 주는 행정처분일 뿐, 허가받은 자에게 새로운 권리나 능력을 부여하는 것이 아니다. 그리고 건축허가서는 허가된 건물에 관한 실체적 권리의 득실변경의 공시방법이 아니며 그 추정력도 없으므로 건축허가서에 건축주로 기재된 자가 그 소유권을 취득하는 것은 아니며, 건축중인 건물의 소유자와 건축허가의 건축주가 반드시 일치하여야 하는 것도 아니다(대법원 2009. 3. 12. 선고 2006다28454 판결).

(관련판례)

「건축법」 제9조제1항제5호는 허가대상건축물이라 하더라도 신고함으로써 건축허가를 받은 것으로 보는 경우의 하나로서 "대통령령이 정하는 용도 및 규모의 건축물"을 규정하고 있고, 1995. 12. 30. 대통령령 제14891호로 개정되기 전의 구「건축법 시행령」 제11조제2항제1호는 그러한 건축물의 하나로 연면적의 합계가 85㎡ 이하인 단독주택을 규정하고 있었음에 비하여, 개정된 건축법시행령은 그 규모를 100㎡ 이하로 확대하여 규정하고 있으며, 한편 개정된 「건축법 시행령」 부칙 제1조, 제2조는 개정된 「건축법 시행령」 시행(1996. 1. 6.) 전에 건축허가를 받았거나 건축허가를 신청한 것과 건축을 위한 신고를 한 것에 관하여는 종전의 규정에 의하도록 규정하고 있으므로, 구「건축법 시행령」하에서 허가를 받지 아니하고 건축된 연면적의 합계가 85㎡ 초과 100㎡ 이하인 단독주택의 경우, 관계 법령상 여타 위반의 점이 없는 경우에 한하여 사실상 개정된 「건축법 시행령」에 의하여 새로이 신고를 함으로써 건축허가를 받은 것으로 볼 수 있는지 여부는 별론으로 하고, 개정된 「건축법 시행령」의 시행으로 당연히 합법화되는 것은 아니다(대법원 1997. 8. 26. 선고 96누8529 판결).

■ **행정심판례**

O **건축신고 반려처분 취소청구(사건번호 2017-11482)**

청구인이 피청구인으로부터 건축부지 진입로의 지목을 도로로 변경하라는 내용의 보완 요구를 2회 받았음에도 불구하고 정당한 사유 없이 보완기간 안에 보완서류를 제출하지 아니하였다는 이유로, 피청구인은 2017. 2. 17. 청구인에게 건축신고 반려처분을 하였다. 이에 청구인은 피청구인은 청구인에게 지목 변경을 요구하면서 다시 건축신고절차를 진행하라는 취지로 서류를 반려하였는데 '제3자 소유 토지에 대한 지목변경'은 부당한 보완요구로서 현실적으로 보완이 어렵고, 오히려 「세종특별자치시 건축조례」 제33조에 따르면 ○○리 ○○ 등과 같이 포장되어 사용되는 사유지의 경우 「건축법」 제45조제1항제2호에 따라 건축위원회의 심의를 거쳐서 도로로 지정할 수 있다고 되어 있으므로, 이 사건 처분은 취소되어야 한다고 주장하였다. 위원회도 현재 청구인이 위 진입로의 소유자가 아닌 이상 ○○ ○○길의 지목을 변경할 수 없다는 점을 인정하여 지목변경요구의 미보완을 이유로 한 이 사건 처분은 위법·부당하다고 판단하였다.

■ **행정심판례**

O **건축허가신청 반려처분 취소 및 의무이행청구(사건번호 2014-29)**

피청구인이 이 사건 주유소 설치로 인한 교통량 증가에 따른 교통안전 등을 사유로 청구인에게 종합적인 교통개선대책을 보완 요구한 것은 이 사건 주유소 설치로 인해 발생할 것으로 예상되는 교통사고 예방과 이 사건 신청지로의 원활한 진출입 등 ○○시민의 삶의 질 향상을 위한다는 면에서 볼 때 일응 타당하다고 할 것이나, 「건축법」, 「도시교통촉진법」에 따르면 이 사건 주유소 설치는 「교통영향분석·개선대책수립 지침」에 따른 교통영향분석·개선대책 수립대상이 아님은 물론 현재도 ○마트를 출입하는 차량들이 이 사건 주차장 부지에 차량을 주차하기 위하여 진출입하고 있고, 청구인이 교통성검토서를 통해 교통사고 등을 예방하기 위한 다양한 방안을 제시하고 있는 것으로 볼 때 피청구인의 이 사건 처분은 법령에 근거하지 않은 처분일 뿐만 아니라, 막연히 교통사고 등이 발생할 것이라는 추측에 의한 처분으로서 "중대한 공익상 이유"가 있다고 보기 어려우며, 이 사건 신청지 주변지역에 2016년 완공예정인 제2영동고속도로, 중앙선 복선전철화 사업이 이루어질 경우 심각한 교통체증이 발생할 것이라는 피청구인의 주장 또한 위와 같은 사정이 발생할 것이라고 예측된다면 피청구인으로서는 관계 법령에 따라 도시계획을 재수립하는 등의 조치를 취해야 하는 것이 타당함에도, 아무런 대책 없이 이에 따른 부담을 청구인에게 전가시키는 것은 청구인의 사익을 지나치게 침해하는 처분이라고 할 것이다.

2. 허가(신고)를 받지 않은 경우의 조치

2-1. 건축법을 위반한 건축물 등에 대한 조치 등

2-1-1. 허가·승인의 취소 및 시정명령

① 허가권자는 대지나 건축물이 건축법 또는 건축법에 따른 명령이나 처분에 위반되면 건축법에 따른 허가 또는 승인을 취소하거나 그 건축물의 건축주·공사시공자·현장관리인·소유자·관리자 또는 점유자(이하 "건축주 등"이라 함)에게 공사의 중지를 명하거나 상당한 기간을 정해서 그 건축물의 철거·개축·증축·수선·용도변경·사용금지·사용제한이나 그 밖에 필요한 조치를 명할 수 있습니다.

② 허가권자는 위 규정에 따라 허가나 승인이 취소된 건축물 또는 위 규정에 따른 시정명령을 받고 이행하지 않은 건축물에 대해서는 다른 법령에 따른 영업이나 그 밖의 행위를 허가·면허·인가·등록·지정 등을 하지 않도록 요청할 수 있습니다. 다만, 허가권자가 기간을 정해서 그 사용 또는 영업이나 그 밖의 행위를 허용한 주택은 그렇지 않습니다.

2-1-2. 이행강제금 부과

① 이행강제금이란 의무자 자신에 의하지 않으면 이행될 수 없는 의무(비대체적 작위의무) 또는 금지된 행위를 하지 말아야 할 의무(부작위의무)를 불이행하는 경우에 그 의무를 강제적으로 이행시키기 위하여, 일정한 기간 안에 의무이행이 없을 때에는 일정한 금전제재에 처할 것을 계고하고, 그 기간 안에 이행이 없는 경우 금전적 제재를 가하는 것이 있는데, 이 때의 금전적 제재를 이행강제금이라 합니다.

② 이행강제금은 의무자를 심리적으로 압박하여 자발적으로 이행하도록 하기 위한 것으로, 의무이행이 있기까지 반복하여 부과할 수 있습니다. 의무를 위반한 사람이 위법상태를 해소(의무를 이행)한 경우에는 새로운 이행강제금의 부과는 즉시 중지되어야 하지만, 이미 부과된 이행강제금은 징수하여야 합니다.

2-1-3. 이행강제금의 금액

허가권자는 건축법 제79조제1항에 따라 시정명령을 받은 후 시정기간 내에 시정명령을 이행하지 않은 건축주 등에 대해서는 그 시정명령의 이행에 필요한 상당한 이행기한을 정하여 그 기한까지 시정명령을 이행하지 않으면 다음의 이행강제금을 부과합니다.

① 건축물이 건축법 제55조와 제56조에 따른 건폐율이나 용적률을 초과하여 건축된 경우 또는 허가를 받지 않거나 신고를 하지 않고 건축된 경우에는 지방세법에 따라 해당 건축물에 적용되는 1제곱미터의 시가표준액의 100분의 50에 해당하는 금액에 위반면적을 곱한 금액 이하의 범위에서 위반 내용에 따라 건축법 시행령으로 정하는 비율을 곱한 금액

② 건축물이 1. 외의 위반 건축물에 해당하는 경우에는 건축법 시행령 별표 15에서 정하는 금액

2-1-4. 주거용건축물에 대한 특례

① 다만, 연면적(공동주택의 경우에는 세대 면적을 기준으로 함)이 85제곱미터 이하인 주거용 건축물과 건축물이 위 1. 외의 위반 건축물에 해당하는 경우로서 다음에서 정하는 경우에는 위 가. 및 나. 어느 하나에 해당하는 금액의 2분의 1의 범위에서 해당 지방자치단체의 조례로 정하는 금액을 부과합니다.

1) 건축법 제22조에 따른 사용승인을 받지 않고 건축물을 사용한 경우
2) 건축법 제42조에 따른 대지의 조경에 관한 사항을 위반한 경우
3) 건축법 제60조에 따른 건축물의 높이 제한을 위반한 경우
4) 건축법 제61조에 따른 일조 등의 확보를 위한 건축물의 높이 제한을 위반한 경우
5) 그 밖에 건축법 또는 건축법에 따른 명령이나 처분을 위반한 경우(건축법 시행령 별표 15 위반 건축물란의 제1호의 2, 제4호부터 제9호까지 및 제13호에 해당하는 경우는 제외)로서 건축조례로 정하는 경우

② 허가권자는 영리목적을 위한 위반이나 상습적 위반 등 건축법 시행령으로 정하는 경우에 위 금액을 100분의 50의 범위에서 가중할 수 있습니다.

③ 허가권자는 최초의 시정명령이 있었던 날을 기준으로 하여 1년에 2회 이내의 범위에서 해당 지방자치단체의 조례로 정하는 횟수만큼 그 시정명령이 이행될 때까지 반복하여 건축법 제80조제1항 및 제2항에 따른 이행강제금을 부과·징수할 수 있습니다. 다만, 건축법 제80조제1항 각 호외의 부분 단서에 해당하면 총 부과 횟수가 5회를 넘지 않는 범위에서 해당 지방자치단체의 조례로 부과 횟수를 따로 정할 수 있습니다.

2-1-5. 이행강제금의 감경

① 허가권자는 이행강제금을 다음에 따라 감경할 수 있습니다. 다만, 지방자치단체의 조례로 정하는 기간까지 위반내용을 시정하지 않은 경우는 제외합니다.

　1) 축사 등 농업용·어업용 시설로서 500제곱미터(수도권정비계획법 제2조제1호에 따른 수도권 외의 지역에서는 1천제곱미터) 이하인 경우는 5분의 1을 감경

　2) 그 밖에 위반 동기, 위반 범위 및 위반 시기 등을 고려하여 건축법 시행령으로 정하는 경우(제80조제2항에 해당하는 경우는 제외한다)에는 2분의 1의 범위에서 건축법 시행령으로 정하는 비율을 감경

② 허가권자는 법률 제4381호 건축법개정법률의 시행일(1992년 6월 1일을 말함) 이전에 건축법 또는 건축법에 따른 명령이나 처분을 위반한 주거용 건축물에 관하여는 건축법 시행령으로 정하는 바에 따라 이행강제금을 감경할 수 있습니다.

(판례판례)
「건축법」의 관계 규정상 건축허가 혹은 건축신고 시 관할 행정청에 명의상 건축주가 실제 건축주인지 여부에 관한 실질적 심사권이 있다고 보기 어렵고, 또 명목상 건축주라도 그것이 자의에 의한 명의대여라면 해당 위반건축물에 대한 직접 원인행위자는 아니라 하더라도 명의대여자로서 책임을 부담함이 상당한 점, 만약 이와 같이 보지 않을 경우 건축주는 자신이 명목상 건축주에 불과하다고 주장하여 책임회피의 수단으로 악용할 가능성이 있고, 또 건축주 명의대여가 조장되어 행정법 관계를 불명확하게 하고 법적 안정성을 저해하는 요소로 작용할 수 있는 점 등을 종합적으로 고려하여 보면, 해당 위반건축물에 대해 건축주 명

의를 갖는 자는 명의가 도용되었다는 등의 특별한 사정이 있지 않은 한 구「건축법」(2008. 3. 21. 법률 제8974호로 전문 개정되기 전의 것) 제69조 제1항의 건축주에 해당한다고 보아야 한다(대법원 2008. 7. 24. 선고 2007두5639 판결).

■ 행정심판례

○ 건축법 위반 시정명령 등 취소심판청구(사건번호 2016-195)

1. 청구인은 이 사건 공사중지명령의 취소를 구할 법률상 이익이 있으므로 공사중지명령에 대하여 취소청구를 한 것은 적법하다. 그러나 축조신고취소예고처분의 취소를 구하는 청구는 행정심판의 대상이 아닌 중간적 처분에 불과한 것을 대상으로 한 것으로서 부적법하다.
2. 가설건축물에서의 판매행위에 대하여, 산업전시의 특성상 해당 기업 제품의 소개·홍보 과정에서 부수적으로, 일시적인 기간에 한하여 일부 판매행위가 이루어졌다고 하여 이를 가설전람회장의 용도에 벗어났다고 보기 어렵다.

■ 행정심판례

○ 증축허가처분 취소소송(사건번호 2017-368)

행정청으로부터 적법하게 허가처분을 받아 건물을 증축한 이후에 증축허가처분 취소소송에 대한 대법원 판결에 의해 허가처분이 취소된 경우로서, 이러한 건물 증축의 경위 및 증축부분을 철거할 경우에 발생되는 건물 붕괴의 위험성 등 안정상의 문제 등을 고려하지 않고 철거명령 및 이행강제금 부과처분을 한 것은 재량권을 전혀 행사하지 아니한 것으로서 위법하다.

제3절 착공관련

1. 착공신고

1-1. 신고절차 및 첨부서류

① 건축법 제11조 및 제14조에 따라 허가를 받거나 신고를 한 건축물의 공사를 착수하려는 건축주는 착공신고서(건축법 시행규칙 별지 제13호서식, 전자문서로 된 신고서를 포함)에 다음의 서류 및 도서를 첨부해서 허가권자에게 제출해야 합니다.

  1) 건축법 제15조에 따른 건축관계자 상호 간의 계약서 사본(해당 사항이 있는 경우로 한정)

  2) 건축법 시행규칙 별표 4의2의 설계도서

  3) 건축법 제25조제11항에 따른 감리 계약서(해당 사항이 있는 경우에 한함). 다만, 규제「건축법」 제36조에 따라 건축물의 철거를 신고할 때 착공 예정일을 기재한 경우에는 착공신고를 하지 않아도 됩니다.

② 위 규정에 따라 공사계획을 신고하거나 변경신고를 하는 경우 해당 공사감리자(건축법 제25조제1항에 따른 공사감리자를 지정한 경우만 해당)와 공사시공자가 신고서에 함께 서명해야 합니다.

③ "공사감리자"란 자기의 책임(보조자의 도움을 받는 경우를 포함)으로 건축법에서 정하는 바에 따라 건축물, 건축설비 또는 공작물이 설계도서의 내용대로 시공되는지를 확인하고, 품질관리·공사관리·안전관리 등에 대해서 지도·감독하는 사람을 말합니다.

④ "공사시공자"란 건설산업기본법 제2조제4호에 따른 건설공사를 하는 사람을 말합니다.

⑤ 또한, 착공허가를 받은 건축물의 건축주가 위 신고를 할 때에는 건축법 제15조제2항에 따른 각 계약서의 사본을 첨부해야 합니다.

⑥ 위반 시 제재

  이를 위반해서 신고 또는 신청을 하지 않거나 거짓으로 신고하거나 신청하면 5천만원 이하의 벌금에 처해집니다.

착공신고에 필요한 설계도서

분 야	도서의 종류	내 용
1. 건축	가. 도면 목록표	공종 구분해서 분류 작성
	나. 안내도	방위,도로,대지주변 지물의 정보 수록
	다. 개요서	1) 개요(위치·대지면적 등) 2) 지역·지구 및 도시계획사항 3) 건축물의 규모(건축면적·연면적·높이·층수 등) 4) 건축물의 용도별 면적 5) 주차장 규모
	라. 구적도	대지면적에 대한 기술
	마. 실내재료 마감표	1) 바닥, 벽, 천정 등 실내마감 2) 건축자재 성능 및 품명, 규격, 재질, 질감, 색상 등의 구체적 표기
	바. 배치도	축척 및 방위, 건축선, 대지경계선 및 대지가 정하는 도로의 위치와 폭, 건축선 및 대지경계선으로부터 건축물까지의 거리, 신청 건물과 기존 건물과의 관계, 대지의 고저차, 부대시설물과의 관계
	사. 주차계획도	1) 법정 주차대수와 주차 확보대수의 대비표, 주차배치도 및 차량 동선도 차량진출입 관련 위치 및 구조 2) 옥외 및 지하 주차장 도면
	아. 각 층 및 지붕 평면도	1) 기둥·벽·창문 등의 위치 및 복도, 계단, 승강기 위치 2) 방화 구획 및 방화벽의 위치
	자. 입면도 (2면 이상)	1) 주요 내외벽, 중심선 또는 마감선 치수, 외부마감재료 2) 건축자재 성능 및 품명, 규격, 재질, 질감, 색상 등의 구체적 표기 3) 간판 및 건물번호판의 설치계획(크기·위치)
	차. 단면도 (종·횡단면도)	1) 건축물 최고높이, 각 층의 높이, 반자높이 2) 천정 안 배관 공간, 계단 등의 관계를 표현

	카. 수직동선 상세도	1) 코아(Core) 상세도(코아 안의 각종 설비관련 시설물의 위치) 2) 계단 평면·단면 상세도 3) 주차경사로 평면·단면 상세도	
	타. 부분상세도	1) 지상층 외벽 평면·입면·단면도 2) 지하층 부분 단면 상세도	
	파. 창호도	창호 일람표, 창호 평면도, 창호 상세도, 창호 입면도	
	하. 건축설비도	냉방·난방설비, 위생설비, 환경설비, 정화조, 승강설비 등 건축설비	
2. 일반	가. 시방서	1) 시방내용(국토교통부장관이 작성한 표준시방서에 없는 공법인 경우만 해당한다) 2) 흙막이공법 및 도면	
3. 구조	가. 도면 목록표		
	나. 기초 일람표		
	다. 구조 평면·입면·단면도 (구조안전확인 대상 건축물)	1) 구조내력상 주요한 부분의 평면 및 단면 2) 주요부분의 상세도면(배근상세, 접합상세, 배근 시 주의사항 표기) 3) 구조안전확인서	
	라. 구조가구도	골조의 단면 상태를 표현하는 도면으로 골조의 상호 연관관계를 표현	
	마. 앵커(Anchor)배치도 및 베이스플레이트(Base Plate) 설치도		
	바. 기둥 일람표		
	사. 보 일람표		
	아. 슬래브(Slab) 일람표		
	자. 옹벽 일람표		
	차. 계단배근		

	일람표	
	카. 주심도	
4. 기계	가. 도면 목록표	
	나. 장비일람표	규격, 수량을 상세히 기록
	다. 장비배치도	기계실, 공조실 등의 장비배치방안 계획
	라. 계통도	공조배관 설비, 덕트(Duct) 설비, 위생 설비 등 계통도
	마. 기준층 및 주요층 기구 평면도	공조배관 설비, 덕트 설비, 위생 설비 등 평면도
	바. 저수조 및 고가수조	저수조 및 고가수조의 설치기준을 표시
	사. 도시가스 인입 확인	도시가스 인입지역에 한해서 조사 및 확인
5. 전기	가. 도면 목록표	
	나. 배치도	옥외조명 설비 평면도
	다. 계통도	1) 전력 계통도
		2) 조명 계통도
	라. 평면도	조명 평면도
6. 통신	가. 도면 목록표	
	나. 배치도	옥외 CCTV설비와 옥외방송 평면도
	다. 계통도	1) 구내통신선로설비 계통도
		2) 방송공동수신설비 계통도
		3) 이동통신 구내선로설비 계통도
		4) CCTV설비 계통도
	라. 평면도	1) 구내통신선로설비 평면도
		2) 방송공동수신설비 평면도
		3) 이동통신 구내선로설비 평면도
		4) CCTV설비 평면도
7. 토목	가. 도면 목록표	

	나. 각종 평면도	주요시설물 계획
	다. 토지굴착 및 옹벽도	1) 지하매설구조물 현황 2) 흙막이 구조(지하 2층 이상의 지하층을 설치하는 경우 또는 지하 1층을 설치하는 경우로서 법 제27조에 따른 건축허가 현장조사·검사 또는 확인시 굴착으로 인하여 인접대지 석축 및 건축물 등에 영향이 있어 조치가 필요하다고 인정된 경우만 해당한다) 3) 단면상세 4) 옹벽구조
	라. 대지 종·횡 단면도	
	마. 포장계획 평면·단면도	
	바. 우수·오수 배수처리 평면·종단면도	
	사. 상하수 계통도	우수·오수 배수처리 구조물 위치 및 상세도, 공공하수도와의 연결방법, 상수도 인입계획, 정화조의 위치
	아. 지반조사 보고서	시추조사 결과, 지반분류, 지반반력계수 등 구조설계를 위한 지반자료 (주변 건축물의 지반조사 결과를 적용하여 별도의 지반조사가 필요 없는 경우, 「건축물의 구조기준 등에 관한 규칙」에 따른 소규모 건축물로 지반을 최저 등급으로 가정한 경우, 지반조사를 할 수 없는 경우 등 허가권자가 인정하는 경우에는 지반조사 보고서를 제출하지 않을 수 있다)
8. 조경	가. 도면 목록표	
	나. 조경 배치도	법정 면적과 계획면적의 대비, 조경계획 및 식재 상세도
	다. 식재 평면도	
	라. 단면도	

※ **비고**

법 제21조에 따라 착공신고하려는 건축물의 공사와 관련 없는 설계도서는 제출하지 아니한다.

1-2. 연면적에 따른 시공자 제한

① 제한 기준

건축주는 연면적이 200제곱미터를 초과하는 건축물에 관한 건설공사는 건설업자가 시공하게 해야 합니다.

② 위반 시 제재

이를 위반한 건축주 및 공사시공자는 2년 이하의 징역 또는 1억원 이하의 벌금에 처해집니다.

1-3. 착수시기의 연기

건축주는 허가받은 날부터 1년 이내에 공사에 착수하지 않은 경우로서 정당한 사유가 있다고 인정되면 1년의 범위에서 공사착수시기를 연장할 수 있으며, 연기하려는 경우에는 착공연기신청서(건축법 시행규칙 별지 제14호서식, 전자문서로 된 신청서를 포함)를 허가권자에게 제출해야 합니다.

[서식] 착공신고서

착공신고서

• 어두운 난(▨▨)은 신고인이 작성하지 않으며, [ ]에는 해당하는 곳에 √ 표시를 합니다.

(앞쪽)

접수번호		접수일자	처리일자	처리기간	3일

신고인	건축주					
	전화번호					
	주소					

대지위치				① 지번		
허가(신고)번호				허가(신고)일자		
착공예정일자				준공예정일자		

②설계자	성명 (법인명)		(서명 또는 인)	자격번호		
	사무소명			신고번호		
	사무소 주소			(전화번호:)		
	도급계약일자			도급금액		원

③공사 시공자	성명		(서명 또는 인)	도급계약일자		
	회사명			도급금액		원
	생년월일(법인등록번호)			등록번호		
	주소			(전화번호:)		
	현장배치 건설 기술자	성명				
		자격증		자격번호		

④공사 감리자	성명		(서명 또는 인)	자격번호		
	사무소명			신고번호		
	사무소 주소			(전화번호:)		
	도급계약일자			도급금액		원

⑤현장 관리인	성명		(서명 또는 인)	자격번호		
	주소			(전화번호:)		

건축물 석면 함유 유무	[ ] 천장재 [ ] 단열재 [ ] 지붕재 [ ] 기타 [ ] 보온재 [ ] 해당 없음

⑥관계전 문기술자	분야	자격증	자격 번호	주소
	( ) (서명 또는 인)			

210mm×297mm[백상지(80g/㎡) 또는 중질지(80g/㎡)]

- 197 -

[서식] 착공연기신청서

착공연기신청서

• 어두운 난(███)은 신청인이 작성하지 않습니다.

접수번호		접수 일자	처리일자	처리 기간	일
신청인	건축주				
	전화번호				
	주소				

대지위치		지번			
허가(신고)번호		허가(신고) 일자	년	월	일

신청 내용	착공예정일자		년	월	일
	연기사유				

「건축법」제11조제7항 각 호 외의 부분 단서 및 같은 법 시행규칙
제14조에 따라 위와 같이 착공연기신청서를 제출합니다.

년   월   일

건축주   (서명 또는 인)

특별시장·광역시장·특별자치시장·특별자치도지사, 시장·군수·구청장 귀하

신청안내			
제출 하는 곳	특별시·광역시·특별자치시· 특별자치도·시·군·구	처리부서	건축허가(신고) 부서
첨부서류	없음		수수료 원

근거법규	
「건축법 시행규칙」 제14조 제2항	• 건축주가 공사착수시기를 연기하려는 경우에는 착공연기신청서를 허가권자에 게 제출해야 합니다.

유의사항	
「건축법」 제11조 제7항, 제14조	• 공사착수기간 연장은 1년 이내의 범위에서 할 수 있으며, 연기된 기간 안에 공사에 착수하지 않은 경우 건축허가가 취소되며, 건축신고는 그 효력이 상 실됩니다.

작성방법

- 지번: 「공간정보의 구축 및 관리 등에 관한 법률」에 따른 지번을 적으며, 「공유수면의 관리 및 매립에 관한 법률」 제8조에 따라 공유수면의 점용·사용 허가를 받은 경우 그 장소가 지번이 없으면 그 점용·사용 허가를 받은 장소를 적습니다.
- 착공예정일자: 연기하려는 착공예정일자를 적습니다.
- 연기사유: 착공을 연기하게 된 사유를 구체적으로 적습니다.

처리절차

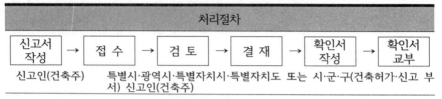

| 신고서
작성 | → | 접 수 | → | 검 토 | → | 결 재 | → | 확인서
작성 | → | 확인서
교부 |

신고인(건축주) 　　특별시·광역시·특별자치시·특별자치도 또는 시·군·구(건축허가·신고 부서) 신고인(건축주)

210mm×297mm[백상지(80g/㎡) 또는 중질지(80g/㎡)]

■ 건축허가를 받은 후 공사에 착공하려면 건축허가와는 별도로 착공신고를 해야 하나요?

Q 건축허가를 받은 후 공사에 착공하려면 건축허가와는 별도로 착공신고를 해야 하나요?

A 건축허가를 받거나 신고를 한 건축물의 공사를 착수하려는 건축주는 착공신고서 등 관련 서류를 첨부해 허가권자에게 제출해야 **합니다.**

◇ 착공신고 절차 및 첨부서류

① 허가를 받거나 신고를 한 건축물의 공사를 착수하려는 건축주는 착공신고서(전자문서로 된 신고서를 포함)에 다음의 서류 및 도서를 첨부해서 허가권자에게 제출해야 합니다.

1. 건축관계자 상호 간의 계약서 사본(해당 사항이 있는 경우로 한정)

2. 설계도서

3. 감리 계약서(해당 사항이 있는 경우에 한함)

② 다만, 건축물의 철거를 신고할 때 착공 예정일을 기재한 경우에는 착공신고를 하지 않아도 됩니다.

③ 위 규정에 따라 공사계획을 신고하거나 변경신고를 하는 경우 해당 공사감리자(공사감리자를 지정한 경우만 해당)와 공사시공자가 신고서에 함께 서명해야 합니다.

④ 또한, 착공허가를 받은 건축물의 건축주가 위 신고를 할 때에는 건축법 제15조제2항에 따른 각 계약서의 사본을 첨부해야 합니다.

◇위반 시 제재

이를 위반해서 신고 또는 신청을 하지 않거나 거짓으로 신고하거나 신청하면 200만원 이하의 벌금에 처해집니다.

■ 1건으로 건축허가를 받은 경우 건설업자가 시공하여야 하는지
와 다른 경우로서 별도로 건축허가를 받은 경우 건설업자가 시
공해야 하는지요?

Q 동일대지 내에 동 당 연면적이 661㎡ 495㎡ 2동을 시공
하기 위하여 1건으로 건축허가를 받은 경우 건설업자가
시공하여야 하는지와 다른 경우로서 별도로 건축허가를
받은 경우 건설업자가 시공해야 하는지요?

A 건설산업기본법 제41조제1항제2호의 규정에 의하여 주거용 건축물
로서 연면적이 661㎡를 초과하거나 기타의 건축물로서 연면적이
495㎡를 초과하는 건축물의 건축 또는 대수선에 관한 공사는 도
급에 의하여 시공하는 경우가 아닌 경우(건축주 직접시공)에도 건설
업자가 시공하여야 하며, 이 경우 연면적의 산정은 건설산업기본법
시행령 제36조제1항제1호의 규정에 의하여 관계법령에 의하여 1건
으로 사업계획의 승인 또는 인가·허가를 받아 여러 동의 건축물
을 시공하는 경우에는 1건 공사에 포함되는 전체건축물의 연면적의
합계로 합니다.
귀 질의의 경우 동일대지 내에 동 당 연면적이 661㎡ 이하인 주거
용 건축물 및 495㎡이하인 기타의 건축물 2동을 시공하기 위하여
1건으로 건축허가를 받은 경우에는 기타건축물로 보아 2동의 건축
물의 연면적을 합산한 면적이 495㎡를 초과하는 경우에는 동 법
령에 의한 건설업면허를 받은 자라야만 시공할 수 있으며, 동일 대
지 내에서 소유주에 관계없이 연면적이 661㎡이하인 주거용 건축물
연면적이 495㎡이하인 기타의 건축물을 시공함에 있어서 건축허가
를 별도로 받은 경우에는 해당 건축주가 직접 시공할 수 있습니다.

2. 토지의 굴착 등과 관련한 조치

2-1. 토지 굴착 부분에 대한 조치 등

2-1-1. 위험 발생의 방지 조치

① 공사시공자는 대지를 조성하거나 건축공사를 하기 위해서 토지를 굴착·
절토(切土)·매립(埋立) 또는 성토 등을 하는 경우 그 변경 부분에는 다
음 각 호에 따라 공사 중 비탈면 붕괴, 토사 유출 등 위험 발생의 방지
조치를 한 후 해당 공사현장에 그 사실을 게시해야 합니다.

1) 지하에 묻은 수도관·하수도관·가스관 또는 케이블 등이 토지굴착으로
인해서 파손되지 않도록 할 것

2) 건축물 및 공작물에 근접하여 토지를 굴착하는 경우에는 그 건축물
및 공작물의 기초 또는 지반의 구조내력의 약화를 방지하고 급격한
배수를 피하는 등 토지의 붕괴에 의한 위해를 방지하도록 할 것

3) 토지를 깊이 1.5미터 이상 굴착하는 경우에는 그 경사도가 다음에 따
른 비율 이하이거나 주변상황에 비추어 위해방지에 지장이 없다고 인
정되는 경우를 제외하고는 토압에 대해서 안전한 구조의 흙막이를 설
치할 것

토 질	경 사 도
경 암	1 : 0.5
연 암	1 : 1.0
모 래	1 : 1.8
모래질흙	1 : 1.2
사력질흙, 암괴 또는 호박돌이 섞인 모래질흙	1 : 1.2
점토, 점성토	1 : 1.2
암괴 또는 호박돌이 섞인 점성토	1 : 1.5

4) 굴착공사 및 흙막이 공사의 시공 중에는 항상 점검을 하여 흙막이의
보강, 적절한 배수조치 등 안전상태를 유지하도록 하고, 흙막이판을
제거하는 경우에는 주변지반의 내려앉음을 방지하도록 할 것

② 허가권자는 위 규정을 위반한 사람에게 의무이행에 필요한 조치를 명할 수 있습니다.

③ 다른 법령의 배제

건축물의 건축 등을 위해서 지하를 굴착하는 경우에는 민법 제244조제1항 규정(우물을 파거나 용수, 하수 또는 오물 등을 저치할 지하시설을 하는 때에는 경계로부터 2미터 이상의 거리를 두어야 하며 저수지, 구거 또는 지하실공사에는 경계로부터 그 깊이의 반 이상의 거리를 두어야 한다)이 적용되지 않습니다. 다만, 필요한 안전조치를 하여 위해(危害)를 방지해야 합니다.

2-1-2. 환경의 보전을 위한 조치

공사시공자는 성토부분·절토부분 또는 되메우기를 하지 않는 굴착부분의 비탈면으로서 건축법 시행규칙 제25조에 따른 옹벽을 설치하지 않는 부분에 대해서는 건축법 제41조제1항에 따라 다음의 환경보전을 위한 조치를 해야 합니다.

① 배수를 위한 수로는 돌 또는 콘크리트를 사용해서 토양의 유실을 막을 수 있도록 할 것

② 높이가 3미터를 넘는 경우에는 높이 3미터 이내마다 그 비탈면적의 5분의 1 이상에 해당하는 면적의 단을 만들 것. 다만, 허가권자가 그 비탈면의 토질·경사도 등을 고려해서 붕괴의 우려가 없다고 인정하는 경우에는그렇지 않습니다.

③ 비탈면에는 토양의 유실방지와 미관의 유지를 위해서 나무 또는 잔디를 심을 것. 다만, 나무 또는 잔디를 심는 것으로는 비탈면의 안전을 유지할 수 없는 경우에는 돌붙이기를 하거나 콘크리트블록격자 등의 구조물을 설치해야 합니다.

2-1-3. 위반 시 제재

이를 위반해서 위험 발생의 방지조치 및 환경의 보전을 위한 조치를 하지 않은 건축주 및 공사시공자는 5천만원 이하의 벌금에 처해집니다.

(관련판례)

「건축법」제31조제1항은 공사시공자에게 대지를 조성하거나 건축공사에 수반하는 토지를 굴착하는 경우에 그 굴착부분에 대한 위험발생의 방지 등에 필요한 조치를 취할 의무를 부과하는 규정으로, 같은 법 제32조제1항은 일정 규모 이상의 대지에 건축을 하는 건축주에게 소정의 기준에 따라 대지 안에 조경 등의 조치를 취할 의무를 부과하는 규정으로, 같은 법 제80조제4호는 이러한 의무를 위반한 건축주 및 공사시공자를 처벌하는 규정으로 각 보아야 할 것이므로, 같은 법 제80조제4호의 '제31조 또는 제32조의 규정에 위반한 건축주 및 공사시공자'는 '제31조의 규정에 위반한 공사시공자 또는 제32조의 규정에 위반한 건축주'를 의미하는 것으로 해석함이 상당하다(대법원 2004. 10. 15. 선고 2004도4302 판결).

3. 소음·진동의 규제

3-1. 생활소음과 진동의 규제

3-1-1. 규제 대상 및 기준

① 특별자치시장·특별자치도지사 또는 시장·군수·구청장(자치구의 구청장을 말함, 이하 같음)은 주민의 정온한 생활환경을 유지하기 위해서 사업장 및 공사장 등에서 발생하는 소음·진동[생활소음·진동이 발생하는 공장·사업장 또는 공사장의 부지 경계선으로부터 직선거리 300미터 이내에 주택(사람이 살지 않는 폐가는 제외), 운동·휴양시설 등이 없는 지역에서 발생하는 소음과 진동은 제외하며, 이하 "생활소음·진동"이라 함]을 규제해야 합니다.

② 위 규정에 따른 생활소음·진동의 규제 대상은 확성기, 공장, 공사장 등이며, 공사장의 규제기준은 다음과 같습니다.

1) 생활소음 규제기준

대상지역	시간대별 소음원	아침, 저녁 (05:00 ~ 07:00, 18:00 ~ 22:00)	주간 (07:00 ~ 18:00)	야간 (22:00 ~ 05:00)
주거지역, 녹지지역, 관리지역 중 취락지구·주거개발진흥지구 및 관광·휴양개발지구, 자연환경보전지역, 그 밖의 지역에 있는 학교·종합병원·공공도서관	공사장	60db(a) 이하	65db(a) 이하	50db(a) 이하
그 밖의 지역	공사장	65db(a) 이하	70db(a) 이하	50db(a) 이하

가) 소음의 측정 및 평가기준은 환경분야 시험·검사 등에 관한 법률 제6조제1항제2호에 해당하는 분야에 대한 환경오염공정시험기준에서

정하는 바에 따릅니다.

나) 대상 지역의 구분은 국토의 계획 및 이용에 관한 법률에 따릅니다.

다) 규제 기준치는 생활소음의 영향이 미치는 대상 지역을 기준으로 하여 적용합니다.

라) 공사장의 소음 규제기준은 주간의 경우 특정공사의 사전신고 대상 기계·장비를 사용하는 작업시간이 1일 3시간 이하일 때는 +10㏈을, 3시간초과 6시간 이하일 때는 +5㏈을 규제기준치에 보정합니다.

마) 발파소음의 경우 주간에만 규제기준치(광산의 경우 사업장 규제기준)에 +10dB을 보정합니다.

바) 2010년 12월 31일까지는 발파작업 및 브레이커·항타기·항발기·천공기· 굴삭기(브레이커 작업에 한함)를 사용하는 공사작업이 있는 공사장에 대하여는 주간에만 규제기준치(발파소음의 경우 바.에 따라 보정된 규제기준치)에 +3dB을 보정합니다.

사) 공사장의 규제기준 중 다음 지역은 공휴일에만 -5㏈를 규제기준치에 보정합니다.

- 주거지역
- 의료법에 따른 종합병원, 초·중등교육법 및 고등교육법에 따른 학교, 도서관법에 따른 공공도서관의 부지경계로부터 직선거리 50m 이내의 지역
- "동일 건물"이란 건축법 제2조에 따른 건축물로서 지붕과 기둥 또는 벽이 일체로 되어 있는 건물을 말하며, 동일건물에 대한 생활소음 규제기준은 다음에 해당하는 영업을 행하는 사업장에만 적용합니다.
- 체육시설의 설치·이용에 관한 법률 제10조제1항제2호에 따른 체력단련장업·체육도장업·무도학원업·무도장업
- 학원의 설립·운영 및 과외교습에 관한 법률 제2조에 따른 음악교습을 위한 학원·교습소
- 식품위생법 시행령 제21조제8호다목 및 라목에 따른 단란주점영업·유흥주점영업

- 음악산업진흥에 관한 법률 제2조제13호에 따른 노래연습장업
- 다중이용업소의 안전관리에 관한 특별법 시행규칙 제2조제4호에 따른 콜라텍업

2) 생활진동 규제기준

시간대별 소음원	주간 (06:00 ~ 22:00)	심야 (22:00 ~ 06:00)
주거지역, 녹지지역, 관리지역 중 취락지구·주거개발진흥지구 및 관광·휴양개발 진흥지구, 자연환경보전지역, 그 밖의 지역에 소재한 학교·종합병원·공공도서관	65db(v) 이하	60db(v) 이하
그 밖의 지역	70db(v) 이하	65db(v) 이하

가) 진동의 측정 및 평가기준은 환경분야 시험·검사 등에 관한 법률 제6조제1항제2호에 해당하는 분야에 대한 환경오염공정시험기준에서 정하는바에 따릅니다.

나) 대상 지역의 구분은 국토의 계획 및 이용에 관한 법률에 따릅니다.

다) 규제기준치는 생활진동의 영향이 미치는 대상 지역을 기준으로 하여 적용합니다.

라) 공사장의 진동 규제기준은 주간의 경우 특정공사의 사전신고 대상 기계·장비를 사용하는 작업시간이 1일 2시간 이하일 때는 +10㏈을, 2시간 초과 4시간 이하일 때는 +5㏈을 규제기준치에 보정합니다.

마) 발파진동의 경우 주간에만 규제기준치에 +10㏈을 보정합니다.

3-1-2. 위반 시 제재

이를 위반해서 생활소음·진공 규제기준을 초과해서 소음·진동을 발생하게 하면 200만원 이하의 과태료가 부과됩니다.

3-2. 특정공사의 사전신고 의무

3-2-1. 신고 대상

① 생활소음·진동이 발생하는 공사로서 소음·진동관리법 시행규칙 별표 9의 기계·장비를 5일 이상 사용하는 공사로서 다음 어느 하나에 해당하는 공사(다만, 별표 9의 기계·장비로서 환경부장관이 저소음·저진동을 발생하는 기계·장비라고 인정하는 기계·장비를 사용하는 공사와 소음·진동관리법 제20조제1항에 따른 지역에서 시행되는 공사는 제외)를 시행하려는 자는 관할 특별자치시장·특별자치도지사 또는 시장·군수·구청장에게 신고해야 합니다.

1) 연면적이 1천제곱미터 이상인 건축물의 건축공사 및 연면적이 3천 제곱미터 이상인 건축물의 해체공사

2) 구조물의 용적 합계가 1천 세제곱미터 이상 또는 면적 합계가 1천 제곱미터 이상인 토목건설공사

3) 면적 합계가 1천제곱미터 이상인 토공사(土工事)·정지공사

4) 총연장이 200미터 이상 또는 굴착 토사량의 합계가 200세제곱미터 이상인 굴정공사

5) 다음의 지역에서 시행되는 공사

  가) 의료법 제3조제3항에 따른 종합병원의 부지 경계선으로 부터 직선거리 50미터 이내의 지역

  나) 도서관법 제2조제4호에 따른 공공도서관의 부지 경계선으로부터 직선거리 50미터 이내의 지역

  다) 초·중등교육법 제2조 및 고등교육법 제2조에 따른 학교의 부지 경계선으로부터 직선거리 50미터 이내의 지역

  라) 주택법 제2조제2호에 따른 공동주택의 부지 경계선으로부터 직선거리 50미터 이내의 지역

  마) 국토의 계획 및 이용에 관한 법률 제36조제1항제1호가 목에 따른 주거지역 또는 국토의 계획 및 이용에 관한 법률제51조제3항에 따른 지구단위계획구역(주거형만을 말함)

3-2-2. 신고서의 제출

① 특정공사를 시행하려는 자(도급에 의하여 공사를 시행하는 경우에는 발주자로부터 최초로 공사를 도급받은 자를 말함)는 해당 공사 시행 전(건설공사는 착공 전)까지 특정공사 사전신고서(소음·진동관리법 시행규칙 별지 제10호서식)에 다음의 서류를 첨부하여 특별자치시장·특별자치도지사 또는 시장·군수·구청장에게 제출해야 합니다.

1) 특정공사의 개요(공사목적과 공사일정표 포함)
2) 공사장 위치도(공사장의 주변 주택 등 피해 대상 표시)
3) 방음·방진시설의 설치명세 및 도면
4) 그 밖의 소음·진동 저감대책

② 다만, 둘 이상의 시·군·구(자치구를 말함)에 걸쳐있는 건설공사의 경우에는 해당 공사지역의 면적이 가장 많이 포함되는 지역을 관할하는 특별자치시장·특별자치도지사 또는 시장·군수·구청장에게 신고해야 합니다.

3-2-3. 신고사항의 변경

① 특정공사 신고를 한 자가 그 신고한 사항 중 다음에서 정하는 중요한 사항을 변경하려면 특별자치시장·특별자치도지사 또는 시장·군수·구청장에게 변경신고를 해야 합니다.

1) 특정공사 사전신고 대상 기계·장비의 30퍼센트 이상의 증가
2) 특정공사 기간의 연장
3) 방음·방진시설의 설치명세 변경
4) 소음·진동 저감대책의 변경
5) 공사 규모의 10퍼센트 이상 확대

② 변경신고를 하려는 자는 특정공사 변경신고서에 다음의 서류를 첨부해서 특별자치시장·특별자치도지사 또는 시장·군수·구청장에게 제출해야 합니다.

1) 변경 내용을 증명하는 서류
2) 특정공사 사전신고증명서
3) 그 밖의 변경에 따른 소음·진동 저감대책

② 다만, 소음·진동관리법 시행규칙 제21조제4항제2호에 해당하는 경우에는

이를 변경한 날부터 7일 이내에 제출해야 합니다.

3-2-4. 위반 시 제재

이를 위반해서 신고 또는 변경신고를 하지 않거나 거짓이나 그 밖의 부정한
방법으로 신고 또는 변경신고를 하면 200만원 이하의 과태료가 부과됩니다.

3-3. 특정공사 시행자의 준수사항

3-3-1. 방음시설의 설치

① 특정공사를 시행하려는 자는 다음의 사항을 모두 준수해야 합니다.

   1) 다음에서 정하는 기준에 적합한 방음시설을 설치한 후 공사를 시작할 것

   가) 방음벽시설 전후의 소음도 차이(삽입손실)는 최소 7㏈ 이상 되어야
   하며, 높이는 3m 이상 되어야 합니다.

   나) 공사장 인접지역에 고층건물 등이 위치하고 있어, 방음벽시설로 인
   한 음의 반사피해가 우려되는 경우에는 흡음형방음벽시설을 설치해
   야 합니다.

   다) 방음벽시설에는 방음판의 파손, 도장부의 손상 등이 없어야 합니다.

   라) 방음벽시설의 기초부와 방음판·지주 사이에 틈새가 없도록 하여 음
   의 누출을 방지해야 합니다.

   2. 공사로 발생하는 소음·진동을 줄이기 위한 저감대책을 수립·시행할 것

> **※ 참고**
> 가. 삽입손실 측정을 위한 측정지점(음원 위치, 수음자 위치)은 음원으로
> 부터 5m 이상 떨어진 노면 위 1.2m 지점으로 하고, 방음벽시설로
> 부터 2m 이상 떨어져야 하며, 동일한 음량과 음원을 사용하는 경우
> 에는 기준위치(reference position)의 측정은 생략할 수 있습니다.
> 나. 그 밖의 경우에 있어서의 삽입손실 측정은 '음향-옥외 방음벽의 삽
> 입손실측정방법'(KS A ISO 10847) 중 간접법에 따릅니다.

② 다만, 공사현장의 특성 등으로 방음시설의 설치가 곤란한 경우로서 다음
에서 정하는 경우에는 그렇지 않습니다.

   1) 공사지역이 협소하여 방음벽시설을 사전에 설치하기 곤란한 경우

2) 도로공사 등 공사구역이 광범위한 선형공사에 해당하는 경우

3) 공사지역이 암반으로 되어 있어 방음벽시설의 사전 설치에 따른 소음 피해가 우려되는 경우

4) 건축물의 해체 등으로 방음벽시설을 사전에 설치하기 곤란한 경우

5) 천재지변·재해 또는 사고로 긴급히 처리할 필요가 있는 복구공사의 경우

③ 방음시설의 설치가 곤란한 경우에 수립·시행해야 할 별도의 저감 대책은 다음과 같습니다.

1) 소음이 적게 발생하는 공법과 건설기계의 사용

2) 이동식 방음벽시설이나 부분 방음시설의 사용

3) 소음발생 행위의 분산과 건설기계 사용의 최소화를 통한 소음 저감

4) 휴일 작업중지와 작업시간의 조정

3-3-2. 위반 시 제재

이를 위반해서 방음시설을 설치하지 않거나 기준에 맞지 않은 방음시설을 설치한 자 및 저감대책을 수립·시행하지 않은 자는 200만원 이하의 과태료가 부과됩니다.

3-4. 방음·방진시설의 설치
3-4-1. 작업시간의 조정 등

① 특별자치시장·특별자치도지사 또는 시장·군수·구청장은 생활소음·진동이 소음·진동관리법 시행규칙 별표 8에 따른 규제기준을 초과하면 소음·진동을 발생시키는 자에게 작업시간의 조정, 소음·진동 발생 행위의 중지, 방음·방진시설의 설치, 다음에서 정하는 소음이 적게 발생하는 건설기계의 사용 등 필요한 조치를 명할 수 있습니다.

1) 환경기술 및 환경산업 지원법 제17조에 따라 환경표지의 인증을 받은 건설기계

2) 소음·진동관리법(법률 제7293호에 의하여 개정되기 전의 것을 말함) 제49조의2에 따른 소음도표지를 부착한 건설기계

② 이를 위반해서 작업시간 조정 등의 명령을 위반하면 6개월 이하의 징역 또는 500만원 이하의 벌금에 처해집니다.

3-4-2. 공사의 중지 또는 폐쇄 명령

① 특별자치시장·특별자치도지사 또는 시장·군수·구청장은 위 규정에 따른 조치명령을 받은 자가 이를 이행하지 않으면 해당 규제대상의 사용금지, 해당 공사의 중지 또는 폐쇄를 명할 수 있습니다.

② 이를 위반해서 사용금지, 공사중지 또는 폐쇄명령을 위반하면 1년 이하의 징역 또는 500만원 이하의 벌금에 처해집니다.

4. 주택의 구조 및 재료 관련 제한

4-1. 구조내력 등

4-1-1. 구조의 안전 확인

① 건축물은 고정하중, 적재하중(積財荷重), 적설하중(積雪荷重), 풍압(風壓), 지진이나 그 밖의 진동 및 충격 등에 대해서 안전한 구조를 가져야 합니다.

② 건축법 제11조제1항에 따른 건축물을 신축하거나 개축하는 경우 해당 건축물의 설계자는 건축물의 구조기준 등에 관한 규칙에 따라 그 구조의 안전을 확인해야 합니다.

③ 위에 따라 구조 안전을 확인한 건축물 중 다음의 어느 하나에 해당하는 건축물의 건축주는 해당 건축물의 설계자로부터 구조 안전의 확인 서류를 받아 건축법 제21조에 따른 착공신고를 하는 때에 그 확인 서류를 허가권자에게 제출해야 합니다. 다만, 표준설계도서에 따라 건축하는 건축물은 제외합니다.

1) 층수가 2층[주요구조부인 기둥과 보를 설치하는 건축물로서 그 기둥과 보가 목재인 목구조 건축물의 경우에는 3층]이상인 건축물

2) 연면적이 200제곱미터 이상(목구조 건축물의 경우에는 500제곱미터)인 건축물. 다만, 창고, 축사, 작물 재배사는 제외합니다.

3) 높이가 13미터 이상인 건축물

4) 처마높이가 9미터 이상인 건축물

5) 기둥과 기둥 사이의 거리가 10미터 이상인 건축물

6) 한쪽 끝은 고정되고 다른 끝은 지지(支持)되지 않은 구조로 된 보·차 양 등이 외벽의 중심선으로부터 3미터 이상 돌출된 건축물 및 특수한 설계·시공·공법 등이 필요한 건축물로서 국토교통부장관이 정하여 고시하는 구조로 된 건축물

7) 단독주택 및 공동주택

4-1-2. 구조의 계산

건축법 제48조제2항에 의해서 구조의 안전을 확인해야 하는 건축물의 구조 계산은 건축구조기준에서 정하는 구조계산법에 따릅니다.

4-1-3. 위반 시 제재

이를 위반한 설계자, 공사감리자, 공사시공자 및 건축법 제67조에 따른 관계전문기술자는 2년 이하의 징역 또는 1억원 이하의 벌금에 처해집니다.

4-2. 대지 안의 피난 및 소화에 필요한 통로의 설치

건축물의 대지 안에는 그 건축물 바깥쪽으로 통하는 주된 출구와 지상으로 통하는 피난계단 및 특별피난계단으로부터 도로 또는 공지(공원, 광장이나 그 밖에 이와 비슷한 것으로서 피난 및 소화를 위해서 해당 대지의 출입에 지장이 없는 것을 말함)로 통하는 통로를 단독주택의 경우 유효 너비 0.9미터 이상으로 설치해야 합니다.

4-3. 창문 등의 차면시설 설치

인접 대지경계선으로부터 직선거리 2미터 이내에 이웃 주택의 내부가 보이는 창문 등을 설치하는 경우에는 차면시설(遮面施設)을 설치해야 합니다.

4-4. 거실 등의 방습

건축법 제49조제2항에 따라 건축물의 최하층에 있는 거실(바닥이 목조인 경우만 해당)의 바닥의 높이는 지표면으로부터 45센티미터 이상으로 해야 합

니다. 다만, 지표면을 콘크리트바닥으로 설치하는 등 방습을 위한 조치를 하는 경우에는 그렇지 않습니다.

4-5. 계단의 설치

① 건축법 제49조제2항에 따라 연면적 200제곱미터를 초과하는 건축물에 설치하는 계단은 다음에서 정하는 기준에 적합해야 합니다.

   1) 높이가 3미터를 넘는 계단에는 높이 3미터 이내마다 유효너비 120센티미터 이상의 계단참을 설치할 것

   2) 높이가 1미터를 넘는 계단 및 계단참의 양옆에는 난간(벽 또는 이에 대치되는 것을 포함)을 설치할 것

   3) 너비가 3미터를 넘는 계단에는 계단의 중간에 너비 3미터 이내마다 난간을 설치할 것. 다만, 계단의 단높이가 15센티미터 이하이고, 계단의 단너비가 30센티미터 이상인 경우에는 그렇지 않습니다.

   4) 계단의 유효 높이(계단의 바닥 마감면부터 상부 구조체의 하부 마감면까지의 연직방향의 높이를 말함)는 2.1미터 이상으로 할 것

② 위 규정에 따라 계단을 설치하는 경우 계단 및 계단참의 너비(옥내계단에 한함), 계단의 단높이 및 단너비의 칫수는 다음의 기준에 적합해야 합니다. 이 경우 돌음계단의 단너비는 그 좁은 너비의 끝부분으로부터 30센티미터의 위치에서 측정합니다.

   1) 위층의 거실의 바닥면적의 합계가 200제곱미터 이상이거나 거실의 바닥면적의 합계가 100제곱미터 이상인 지하층의 계단인 경우에는 계단 및 계단참의 너비를 120센티미터 이상 으로 할 것

   2) 그 밖의 계단인 경우에는 계단 및 계단참의 너비를 60센티미터 이상 으로 할 것

③ 계단을 대체하여 설치하는 경사로는 다음의 기준에 적합하게 설치해야 합니다.

   1) 경사도는 1:8을 넘지 않을 것

   2) 표면을 거친 면으로 하거나 미끄러지지 않는 재료로 마감할 것

   3) 경사로의 직선 및 굴절부분의 유효너비는 장애인·노인·임산부 등의 편의 증진보장에 관한 법률이 정하는 기분에 적합할 것

4-6. 방화구획의 설치

주요구조부가 내화구조 또는 불연재료로 된 건축물로서 연면적이 1천 제곱미터를 넘는 것은 건축물의 피난·방화구조 등의 기준에 관한 규칙 제14조에서 정하는 기준에 따라 내화구조로 된 바닥·벽 및 건축법 시행령 제64조에 따른 갑종 방화문(국토교통부장관이 정하는 기준에 적합한 자동방화셔터를 포함)으로 구획해야 하지만, 단독주택에 대해서는 앞의 규정을 적용하지 않거나 그 사용에 지장이 없는 범위에서 완화되어 적용될 수 있습니다.

4-7. 거실의 채광·환기를 위한 창문 등의 설치

4-7-1. 채광을 위한 창문 등의 면적

① 단독주택의 거실에는 채광을 위한 창문 등이나 설비를 설치해야 하는데, 채광을 위해서 설치하는 창문 등의 면적은 그 거실의 바닥면적의 10분의 1 이상이어야 합니다.

② 다만, 거실의 용도에 따라 건축물의 피난·방화구조 등의 기준에 관한 규칙 별표 1의3에 따른 조도 이상의 조명장치를 설치하는 경우에는 그렇지 않습니다.

4-7-2. 환기를 위한 창문 등의 면적

① 단독주택의 거실에는 환기를 위한 창문 등이나 설비를 설치해야 하는데, 환기를 위해서 설치하는 창문 등의 면적은 그 거실의 바닥면적의 20분의 1 이상이어야 합니다.

② 다만, 기계환기장치 및 중앙관리방식의 공기조화설비를 설치하는 경우에는 그렇지 않습니다.

③ 위 규정을 적용하는데 있어서 수시로 개방할 수 있는 미닫이로 구획된 2개의 거실은 이를 1개의 거실로 봅니다.

4-8. 경계벽 및 바닥의 설치

4-8-1. 경계벽의 설치

① 단독주택 중 다가구주택의 각 가구 간 경계벽(건축법 시행령 제2조제14
호 후단에 따라 거실·침실 등의 용도로 쓰지 않는 발코니 부분은 제외)
에 설치하는 경계벽은 내화구조로 하고, 지붕밑 또는 바로 윗층의 바닥
판까지 닿게 해야 합니다.

② 위 규정에 따른 경계벽은 소리를 차단하는데 장애가 되는 부분이 없도
록 다음 어느 하나에 해당하는 구조로 해야 합니다.

  1) 철근콘크리트조·철골철근콘크리트조로서 두께가 10센티미터 이상인 것

  2) 무근콘크리트조 또는 석조로서 두께가 10센티미터(시멘트모르타르·회
반죽 또는 석고플라스터의 바름두께를 포함한다) 이상인 것

  3) 콘크리트블록조 또는 벽돌조로서 두께가 19센티미터 이상인 것

  4) 위 1. 부터 3. 외에 국토교통부장관이 정해서 고시하는 기준에 따라
국토교통부장관이 지정하는 자 또는 한국건설기술연구원장이 실시하는
품질시험에서 그 성능이 확인된 것

  5) 한국건설기술연구원장이 건축물의 피난·방화구조 등의 기준에 관한 규
칙 제27조제1항에 따라 정한 인정기준에 따라 인정하는 것

③ 다만, 다가구주택의 세대 간의 경계벽인 경우에는 주택건설기준 등에 관
한 규정 제14조에 정하는 바에 따릅니다.

4-8-2. 바닥의 설치

단독주택 중 다가구주택의 가구·세대 등 간 소음방지를 위한 바닥은 경량
충격음(비교적 가볍고 딱딱한 충격에 의한 바닥충격음을 말함)과 중량충격
음(무겁고 부드러운 충격에 의한 바닥충격음을 말함)을 차단할 수 있는 구
조로 해야 합니다.

4-9. 건축물의 내화구조

① 다음의 어느 하나에 해당하는 건축물(제2호에 해당하는 건축물로서 2층 이하인 건축물은 지하층 부분만 해당)의 주요구조부와 지붕을 내화구조로 해야 합니다. 다만, 막구조 등 대통령령으로 정하는 구조는 주요구조부에만 내화구조로 할 수 있습니다.

  1) 건축물의 2층이 단독주택 중 다중주택 및 다가구주택의 용도로 쓰는 건축물로서 그 용도로 쓰는 바닥면적의 합계가 400제곱미터 이상인 건축물

  2) 3층 이상인 건축물 및 지하층이 있는 건축물. 다만, 단독주택(다중주택 및 다가구주택은 제외) 용도로 쓰는 건축물은 제외합니다.

② 다만, 연면적이 50제곱미터 이하인 단층의 부속건축물로서 외벽 및 처마 밑면을 방화구조로 한 것은 그렇지 않습니다.

4-10. 대규모 건축물의 방화벽

4-10-1. 일반건축물

① 연면적 1천 제곱미터 이상인 건축물은 방화벽으로 구획하되, 각 구획된 바닥면적의 합계는 1천 제곱미터 미만이어야 합니다.

② 다만, 주요구조부가 내화구조이거나 불연재료인 건축물과 단독주택(다중주택 및 다가구주택은 제외)의 용도로 쓰는 건축물의 경우에는 그렇지 않습니다.

③ 방화벽의 구조는 다음의 구조에 적합해야 합니다.

  1) 내화구조로서 홀로 설 수 있는 구조일 것

  2) 방화벽의 양쪽 끝과 윗쪽 끝을 건축물의 외벽면 및 지붕면으로부터 0.5미터 이상 튀어 나오게 할 것

  3) 방화벽에 설치하는 출입문의 너비 및 높이는 각각 2.5미터 이하로 하고, 해당 출입문에는 규제「건축물의 피난·방화구조 등의 기준에 관한 규칙 제26조에 따른 갑종방화문을 설치할 것

4-10-2. 목조건축물

① 연면적 1천 제곱미터 이상인 목조 건축물의 구조는 그 외벽 및 처마밑의 연소할 우려가 있는 부분을 방화구조로 하되, 그 지붕은 불연재료로 해야 합니다.

② 위에서 "연소할 우려가 있는 부분"이란 인접대지경계선·도로중심선 또는 동일한 대지안에 있는 2동 이상의 건축물(연면적의 합계가 500제곱미터 이하인 건축물은 이를 하나의 건축물로 봄) 상호의 외벽 간의 중심선으로부터 1층에 있어서는 3미터 이내, 2층 이상에 있어서는 5미터 이내의 거리에 있는 건축물의 각 부분을 말합니다.

③ 다만, 공원·광장·하천의 공지나 수면 또는 내화구조의 벽이나 그 밖에 이와 유사한 것에 접하는 부분을 제외합니다.

4-11. 방화지구의 건축물

연면적 30제곱미터 미만인 단층 부속건축물로서 지붕·외벽 및 처마면이 내화구조 또는 불연재료로 된 것은 그 주요구조부 및 외벽을 내화구조로 하지 않을 수 있습니다.

제4절 공사감리

1. 건축물의 공사감리

1-1. 공사감리 대상 및 공사감리자 지정 의무 등

① 건축주는 건축법 제11조에 따라 건축허가를 받아야 하는 건축물(건축법 제14조에 따른 건축신고 대상 건축물은 제외함)을 건축하는 경우 건축사를 공사감리자(공사시공자 본인 및 독점규제 및 공정거래에 관한 법률 제2조에 따른 계열회사는 제외함)로 지정하여 공사감리를 하게 해야 합니다.

② 이를 위반해서 공사감리자를 지정하지 않고 공사를 하게 하면 2년 이하의 징역 또는 1억원 이하의 벌금에 처해집니다.

③ "공사감리자"란 자기의 책임(보조자의 도움을 받는 경우를 포함)으로 건축법으로 정하는 바에 따라 건축물, 건축설비 또는 공작물이 설계도서의 내용대로 시공되는지를 확인하고, 품질관리·공사관리·안전관리 등에 대해서 지도·감독하는 사람을 말합니다.

1-2. 공사감리자에 대한 보수의 지급 거부 금지 등

① 건축주나 공사시공자는 건축법 제25조제3항과 제4항에 따라 위반사항에 대한 시정이나 재시공을 요청하거나 위반사항을 허가권자에게 보고한 공사감리자에게 이를 이유로 공사감리자의 지정을 취소하거나 보수의 지급을 거부하거나 지연시키는 등 불이익을 주어서는 안 됩니다.

② 이를 위반한 건축주 및 공사시공자는 2년 이하의 징역 또는 1억원 이하의 벌금에 처해집니다.

[서식] 공사 감리자 지정 신청서

공사 감리자 지정 신청서

• 색상이 어두운 난은 신청인이 작성하지 아니하며, [   ]에는 해당하는 곳에 √ 표시를 합니다.   (앞쪽)

접수번호	접수일자	처리일자	처리기간	7일

①건축주	성명(법인명)		생년월일(사업자 또는 법인등록번호)		
	주소			(전화번호:)	
	전자우편 송달동의	「행정절차법」 제14조에 따라 정보통신망을 이용한 각종 부담금 부과 사전통지 등의 문서 송달에 동의합니다.			
		[ ] 동의함		[ ] 동의하지 않음	
		건축주		(서명 또는 인)	
		전자우편 주소	@		

②설계자	성명	(서명 또는 인)	자격번호	
	사무소명		신고번호	
	사무소주소		(전화번호:)	

③공사 개요	대지위치			
	지역지구		층 수	지하 지상
	대지면적	㎡	건축면적	㎡
	건축연면적		구 조	
	용 도		건축허가 일/허가 번호	

「건축법」 제25조제2항, 같은 법 시행령 제19조의2제3항 및 같은 법 시행규칙 제19조의3제1항에 따라 위와 같이 공사 감리자 지정을 신청합니다.

년   월   일

건축주   (서명 또는 인)

특별시장·광역시장·특별자치시장·특별자치도지사 , 시장·군수·구청장   귀하

210mm×297mm[백상지(80g/㎡) 또는 중질지(80g/㎡)]

근 거 법 규

건축법 제25조 제2항 및 같은 법 시행령 제19 조의2제3항 및 같은 법 시행규칙 제19조의3제1항	1. 「건설산업기본법」 제41조제1항 각 호에 해당하지 아니하는 소규모 건축물로서 건축주가 직접 시공하는 건축물 및 분양을 목적으로 하는 건축물 중 대통령령으로 정하는 건축물의 경우에는 대통령령으로 정하는 바에 따라 허가권자는 공사감리자를 지정하여야 합니다.
	2. 허가권자에게 공사감리자를 지정받으려는 건축주는 착공신고 전에 공사감리자 지정을 신청하여야 합니다.

유 의 사 항

1. 「건설산업기본법」 제41조제1항 각 호에 해당하지 않는 건축물로서 같은 법 제9조에 따라 건설업으로 등록한 건설업자가 시공하지 않는 건축물은 공사감리자 지정을 신청해야 합니다.

2. 「건설산업기본법」 제41조제1항 각 호에 해당하지 않는 건축물로서 같은 법 제9조에 따라 건설업으로 등록한 건설업자가 시공하는 건축물은 공사감리자 지정 신청 대상이 아닙니다. 다만 건축주가 건설업자이면서 공사시공자(독점규제 및 공정거래에 관한 법률 제2조에 따른 계열회사를 포함한다)인 건축물은 공사감리자 지정을 신청해야 합니다.

처 리 절 차

신청서 작성 → 접 수 → 검 토 → 감리자 지정 → 신청인에게 통보

신청인

처 리 기 관
(특별시·광역시·특별자치시·특별자치도, 시·군·구
건축허가부서 등)

(관련판례)

「민법」 제690조가 위임계약의 일방 당사자의 파산을 위임계약 종료사유로 하고 있는 것은 위임계약이 당사자 사이의 신뢰관계를 바탕으로 하고 있으므로 당사자의 일방이 파산한 경우에는 그 신뢰관계를 유지하기 어렵게 된다는 데 그 기초를 두고 있다고 할 것인데, 건축공사 감리계약은 그 법률적 성질이 기본적으로 「민법」 상의 위임계약이라고 하더라도 감리계약의 특수성에 비추어 위임계약에 관한 민법 규정을 그대로 적용할 수는 없는 것이라 할 것이다(대법원 2003. 1. 10. 선고 2002다11236 판결).

제5절 분쟁해결

1. 건축분쟁전문위원회

① 건축 등과 관련된 다음의 분쟁(건설산업기본법 제69조에 따른 조정의 대상이 되는 분쟁은 제외)의 조정(調停) 및 재정(裁定)을 하기 위해 국토교통부에 건축분쟁전문위원회를 둡니다.

1) 건축관계자와 해당 건축물의 건축 등으로 피해를 입은 인근주민(이하 "인근주민"이라 함) 간의 분쟁
2) 관계전문기술자와 인근주민 간의 분쟁
3) 건축관계자와 관계전문기술자 간의 분쟁
4) 건축관계자 간의 분쟁
5) 인근주민 간의 분쟁
6) 관계전문기술자 간의 분쟁

2. 분쟁조정 또는 재정의 신청

2-1. 신청절차 및 첨부서류

① 건축물의 건축 등과 관련된 분쟁의 조정 또는 재정(이하 "조정 등"이라 함)을 신청하려는 사람은 다음의 사항을 기재하고 서명·날인한 분쟁조정 등 신청서에 참고자료 또는 서류를 첨부해서 국토교통부에 설치된 건축분쟁전문위원회에 제출(전자문서에 의한 제출을 포함)해야 합니다.

1) 신청인의 성명(법인인 경우에는 명칭) 및 주소
2) 당사자의 성명(법인인 경우에는 명칭) 및 주소[여러 사람이 공동으로 조정 등의 당사자가 될 때에는 그 중에서 3명 이하의 대표자를 선정할 수 있습니다.
3) 대리인을 선임한 경우에는 대리인의 성명 및 주[(당사자는 ㉮ 당사자의 배우자, 직계존·비속 또는 형제자매, ㉯ 당사자인 법인의 임직원, ㉰ 변호사를 대리인으로 선임할 수 있습니다.
4) 분쟁의 조정 등을 받으려는 사항

5) 분쟁이 발생하게 된 사유와 당사자 간의 교섭경과

6) 신청연월일

② 위의 경우 증거자료 또는 서류가 있으면 그 원본 또는 사본을 분쟁조정 등 신청서에 첨부해서 제출할 수 있습니다.

③ 조정신청은 해당 사건의 당사자 중 1명 이상이 하며, 재정신청은 해당 사건 당사자 간의 합의로 합니다.

2-2. 분쟁조정 등의 기간

건축분쟁전문위원회는 당사자의 조정신청을 받으면 60일 이내에, 재정신청을 받으면 120일 이내에 절차를 마쳐야 하지만 부득이한 사정이 있으면 건축 분쟁전문위원회의 의결로 기간을 연장할 수 있습니다.

2-3. 분쟁조정 등의 거부와 중지

시·도지사 또는 시장·군수·구청장은 위해 방지를 위해서 긴급한 상황이거나 그 밖에 특별한 사유가 없으면 조정 등의 신청이 있다는 이유만으로 해당 공사를 중지하게 해서는 안 됩니다.

2-4. 분쟁조정 등의 효력
2-4-1. 조정의 효력

① 조정위원회는 건축법 제95조제3항에 따라 조정안을 작성하면 지체 없이 각 당사자에게 조정안을 제시해야 하며, 조정안을 제시받은 당사자는 제시를 받은 날부터 15일 이내에 수락 여부를 조정위원회에 알려야 합니다.

② 조정위원회는 당사자가 조정안을 수락하면 즉시 조정서를 작성해야 하며, 조정위원과 각 당사자가 이에 기명날인하면 당사자 간에 조정서와 동일한 내용의 합의가 성립된 것으로 봅니다.

2-4-2. 재정의 효력

재정위원회가 재정을 한 경우 재정 문서의 정본이 당사자에게 송달된 날부터 60일 이내에 당사자 양쪽이나 어느 한쪽으로부터 그 재정의 대상인 건축물의 건축 등의 분쟁을 원인으로 하는 소송이 제기되지 않거나 그 소송이 철회되면 당사자 간에 재정 내용과 동일한 합의가 성립된 것으로 봅니다.

2-5. 비용부담

분쟁의 조정 등을 위한 감정·진단·시험 등에 드는 비용은 당사자 간의 합의로 정하는 비율에 따라 당사자가 부담해야 합니다. 다만, 당사자 간에 비용부담에 대해서 합의가 되지 않으면 조정위원회나 재정위원회에서 부담비율을 정합니다.

[서식] 하자분쟁조정 신청서

하자분쟁조정 신청서

※ 뒤쪽의 작성방법을 읽고 작성하며, [ ]에는 해당되는 곳에 √표를 합니다.

(앞쪽)

사건번호		접수일 년 월 일	처리기간 : 전유부분은 60일 (공용부분은 90일) 한차례만 30일 연장가능	
대상 시설	단 지 명 칭		세대수	난방방식
	주 소			
	①사업계획 승인일	년 월 일	시행자(분양자)	
	②사용검사 (승인)일	년 월 일	시공자(일괄도급 시)	
	③주택인도일	2013년 6월 19일 이후에 사용검사(승인)한 경우: 년 월 일(세대 인도일)		
신 청 인	당 사 자	개인: 성 명 법인: 상 호		개인: 생년월일 년 월 일
				법인: 등록번호 -
		신청인 자격	[ ] 입주자 [ ] 입주자대표회의 [ ] 관리단 [ ] 건축주 [ ] 시행자 [ ] 시공자(일괄도급 시) [ ] 하자보수보증기관 [ ]설계자 [ ] 감리자	
		주소: 문서 송달을 받을 주소를 기재 (전화번호 - -)		
	대 리 인	성 명	등기부상 소유자	생년월일 년 월 일
		당사자와의 관계	[ ] 변호사 [ ] 배우자 또는 4촌 이내의 친족 [ ] 주택의 임차인 등 [ ] 공무원 [ ] 관리사무소장 [ ]사업주체·설계자 또는 감리자의 임직원	
		주소: 문서 송달을 받을 주소를 기재 (전화번호 - -)		
피신 청인	성명(상호)		전화번호	
	주소			

- 226 -

신청취지	[ ] 하자보수청구	
	[ ] 보수비용청구	일금　　　　　　　원정(₩　　　　　　　) 산출내역은 첨부서류 2에 기재합니다. ※ 하자보수 대신 또는 하자보수와 함께 손해배상을 청구하는 경우에 기재합니다.

신청내용	④ 하자 부위	하자내용
	※ 기재란이 부족한 경우에는 별지 사용	

송달 받는 방법 선택	[ ] 하자관리정보시스템(온라인)　　　　[ ] 우편송달

「공동주택관리법」 제39조제3항 및 같은 법 시행규칙 제19조제2항에 따라 위와 같이 분쟁조정을 신청합니다.

　　　　　　　　　　　　　　　　　　　　　　　년　　　월　　　일

위 신청인(법인은 대표자, 대리인을 선임한
　　　　　　경우는 대리인)　　　　　　　　　(서명 또는 인)

국토교통부 하자심사·분쟁조정위원회　귀중

첨부서류 및 조정등의 비용	- 피신청인 인원수에 해당하는 부본(副本)을 함께 제출 - 그 밖의 사항은 뒤쪽 참조	수수료 뒤쪽 참조

210mm×297mm[백상지(80g/㎡) 또는 중질지(80g/㎡)]

| 첨부
서류 | 1. 당사자간 교섭경위서(입주자대표회의등이 일정별로 청구한 하자보수 등에 대하여 사업주체등이 답변한 내용 또는 서로 협의한 내용을 말합니다) 1부
2. 하자발생사실 증명자료(컬러 사진 및 설명자료 등) 1부
3. 「공동주택관리법 시행령」 제41조제1항에 따른 하자보수보증금의 보증서 사본(하자보수보증금의 보증서 발급기관이 사건의 당사자인 경우만 해당합니다) 1부
4. 신청인의 신분증 사본(법인은 인감증명서를 말하되, 「전자서명법」 제2조제3호에 따른 공인전자서명을 한 전자문서는 신분증 사본으로 갈음합니다) 다만, 대리인이 신청하는 경우에는 다음 각 목의 서류를 말하되, 개인 신분증은 주민등록번호 중 뒷자리 7자리 숫자를 가리고 복사 등을 한 것을 제출합니다.
　가. 신청인의 위임장 1부, 신분증 사본 1부
　나. 대리인의 신분증(변호사는 변호사 신분증을 말합니다) 사본 1부
　다. 대리인이 법인의 직원인 경우에는 재직증명서 1부
5. 입주자대표회의가 신청하는 경우에는 그 구성 신고를 증명하는 서류 1부
6. 관리사무소장이 신청하는 경우에는 관리사무소장 배치 및 직인 신고증명서 사본 1부
7. 「집합건물의 소유 및 관리에 관한 법률」 제23조에 따른 관리단이 신청하는 경우에는 그 관리단의 관리인을 선임한 증명서류 1부 | 조정등의 비용(국토교통부장관이 별도로 고시하는 금액) |

유의사항

1. (분쟁조정 거부) 위원회는 분쟁의 성질상 조정을 하는 것이 맞지 아니하다고 인정(소송 중이거나 개인이 공용부분의 조정을 신청한 사건 등)하거나 부정한 목적으로 신청되었다고 인정되면 분쟁조정을 각하할 수 있습니다.

2. (하자판정 후 분쟁조정) 하자로 판정한 시설물 등의 경우, 보수책임범위 등에 관한 이견을 이유로 분쟁조정을 신청한 사건은 입주자대표회의등이 위원회에서 제시하는 조정안을 거부할 경우에는 기 하자판정에도 불구하고 사업주체에게 법 제102조제2항제5호에 따른 과태료를 부과하지 않습니다. 그러나 사업주체가 조정안을 거부하고 하자보수를 지체할 경우에는 과태료를 부과할 수 있습니다.

작성방법

1. ①은 「주택법」 제15조에 따른 사업계획승인을 받은 공동주택은 사업계획승인일을, 「건축법」 제11조에 따라 건축허가를 받은 공동주택은 건축허가일을 각각 적습니다.

2. ②는 다음 중에서 해당하는 날을 적습니다.
   가. 「주택법」제49조에 따른 사용검사를 받은 공동주택은 사용검사일. 다만, 주택
   단지의 전부에 대해서 임시 사용승인을 받은 경우는 그 임시 사용승인일, 분할
   사용검사를 받은 경우에는 그 분할 사용검사일, 동별 사용검사를 받은 경우에
   는 동별 사용검사일을 적습니다.
   나. 「주택법」제66조제1항에 따른 리모델링의 허가를 받은 공동주택은 그 사용검사일을
   적습니다.
   다. 공공임대주택을 분양전환한 공동주택은 「주택법」제49조에 따른 사용검사일과 분양전
   환승인일을 모두 적습니다.
   라. 「건축법」제22조에 따라 사용승인을 받은 공동주택은 사용승인일을 적습니다.
   마. 「공동주택관리법」제35조제1항에 따른 행위허가를 받은 공동주택은 그 사용검사일을
   적습니다.
3. ③ 2013년 6월 19일 이후에 사용검사(=사용승인)을 받은 공동주택의 주택 인도일은 주
   택인도증서 상의 인도일을 적습니다. ※ 주택인도증서는 공동주택관리정보시스템
   (k-apt)에서 확인할 수 있습니다.
4. ④는 하자가 발생한 시설 부위(예: 욕실)를 적습니다.
5. 색상이 어두운 란은 신청인이 작성하지 않습니다.

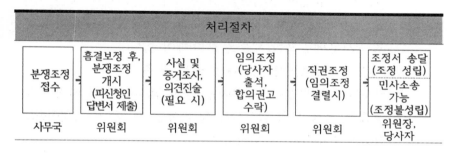

			처리절차			
분쟁조정 접수	흠결보정 후, 분쟁조정 개시 (피신청인 답변서 제출)	사실 및 증거조사, 의견진술 (필요 시)	임의조정 (당사자 출석, 합의권고 수락)	직권조정 (임의조정 결렬시)	조정서 송달 (조정 성립) 민사소송 가능 (조정불성립)
사무국	위원회	위원회	위원회	위원회	위원장, 당사자

■ **주택을 건축하는 도중 옆집과 분쟁이 생겼습니다. 소송을 하지 않고 해결할 수 있는 방법이 있나요?**

Q 주택을 건축하는 도중 옆집과 분쟁이 생겼습니다. 소송을 하지 않고 해결할 수 있는 방법이 있나요?

A 주택건축과 관련해서 분쟁이 발생한 경우에는 국토교통부에 설치된 건축분쟁전문위원회에 분쟁의 조정 또는 재정을 신청할 수 있습니다.

◇조정 또는 재정신청절차 및 첨부서류

① 건축물의 건축 등과 관련된 분쟁의 조정 또는 재정(이하 "조정 등"이라 함)을 신청하려는 사람은 다음의 사항을 기재하고 서명·날인한 분쟁조정 등 신청서에 참고자료 또는 서류를 첨부해서 국토교통부에 설치된 건축분쟁전문위원회에 제출(전자문서에 의한 제출을 포함)해야 합니다.

1. 신청인의 성명(법인인 경우에는 명칭) 및 주소

2. 당사자의 성명(법인인 경우에는 명칭) 및 주소(여러 사람이 공동으로 조정 등의 당사자가 될 때에는 그 중에서 3명이하의 대표자를 선정할 수 있습니다.)

3. 대리인을 선임한 경우에는 대리인의 성명 및 주소(당사자는 당사자의 배우자, 직계존·비속 또는 형제자매, 당사자인 법인의 임직원, 변호사를 대리인으로 선임할 수 있습니다.

4. 분쟁의 조정 등을 받으려는 사항

5. 분쟁이 발생하게 된 사유와 당사자 간의 교섭경과

6. 신청연월일

② 위의 경우 증거자료 또는 서류가 있으면 그 원본 또는 사본을 분쟁조정 등 신청서에 첨부해서 제출할 수 있습니다.

③ 조정신청은 해당 사건의 당사자 중 1명 이상이 하며, 재정신청은 해당 사건 당사자 간의 합의로 합니다.

◆ 분쟁조정 사례 ◆

■ 부부욕실과 동일한 절수형 변기가 공용욕실에서만 막힘 현상이 발생

▣ 당사자 주장

⊙ 신청인(소유자)

입주초기부터 막힘현상이 많았고, 입주자 카페에 부부욕실과 동일한 절수형 변기가 공용욕실에서만 막힘 현상이 발생되는지 민원이 많았으며, 기능상 문제 등 매번 변기레버를 붙잡고 사용하고 있다는 것은 사용상 불편을 초래하고, 절수형 변기라도 매번 두 번씩 물을 내려서 사용을 한다면 피신청인이 주장하는 절수형 변기라는 의미가 없으며, 부부욕실 변기는 같은 절수형 변기이나 아무런 문제점이 없는 점을 고려할 때, 부부욕실과 동일한 변기로 교체를 해야 함.

⊙ 피신청인(시공자)

피신청인은 KS제품이고, 하자임을 인정할 수 없으며, 기능불량이라고 볼 수 없음.

▣ 조사내용

⊙ 하자담보책임기간

위생기구설비공사에 대한 하자담보책임기간은 주택법 시행령 별표 6에 따라 사용검사일로부터 2년이고, 신청인이 하자보수책임기간 이내에 하자보수를 청구한 사건임.

⊙ 변기하자 관련 진행사항

1) 공용욕실 변기 기능불량(배출) 등 보수 요청.

2) 피신청인은 저수용량이 작아서 막히는 것이니 신청인의 비용 부담으로 교체할 수 있을 것이라고 회신함.

⊙ 설계도서

해당 세대의 변기와 관련한 도면은 없음.

⊙ 관련자료

해당 설비 생산업체 대변기 시험성적서의 시험방법 KSL15518.2 대변기능시험내용에 "대변기용 오물을 확인하는 방법중에 길이 약760mm로 잘라 낸시험용지를 지름 약50~75mm의 구형으로 둥글게 한 것(이하 "시험용 지구"라고 한다.)을 7개 사용한다. 또는 이것과 동등이상의 것을 사용하여도 좋다.' '라고 표기됨.

⊙ 시공상태

- 현장실사결과, 공용욕실 및 부부욕실 변기는 절수형(6L이하)원피스(로우탱크일체형)로 시공된 것으로 확인됨.
- 해당 변기(공용욕실)에 휴지를(30~70cm7매) 넣어 배출성능을 확인한 결과, 배출되지 않는 것으로 나타남.
- 또한, 공용욕실변기는 배출 손잡이를 잡고 있어야 배출이 되는 것으로 확인됨.
- 공용욕실과 부부욕실에 로우탱크사이즈 및 담수된 물의 용량을 확인한 결과, 부부욕실의 변기가 용수의 담수량 및 배출량이 많은 것으로 조사됨.

■ 조정결정사항

"공용욕실변기 기능불량(배출불량)"건은 현장실사결과, 공용욕실과 부부욕실이 동일한 절수형 변기로 시공되었으나, 공용욕실로 우탱크의 용수담수량이 부부욕실에 비해 작고, 용수배출시 레버를 붙잡고 배출하는 등 부부욕실변기에 비해 현저하게 차이나는 점을 고려할 때, 이는 기능상지장을 초래하고 있으므로 피신청인이 공용욕실 변기를 부부욕실변기와 동등 또는 그 이상의 제품으로 교체하여 보수하도록 분쟁을 조정 함.

■ 겨울철 측벽 세대의 부부욕실 매립배관이 동결, 동파하는 하자가 발생

▣ 당사자 주장
⊙ 신청인(입주자대표회의)
- 신청인은 부부욕실의 매립배관이 도면과 상이하게 시공되어 겨울철 측벽 세대의 부부욕실 매립배관이 동결, 동파하는 하자가 발생하고 있으며, 이로 인해 생활에 불편함이 있음을 주장함.
- 또한, 하자보수보증금 청구 당시 부부욕실의 배관 하자에 대해 피신청인에게 청구하였으나, 피신청인으로부터 사용검사전 하자는 보증범위에 해당되지 않음을 통보받고 더 이상 청구하지 않았음을 주장 함.

⊙ 피신청인(보증사)
- 피신청인은 부부욕실의 매립배관이 설계도서와 상이하게 시공된 점은 인정하고 있으나 보증약관에 따라 사용검사전 하자는 피신청인의 보증범위에 해당되지 않으며, 신청인에게 이 사실을 고지하였음을 주장함. 또한 1,2년차 하자보수보증금 청구 당시 해당부위에 대한 하자를 신청인은 청구하였으나, 보증약관에 따라 산정 내역에서 제외 되었으며, 신청인이 추가로 청구한 하자보수청구 내역에 부부욕실 매립배관 동결, 동파 부분은 없다고 답변함.

▣ 조사내용
⊙ 하자담보책임기간

배관설비공사에 대한 하자담보책임기간은 주택법 시행령 별표 6에 따라 사용검사일로부터 2년까지이고, 신청인이 하자담보책임기간 이내에 하자보수를 청구한 조정사건임.

⊙ 하자관련 진행사항
1) 신청인은 부부욕실 배관 하자발생 내역 및 사진을 제출하여, 1,2,3년차 하자에 대해 하자보수보증금 청구 요청.
2) 피신청인은 신청인과 공동으로 실시한 현장조사 결과를 서면으로 회신.
3) 신청인은 공동 현장조사 실시 결과에 누락 된 부분에 대해 재조사 요청.

4) 피신청인은 1차 현장조사 산정 금액 및 추가 인정금액 결과를 신청인에게 서면으로 회신.

▣ 관련자료 검토
(하자보수종료 여부에 대한 판단)
- 신청인과 피신청인은 하자보증책임의 인정범위를 위해 공동으로 현장조사를 실시하여 피신청인측에서 하자 실보수비를 산출하여 신청인측에 통보하였으나, 신청인은 하자 실보수비 중 누락부분에 대해 추가로 청구하였음.
- 신청인의 누락부분 추가 청구에 대해 피신청인은 조사를 통해 보증책임이 인정되는 추가 보수비용을 산정하여 신청인에게 최종 통보함.
- 신청인은 전용부 및 공용부분의 1,2년차 하자에 대해 하자보수보증금 청구 및 수령동의서를 작성하여 피신청인에게 1,2년차의 하자보수보증금을 청구하였으며, 피신청인은 보증책임이 인정되는 하자 실보수비를 지급하였고, 해당 아파트의 1,2년차 하자보수보증은 종료된 것으로 확인됨.
⊙ 시공상태
- 현장실사 당시 부부욕실 마감재 해체가 불가하여 신청인이 제출한 사진 및 당사자 진술에 의해 확인한 결과, 부부욕실의 급수 및 급탕 배관은 세대 단열재 안쪽 조적부위에 설치되도록 설계되어 있으나, 설계도서와 상이하게 단열재 밖 벽면에 직접 닿은 채로 시공되어 겨울철 냉기에 취약한 것으로 판단됨.
- 또한, 세대 중 일부는 자비를 들여 보수한 것으로 조사되며, 보수 후 부부욕실의 동결, 동파는 없는 것으로 조사됨.

▣ 조정결정사항
- "부부욕실 수도배관 외벽 단열재의 위치가 반대로 시공되어 동결내지 동파" 건은 하자담보책임기간(2년) 이내에 배관의 동결, 동파의 하자가 발생하여 보증대상이 되는 하자에 해당되나,
- 신청인과 피신청인은 하자보수보증금을 지급하고 해당 단지의 1, 2년차

하자에 대한 하자보수보증을 종결한 상태로서, 피신청인의 보증책임이 종결 되었으므로 신청인이 유지관리 함이 타당함.
- 따라서 이 사건은 하자심사·분쟁조정위원회에서 조정을 하는 것이 맞지 아니하므로 각하함이 타당함.

■ 안방 난방 배관 파손으로 인한 누수로 보수시 난방비가 과도하게 청구된 경우

▣ 당사자 주장

⊙ 신청인(소유자)

안방 난방 배관 파손으로 인한 누수로 보수시 난방비가 과도하게 청구되어 이에 대한 금액보상을 피신청인에게 요청하였으나, 보상해 줄 수 없다고 하여 손해배상을 받고자 분쟁조정을 신청함.

⊙ 피신청인(시공자)

난방배관 누수 관련하여 시공사가 입주자에게 피해보상금액을 지급하였고, 동 건과 관련하여 추후 어떠한 이의도 제기하지 않을 것을 합의서를 통해 확약하였으므로 더 이상의 피해보상은 불가함.

▣ 조사내용

⊙ 하자담보책임기간

온돌공사에 대한 하자담보책임기간은 「주택법 시행령」 별표 6에 따라 사용검사일로부터 3년까지이나, 하자담보책임기간 내에 발생한 하자(일반하자) 여부에 대한 조정사건임.

⊙ 누수하자 관련 진행사항

안방 난방배관이 터지면서 누수가 발생하여, 시공사가 보수(배관용접, 콘크리트 및 마루마감재 시공 등) 완료하였고, 보수 당시 난방이 과도하게 가동되어 이에 대한 금액보상을 전화로 요청함.

⊙ 관련자료

- 대상단지는 신청인으로부터 채권양도를 받은 입주자대표회의가 원고가 되어, 하자보수금 등 청구 건으로 소송을 제기하여 일부 승소 판결을 선고받았으나, 원고 및 피고는 일부승소 판결에 대해 항소를 제기하여 소송이 진행 중인 것으로 확인됨.
- 입주자대표회의의 채권양도 통지에 관한 문서에는 "구분소유자로부터 하자보수에 갈음하는 손해배상청구권 등 일체의 권리를 위임 받았습니다." 라고 명시되어 있는 것으로 확인됨.

"안방 난방 배관 파손으로 인한 누수로 발생한 손해배상 요구"건은 신청인
으로부터 일체의 하자보수청구권을 양도 받은 대상단지 입주자대표회의가
피신청인을 상대로 소송을 진행중인 사건으로 주택법 시행령 제62조의9제2
항에 따라 이미 법원에 제소된 사건은 하자심사·분쟁조정위원회에서 조정을
하는 것이 맞지 아니하므로 각하함이 타당함.

■ 안방 및 침실3 발코니 창틀주위에 누수가 발생

□ 당사자 주장
⊙ 신청인(소유자)

안방 및 침실3 발코니 창틀주위에 누수가 발생하여 발코니 창틀 좌측 상부
모서리 내·외부에 실란트 보수를 받았으나, 창틀 상단부에 물방울이 맺히고
있으며 피신청인이 하자보수를 거부하기에 분쟁조정을 신청함.

⊙ 피신청인(시공자)

대상부위 창틀 물방울 맺힘은 실란트 노후화에 따른 누수이고, 대상단지는
1~3년차 하자보수 합의 및 종결이 완료되었으므로 신청인이 유지보수 할
사항임.

□ 조사내용
⊙ 하자담보책임기간

- 창문틀 및 문짝공사에 대한 하자담보책임기간은 주택법 시행령 별표 6
에 따라 사용검사일로부터 2년까지이나, 하자담보책임기간내에 발생한
하자(일반하자) 여부에 대한 조정사건임.

- 피신청인이 제출한 1~3년차 하자보수종료 관련서류(보수 완료확인서, 하
자보증책임완료 확인, 하자보수보증해지 공문, 하자종결 합의서 등) 검
토결과, 신청인은 하자보수청구권 등 일체의 권리를 입주자대표회의에게
위임하였으며, 입주자대표회의는 1~3년차 하자종결에 대하여 합의한 것
으로 확인됨.

⊙ 누수하자 관련 진행사항

1) 안방발코니 창틀주위 누수가 발생함.

2) 피신청인이 안방발코니 창틀주위 누수에 대하여 보수(창틀좌측 상부 내외부 모서리 실란트 주입)함.

3) 피신청인이 세대방문확인 결과 창틀 상부 실란트에 일부 들뜸 및 갈라짐 현상이 있으나, 창틀 물방울 맺힘은 신청인 생활환경에 따른 결로현상이며, 1~3년차 하자보수 합의 및 종결로 인해 보수의무가 없다고 주장함.

⊙ 설계도서

사용검사도면 검토결과, 안방 및 침실3의 발코니 창호는 플라스틱 미서기창 (3m ×2.2m)으로 표기됨.

⊙ 시공상태

현장실사 결과, 대상부위는 사용검사도면에 준하여 시공되었고, 창틀 상부에 누수가 있는 것으로 확인되었으며, 이는 외부 창호 실란트에 우수가 스며들어 누수가 발생한 것으로 판단됨.

◪ 조정결정사항

"안방 및 침실3 발코니 창틀주위 누수" 건은 창틀주위의 실란트 일부 들뜸 및 갈라짐으로 인해 누수가 발생되었으나, 신청인으로부터 하자보수청구권 등 일체의 권리를 위임받은 입주자대표회의와 피신청인이 1~3년차 하자보수 종료에 합의하여 종결된 사항으로 사건의 성질상 하자심사·분쟁조정위원회에서 조정하는 것이 맞지 아니하므로 각하함이 타당함.

■ 지하주차장 바닥 균열에 대해 하자보수에 갈음하는 손해배상금에 대한 조정신청

▣ 당사자 주장
⊙ 신청인(입주자대표회의)

지하주차장 바닥 균열에 대해 하자보수에 갈음하는 손해배상금에 대한 조정을 신청함.

⊙ 피신청인(보증사)

- 지하주차장 바닥 균열 관련하여 미장공사의 하자담보책임기간(1년)을 적용하고 있음.
- 동 아파트에 대한 1~2년차 전부 및 3년차 일부에 대한 하자보증은 입주자대표회의와 합의하여 현금변제를 이행하였으므로 당사의 하자보증책임이 종료되었음을 주장함.

▣ 조사내용
⊙ 하자담보책임기간

- 특수콘크리트공사에 대한 하자담보책임기간은 주택법 시행령 별표 6에 따라 사용검사일로부터 3년까지이고, 신청인이 하자담보책임기간 이내에 하자보수를 청구한 사건임.

⊙ 누수하자 관련 진행사항

1) 지하주차장 전유, 공용부분 3년차 하자보수를 촉구한다고 서면으로 요청함.
2) 지하주차장(지하 1~2층) 바닥의 3년차 추가 하자 보증이행기초금액 산정결과에 대해 이의신청한다고 서면으로 요청함.
3) 3년차 하자보증이행 관련 현장조사 결과서(전유 및 공용부분 하자요청 내용별 검토의견 및 보증대상 여부) 통보
4) 기초금액 산정결과 이의 제기에 대해서는 지하주차장 바닥하자를 현금변제하기로 입주자대표회의와 합의하였기에 하자보증책임은 소멸되었다고 서면으로 회신함.

⊙ 설계도서

사용검사도면(지하주차장 단면도) 확인결과, 지하주차장 바닥은 THK100 무근 콘크리트(섬유보강) 위 쇠흙손 마감 / 에폭시페인트로 표기됨.

⊙ 시공상태

현장실사 결과, 지하주차장에서 다수의 바닥 균열이 확인되었고, 대상 부위를 해체(공시체 채취)하여 층별 1개소씩 확인한 결과, 섬유보강 콘크리트가 아닌 무근콘크리트로 변경시공되어 인장응력에 대한 보강 미흡으로 인해 균열이 발생된 것으로 판단됨.

▣ 손해배상비용 검토

지하주차장 바닥에 시공되지 않은 섬유보강 콘크리트에 대해 무근콘크리트로 변경시공시 공사비에 대한 차액으로 손해배상비용을 검토함.

▣ 조정결정사항

"지하주차장 바닥 균열" 건은 지하주차장에서 다수의 바닥 균열이 확인되어 균열 부위를 해체(공시체 채취)하여 층별 1개소씩 확인한 결과, 사용검사도면과 달리 섬유보강 콘크리트가 아닌 무근콘크리트로 변경시공되어 인장응력에 대한 보강 미흡으로 인해 균열이 발생된 것으로, 이는 기능상, 미관상 지장을 초래하는 것으로 판단됨.

 - 다만, 민법 제667조제1항 단서에 따르면 하자가 중요하지 아니한 경우에 그 보수에 과다한 비용을 요할 때에는 신청인이 하자보수를 청구할 수 없고, 다만 하자없이 시공했을 때의 시공비용에서 하자 있는 상태로 시공했을 때의 시공비용의 차액만을 청구할 수 있고(대법원 1998. 3. 13. 선고 97다54376 판결),
 - 이 사건의 경우 무근콘크리트에 섬유보강이 되어 있지 않은점은 인정되나, 무근콘크리트를 모두 해체하여 섬유보강된 무근콘크리트로 재시공함으로써 발생되는 보수비용은 과다한데 비해, 그로 인해 신청인이 얻는 이익은 미미하다고 판단됨.
 - 따라서, 피신청인은 지하주차장 바닥에 시공되지 않은 섬유보강 콘크리트에 대한 차액을 신청인에게 지급하는 것으로 분쟁을 조정함.

■ 안방외벽을 설계도서 기준대로 시공하지 않아 곰팡이가 발생

▣ 당사자 주장

⊙ 신청인(소유자)

안방외벽을 설계도서 기준대로 시공하지 않아 곰팡이가 발생하여 3개월이상 사용하지 못하였고, 이로 인해 보관했던 옷이 곰팡이 등으로 폐기 및 세탁비용이 발생되어 피해보상금을 청구함.

⊙ 피신청인(시공자)

단열재두께 및 종류는 설계기준 등에 적합하게 시공되었으며, 신청인이 주장하는 단열재와 석고보드 이격거리의 차이로 인한 사항은 설계도서대로 보수공사가 완료된 상태임. 이 사항으로 결로 및 곰팡이가 발생되어 가구 및 옷 등에 곰팡이가 발생된 것이라는 신청인의 주장은 인정할 수 없으며, 신청인이 주장하는 결로 및 곰팡이는 입주민의 생활환경에 따라 발생된 것으로 피해보상금을 지급할 의무가 없음.

▣ 조사내용

⊙ 하자담보책임기간

단열공사에 대한 하자담보책임기간은 주택법 시행령 별표6에 따라 인도일로부터 2년까지 이고, 신청인이 하자담보책임기간 이내에 하자보수를 청구한 사건임.

⊙ 곰팡이 하자 관련 진행사항

1) 코너 단열보강작업을 신청인이 거부함.
2) 외벽단열공사를 설계도서대로 단열재와 석고보드 이격거리 70mm확보함.
3) 장롱 곰팡이를 제거하기 위해 작업자 투입을 하였으나 신청인이 거부함.
4) 기시행된 공간확보작업에 대한 후속작업인 도배관련일정 예약 통화시도.
5) 신청인 요구사항에 대해 불가 입장을 구두(전화)로 전달함.

⊙ 설계도서

사용검사도면 확인결과(단위세대 평면도), THK200콘크리트+THK90압출법단열재+THK70공간+THK9.5 석고보드위 벽지마감으로 표기됨.

⊙ 시공상태
- 해당부위를 확인한 결과, 피신청인의 설계도서대로 보수공사를 완료한 상태이며, 도배공사만 미시공된 것으로 나타남.
- 장롱은 보수공사로 인해 분리된 상태이며, 옷장과 의류에서 다량의 곰팡이가 확인됨.
- 보수가 완료된 단열재를 해체하여 확인한 결과(상, 하), 단열재와 콘크리트(천장, 벽체)의 접촉부에 틈새가 발생되어 우레탄폼으로 충전한 것으로 조사됨.
- 관련자료 등을 검토한 결과(열관류율 등), 신청인이 주장하는 이격거리 미확보로 인해 곰팡이가 발생된 것이라고 볼 수 없으며, 이는 단열재와 콘크리트의 접촉부(벽체, 천장)에 틈새가 발생되어 이 부위로 냉기가 유입되어 곰팡이가 발생된 것으로 판단됨.

■ 조정결정사항
"안방외벽을 설계도서 기준대로 시공하지 않아 곰팡이가 발생하여 3개월이상 사용하지 못함"건은 단열재와 콘크리트벽체 및 천장의 접촉부에 틈새가 있어 이부위로 냉기가 유입되어 곰팡이가 발생된 것으로 판단되며, 피신청인이 손해배상금(장농교체비+의류세탁비)과 안방 천장전체 및 장롱주위 벽체 도배를 보수하는 것으로 분쟁을 조정함.

■ 하자를 모두 보수하고, 보상금을 지급해 달라는 청구

▣ 당사자 주장
⊙ 신청인(소유자)

피신청인은 이 사건 하자를 모두 보수하고, 신청인에게 보상금을 지급하라는 결정을 구함.

⊙ 피신청인(시공자)

현장실사를 진행한 후 신청인과 협의하여 처리할 예정임.

▣ 조사내용
⊙ 하자담보책임기간

보·바닥 및 지붕에 대한 하자담보책임기간은 주택법 시행령 별표 7에 따라 사용검사일로부터 5년까지이고, 신청인이 하자담보책임기간 이내에 하자보수를 청구한 조정사건임

⊙ 누수하자 관련 진행사항
  1) 신청인의 상부층은 하자심사·분쟁조정위원회에 분쟁조정을 신청하여 당사자간 합의에 따라 사건을 종결하였음.
  2) 신청인 주택에 세입자 입주(계약기간 2년)
  3) 신청인 주택 상부층의 발코니 우수드레인 막힘으로 인한 침수로, 신청인 주택 거실과 침실 천장 슬래브에 누수가 약4일간 지속됨.
  4) 일부 보수공사 실시
  5) 하자심사분쟁조정위원회에 분쟁조정 신청

⊙ 신청인 주장

신청인 주택에는 임차인이 거주하고 있으며, 임차인이 천장 누수로 인하여 발생된 피해에 대한 비용(청소비, 숙박비 등)을 청구하여 신청인이 임차인에게 이미 지급 하였음. 또한, 임차인은 임대인인 신청인에게 신청인 주택에 거주할 수 없는 것을 이유로 임대차계약 해지 및 이에 따른 비용과 이사비용까지 손해배상으로 요구하는 상황임.

⊙ 시공상태
  - 현장실사 결과, 거실은 천장 석고보드 교체 및 도배공사가 완료된 상태

이며, 주방 부근 천장 도배지에 곰팡이와 들뜸이 발생하였고, 벽체는 도배를 하여 임시로 보수된 상태임.

- 침실2 천장은 석고보드 교체 및 도배공사가 완료된 상태이며, 벽체는 도배가 임시로 보수된 상태임. 또한, 붙박이장 문짝이 일부 파손되었고, 붙박이장 전면 마루는 약 1㎡가 들뜬상태임.
- 신청인 주택은 누수로 인해 일부 피해가 발생되었으나, 피신청인이 일부 하자보수를 완료하여 현재 누수 등이 없어, 임차인의 거주가 불가능한 정도는 아닌 것으로 판단됨.

▣ 손해배상비용 검토

누수에 대한 하자보수가 완료되어 누수 현상이 더 이상 발생하지 않고, 그 밖에 임차인이 계약의 목적을 달성할 수 없을 만큼 하자가 중대하다는 특별한 사정을 인정할만한 자료가 없으므로 피신청인은 신청인에게 신청인이 임차인에게 보수공사를 위해 지출한 ① 거실 및 작은방 천장 도배공사비용, ② 하자보수 후 청소비용, ③ 하자보수로 인한 숙박비, ④ 소파, 붙박이장 의류 등의 수선비용 등 손해배상금을 지급하도록 분쟁을 조정함.

▣ 조정결정사항

"거실과 작은방(침실2) 누수에 따른 하자보수 및 손해배상(마루, 도배, 붙박이장 젖음, 세입자 관련 배상)" 건은 시공불량에 의한 신청인의 상부층 발코니 배수관 막힘으로 인해 신청인 주택에 발생한 누수가 기능상, 미관상 지장을 초래하므로 피신청인이 하자발생 부위에 대한 보수 및 하자로 발생한 손해배상금을 지급하는 것으로 분쟁을 조정함.

■ 상부분(평지붕 부위)에 우레탄 도장 보수공사를 시행한 이후 세대로 누수가 발생

▣ 당사자 주장

⊙ 신청인(소유자)

신청인은 피신청인이 옥상부분(평지붕 부위)에 우레탄 도장 보수공사를 시행한 이후 세대로 누수가 발생하였음을 주장함.

⊙ 피신청인(시공자)

최상층 세대의 천장누수건은 점검을 통해 누수에 대해 보수 예정이며, 보수 작업 후 동일구간에 대해 1년의 하자보증 이행 예정.

▣ 조사내용

⊙ 하자담보책임기간

방수공사에 대한 하자담보책임기간은 주택법 시행령 별표 6에 따라 사용검사일로부터 3년까지이나, 피신청인이 3년차 하자보수를 시행하는 과정에서 재하자가 발생하여 하자보수를 청구한 사건임.

⊙ 누수하자 관련 진행사항

우기시 세대 천장에서 누수 확인하고 하자보수를 신청함.

⊙ 설계도서

사용검사도면 검토결과, 옥상부분의 마감은 ① 경사지붕 : 콘크리트위 액체방수 + 시멘트 몰탈 40T + 쇠흙손마감 + 지붕보호재, ② 평지붕: 도막방수 + THK 10 방수보호재+THK 60 단열재+THK 0.03 P.E 필름2겹 + 최소 THK 70 무근콘크리트(#8 W/M-150X150) + 쇠흙손마감 + 우레탄도장으로 표기되어 있음.

⊙ 시공상태

- 침실2(침실4) 천장 좌측 모서리 부분에 누수의 영향으로 보이는 얼룩이 확인되고, 부부욕실 부분은 단열재 이음부위가 밀실하지 못한 상태이며, 단열재 이음부에 물흐름 흔적이 확인됨.
- 세대의 옥상 부분(평지붕 부위)을 확인한 결과, 부부욕실 옥상 부분에 노출 우레탄 도장 부분이 일부 찢어지고, 들떠 있는 상태인 것으로 확

인되며, 이는 노출 우레탄 도장 공사 시 작업자의 작업 부주의 등 품질 관리 미흡에 의해 발생된 것으로 판단됨.

◼ 조정결정사항

"최상층 세대 천장 누수" 건은 ① 세대 천장에 누수의 흔적으로 보이는 얼룩이 확인되는 점, ② 피신청인이 보수공사를 시행한 부위(평지붕 부위)에 노출 우레탄 도장이 일부 찢어지고 들떠 있는 현상이 확인되는 점으로 볼 때 피신청인이 보수를 실시한 평지붕 옥상 부분이 불완전하게 보수 된 것으로 판단되므로 피신청인이 보수함이 타당함.

■ 피신청인 작업자 부주의로 인해 주방 싱크대 하부 배수관에 연결되어 있던 정수기 퇴수관이 배수관에서 빠지면서 정수기 퇴수물이 바닥에 흘러 온돌마루의 변색, 들뜸이 발생된 하자

▣ 당사자 주장

⊙ 신청인(소유자)

난방구동기 점검시 피신청인 작업자(난방설비업체 직원) 부주의로 인해 주방 싱크대 하부 배수관에 연결되어 있던 정수기 퇴수관이 배수관에서 빠지면서 정수기 퇴수물이 바닥에 흘러 온돌마루의 변색, 들뜸이 발생된 하자에 대해 분쟁조정을 신청함.

⊙ 피신청인(시공자)

- 피신청인은 설비업체 직원이 신청세대의 난방구동기를 점검한 사실은 인정하나, 당일 작업자에게 직접 확인결과 당일 정수기 퇴수관을 만지거나 조작한 사실이 없다고 주장함.
- 정수기 퇴수관이 빠진 것이 피신청인의 작업자 잘못이라고 볼 수 없으며, 그로 인한 바닥마감재(온돌마루) 변색에 대해 하자보수책임이 없음을 주장함.

▣ 조사내용

⊙ 하자담보책임기간

수장공사에 대한 하자담보책임기간은 주택법 시행령 별표 6에 따라 사용검사일로부터 1년까지이나, 하자담보책임기간 내에 발생한 하자(일반하자) 여부에 대한 조정사건임.

⊙ 누수하자 관련 진행사항

1) 피신청인 협력업체 직원이 난방구동기를 점검한 다음날 오전에 거실 청소중에 싱크대 바닥부근이 젖음 발견.
2) 당일 관리사무소 직원이 세대방문하여 싱크대 하부에 설치 된 정수기 퇴수관이 배수관에서 빠진 것을 발견하고 보수조치함.
3) 피신청인 하자접수부서와 통화시 누수부분은 피신청인이 하자보수해 주기로 통화함.

4) 세대를 방문하여 피해범위를 육안으로 살피고 피해발생 부위에 국한하여 부분교체만 가능하다고 답변함.

5) 당사자간 원만한 협의가 이뤄지지 않아 위원회에 분쟁조정을 신청함.

⊙ 설계도서
사용검사도면(위생배관 평면도, 실내재료마감표) 확인결과, 주방 싱크대 하부에 배수관이 설치되어 있으며, 세대내 바닥마감은 판넬히팅위 시멘트모르타르/온돌마루/강마루로 표기되어 있음.

⊙ 당사자 주장
- 신청인은 피신청인의 협력업체가 난방구동기 점검 다음날 정수기 퇴수관이 빠져서 바닥 누수가 발생된 사실, 피신청인 A/S센터 직원이 누수부위를 보수해 주기로 한 사실 등 온돌마루 변색에 대해 피신청인이 하자보수해 줄 것을 주장함.
- 피신청인은 설비업체 직원이 싱크대 하부에 설치된 난방구 동기를 점검한 사실은 인정하나,
- 설비업체 담당직원에게 확인한 결과, 난방구동기 점검이외에 싱크대 배수관 또는 정수기 퇴수관을 만지거나 조작하지 않았다고 진술함.
- 민원해결 차원에서 싱크대 주변에 국한하여 변색부위는 보수해 주겠다고 하였으나, 보수범위 등에 대해 신청인과 이견이 있음을 주장함.

⊙ 시공상태
- 현장실사 시 온돌1마루 마감상태 확인결과, 온돌마루 바닥마감재 하부에 누수가 발생되면 습기로 인한 온돌마루에 변색, 얼룩, 마루널 단변 접합부 들뜸 등이 거실, 주방, 안방바닥마감재 일부에 불규칙적으로 나타남.
- 난방구동기, 싱크대 배수관 상태를 확인한 결과, 특이한 누수현상은 나타나지 않음.
- 현장실사 확인결과, 바닥 누수의 원인으로 확인된 정수기퇴수관이 싱크대 주름관과 함께 배구관에 직결되어 있으며, 주름관과 정수기 퇴수관이 배수관 속으로 약 20㎝정도 매립되고 상부에는 뚜껑이 설치되어 있어 정수기 퇴수관이 자연적으로 빠질 우려는 없는 것으로 확인됨.

- 따라서, 세대내 바닥마감재 변색원인은 정수기 퇴수관이 싱크대 배수관
  에서 빠져 누수된 물로 인해 바닥마감재에 변색이 발생된 것으로 판단
  되나, 정수기 퇴수관을 뺀 주체가 누구인지 현장실사 시점에서 명확히
  규명할 수 없음.

■ 조정결정사항

"싱크대 하부 정수기 퇴수관이 배수관에서 빠져 발생한 세대내 바닥마감재
변색" 건은 신청인이 공사업자를 선정하여 거실, 주방, 침실1 일부 바닥마
감재 철거 및 재시공 보수공사를 실시하되 피신청인은 신청인으로부터 공사
완료 통지를 받은 날부터 7일 이내에 신청인에게 총 공사금액의 1/2을 지
급하는 것으로 분쟁을 조정함.

■ 침실과 침실의 벽면 결로로 인해 보수 진행시 붙박이장과 책장에 곰팡이를 발견하여 이에 대한 손해배상을 요구

▣ 당사자 주장

⊙ 신청인(소유자)

침실1과 침실3의 벽면 결로로 인해 보수 진행시 붙박이장과 책장에 곰팡이를 발견하여 이에 대한 손해배상을 피신청인에게 요구하였으나, 배상해 줄수 없다고 하여 손해배상을 받고자 분쟁조정을 신청함.

⊙ 피신청인(시공자)

입주자가 설치한 붙박이장 안쪽에 생긴 결로로 인하여 곰팡이가 발생하였고, 국토부하자판정기준 제6조(결로)에 의거 하자에서 제외되는 사항이나 고객만족도 차원에서 단열보강을 하였고, 당시 확인결과 단열공사의 문제점은 발견하지 못하였으므로, 입주자가 주장하는 피해물품은 하자로 인하여 발생한 사항이라 보기 어려우며 입주자의 일방적인 주장은 수용불가함.

▣ 조사내용

⊙ 하자담보책임기간

단열공사에 대한 하자담보책임기간은 주택법 시행령 별표 6에 따라 인도일로부터 2년까지이고, 신청인이 하자담보책임기간 이내에 하자보수를 청구한 사건임.

⊙ 결로하자 관련 진행사항

1) 피신청인이 침실1 및 침실3 벽면 결로에 대하여 보수함.

2) 보수 진행 시 붙박이장과 책장에 곰팡이가 발생하여, 이에 대한 피해보상을 요구함.

⊙ 설계도서

사용검사도면 검토결과, 침실1 및 침실3의 측벽은 외부마감 / 외단열(THK140 비드법발포폴리스티렌2종2호) / THK200 콘크리트 벽체 / THK12.5 석고보드 / 실크도배지마감으로 표기되어 있음.

⊙ 시공상태

- 현장실사 결과, 침실1, 침실3의 벽면 결로 및 곰팡이에 대하여 이미 보

수가 완료되었으나, 침실3의 벽지에 일부 곰팡이가 있음을 확인하였고, 오염된 붙박이장과 책장은 폐기처분 된 것으로 확인됨.
- 곰팡이가 발생한 측벽의 시공상태를 확인한 결과, 콘크리트와 외벽마감재가 접하는 부위(이질재 접합부) 등에 균열(폭 5mm이상)이 있는 것으로 확인됨.

■ 조정결정사항

"침실1, 침실3의 벽면 결로 및 곰팡이로 인한 붙박이장 및 책장 오염(곰팡이 번식)에 대한 손해배상 요구" 건은, 측벽 마감재(단열재+드라이비트)와 구조체의 접촉부위에서 균열(이격)이 발생되어 이 부위로 겨울철의 냉기유입에 의한 단열성능 저하로 내측벽체에 결로를 유발하여 벽지와 붙박이장 등에 곰팡이가 발생된 것으로서, 피신청인이 신청인의 기 지출한 가구 구입비용 및 처리비용을 지급함이 타당함. 다만, 신청인이 입주 시 구입한 가구의 사용연수(약 2년)에 따른 감가상각을 고려하여 구입금액의 60%를 지급하는 것으로 분쟁을 조정함.

■ 침실1 발코니 출입문틀 하부(SILL)의 타일 접촉면 및 에어컨 배수구 틈새로 용수가 거실 및 주방으로 유입되어 누수가 발생

▣ 당사자 주장

⊙ 신청인(소유자)

신청인은 피신청인이 하자보수 요청에도 하자담보책임기간이 경과하였다는 이유로 보수하지 않아, 누수 피해가 점차 증대되어 자체 보수하였음. 상층세대 누수발생 부위를 찾기 위하여 주방 바닥 해체 및 누수탐지를 실시한 결과, 침실1 발코니 출입문틀 하부(SILL)의 타일 접촉면 및 에어컨 배수구 틈새로 용수가 거실 및 주방으로 유입되어 누수가 발생됨을 확인하였고, 이로 인해 발생된 보수공사비용의 보상을 받고자 분쟁조정을 신청함.

⊙ 피신청인(시공자)

피신청인은 대상세대 주방 천장 누수를 보수하려고 하였으나, 상층세대의 비협조로 이루어지지 않았으며, 최소공사비용(주방 천장지 및 실란트 보수) 및 피해보상비용을 지급할 의향이 있음.

▣ 조사내용

⊙ 하자담보책임기간

방수공사에 대한 하자담보책임기간은 주택법 시행령 별표 6에 따라 사용검사일로부터 3년까지이나, 하자담보책임기간 내에 발생한 하자(일반하자) 여부에 대한 조정사건임.

⊙ 누수하자 관련 진행사항

1) 대상세대 주방천장에서 누수가 발생함.

2) 피신청인은 상층세대의 비협조로 하자보수가 지연됨을 주장함.

3) 누수피해가 증대되어 신청인이 자체 보수함.

⊙ 설계도서

사용검사도면 검토결과, 침실1 발코니 바닥은 액체방수 2차 위 시멘트모르타르 / 바닥용 타일로 표기되어 있음.

⊙ 관련자료

 - 신청인이 제출한 견적서(대상세대 천장 마감재 및 상층세대누수탐지 보

수공사 견적서) 및 통장거래내역을 검토한 결과, 대상세대 및 상층세대 보수공사비용으로 XXX원이 지급되었음을 확인함.

- 신청인이 제출한 사진자료 검토결과, 대상세대 주방 천장 일부가 누수로 인해 천장 마감재 손상이 있고, 상층세대의 누수탐지를 위해 주방 바닥 일부를 해체하였으나, 배관에 결함은 없었으며, 바닥 마루 변색(발코니 출입문→거실→주방)의 범위 등을 고려할 때, 침실1 발코니 출입문틀 하부(SILL)의 타일 접촉면 및 에어컨 배수구 틈새로 용수가 거실 및 주방으로 유입되어 누수가 발생됨을 확인함.

⊙ 시공상태
- 현장실사 결과, 대상세대 주방 천장 누수부위의 마감재와 상층세대 침실1 발코니 출입문틀 하부(SILL)의 타일 접촉면 및 에어컨 배수구 틈새에 신청인이 실란트 보수를 완료하여, 현재는 누수가 없는 것으로 확인함.

⊙ 손해배상비용 검토
- 손해배상의 범위는 누수로 인해 발생한 하자이므로, 신청인이 제출한 견적서 및 통장거래 내역에 중 하자보수에 상당하다고 인정되는 XXX원을 피신청인이 신청인에게 지급하는 것이 타당함.

▣ **조정결정사항**

"상층세대 주방 천장 누수로 인해 발생한 공사비용(대상세대 및 상층세대) 보상" 건은 대상세대 주방 천장 누수에 대한 보수요청에 피신청인의 하자보수가 지연되었고, 이로 인한 확대손해가 우려되어 신청인이 자신의 비용으로 선보수 후 그 비용을 손해배상으로 청구한 사건으로, 상층세대 침실1 발코니 누수로 대상세대 주방 천장에 누수 피해가 발생하였으므로, 피신청인이 기보수공사비용을 신청인에게 지급하는 것으로 분쟁을 조정함.

주택건설 완료후에는
어떤 절차가 필요합니까?

제4장 주택건설 완료후에는 어떤 절차가 필요합니까?

제1절 사용승인

1. 건물의 사용승인

1-1. 사용승인 신청

1-1-1. 신청 절차

② 건축주가 건축법 제11조 및 건축법 제14조에 따라 허가를 받았거나 신고를 한 건축물의 건축공사를 완료[하나의 대지에 둘 이상의 건축물을 건축하는 경우 동(棟)별 공사를 완료한 경우를 포함]한 후 그 건축물을 사용하려면 사용승인신청서(건축법 시행규칙 별지 제17호서식)에 다음의 공사완료도서를 첨부해서 허가권자에게 사용승인을 신청해야 합니다.

  1) 건축법 제25조제1항에 따른 공사감리자를 지정한 경우: 공사감리완료보고서

  2) 건축법 제11조, 제14조 또는 제16조에 따라 허가·변경허가를 받았거나 신고·변경신고를 한 도서에 변경이 있는 경우 : 설계변경사항이 반영된 최종 공사완료도서

  3) 건축법 제14조제1항에 따른 신고를 하여 건축한 건축물 : 배치 및 평면이 표시된 현황도면

  4) 건축법 제22조제4항에 따른 사용승인을 받기 위해 해당 법령에서 제출하도록 의무화하고 있는 신청서 및 첨부서류(해당 사항이 있는 경우에 한함)

  5) 건축법 제25조제11항에 따라 감리비용을 지불하였음을 증명하는 서류(해당 사항이 있는 경우에 한함)

  6) 건축법 제48조의3제1항에 따라 내진능력을 공개하여야 하는 건축물인 경우에는 건축구조기술사가 날인한 근거자료(건축물의 구조기준 등에 관한 규칙 제60조의2제2항 후단에 해당하는 경우로 한정함)

② 위에 따른 신청을 받은 허가권자는 해당 건축물이 액화석유가스의 안전

관리 및 사업법 제44조제2항 본문에 따라 액화석유가스의 사용시설에 대한 완성검사를 받아야 할 건축물인 경우에는 행정정보의 공동이용을 통해 액화석유가스 완성검사 증명서를 확인해야 하며, 신청인이 확인에 동의하지 않은 경우에는 해당 서류를 제출하도록 해야 합니다.

③ 허가권자는 사용승인신청을 받은 경우 7일 이내에 다음의 사항에 대한 검사를 실시하고, 검사에 합격된 건축물에 대해서는 사용승인서(건축법 시행규칙 별지 제18호서식)를 내주어야 합니다.

1) 사용승인을 신청한 건축물이 건축법에 따라 허가 또는 신고한 설계도 서대로 시공되었는지의 여부

2) 감리완료보고서, 공사완료도서 등의 서류 및 도서가 적합하게 작성되었 는지의 여부. 다만, 해당 지방자치단체의 조례로 정하는 건축물은 사용 승인을 위한 검사를 실시하지 않고 사용승인서를 내줄 수 있습니다.

1-1-2. 위반 시 제재

이를 위반해서 신청을 하지 않거나 거짓으로 신청하면 5천만원 이하의 벌금 에 처해집니다.

[서식] (임시)사용승인 신청서

(임시) 사용승인 신청서

• 어두운 난(■■■)은 신고인이 작성하지 않으며, [ ]에는 해당하는 곳에 √ 표시를 합니다.

접수번호		접수일자	처리일자	처리기간 7일
신청 구분	사용승인 [ ] 전체 [ ] 일부		가설건축물 존치기간	년 월 일까지
	임시사용 승인 [ ] 전체 [ ] 일부		임시사용 신청기간	년 월 일까지
허가(신고)번호			①공사 착공일	년 월 일까지
신청인 (건축주)	성명			(전화번호:)
	주소			
	구분 ※ 국가기관, 지방자치단체, 정비사업조합, 한국토지주택공사, 지방공사, 정부투 자기관, 주택조합, 일반법인, 건설업자, 개인, 기타로 구분하여 적습니다.			
등기촉탁 희망여부	[ ] 희망함 [ ] 희망하지 않음			
	등기촉탁을 희망하는 경우 「건축물대장의 기재 및 관리 등에 관한 규칙」 제26조에 서 정하는 바에 따라 특별자치시장·특별자치도지사, 시장·군수·구청장이 관할 등기소 에 등기촉탁을 할 수 있습니다.			
대지조건	대지위치			
	②지번			
	용도지역	용도지구	용도구역	

「건축법」 제22조 및 같은 법 시행규칙 제16조·제17조에 따라 위와 같이 (임시)사용승인
신청서를 제출합니다.

년   월   일

신청인   (서명 또는 인)

특별시장·광역시장·특별자치시장·특별자치도지사, 시장·군수·구청장 귀하

• 임시사용승인 · 사용승인(일부) · 대수선 행위에 대한 사용승인을 신청하는 경우 I. 전체 개요는 적지 않
아도 됩니다.
• 사용승인 신청서의 건축주 명의는 건축물대장의 최초 소유자란에 직게 되어 소유권 등기 시 소유자 확인
의 근거가 되므로 건축주를 변경할 사유가 있으면 사용승인 신청 전에 건축주 명의변경 신고를 하시
기 바랍니다.

I. 전체 개요

대지면적	㎡	건축면적	㎡
건폐율	%	연면적 합계	㎡
연면적 합계(용적률 산정용)	㎡	용적률	%
③건축물 명칭	주 건축물 수 동	부속 건축물 동,	㎡
④주용도	세대/호/가구 수	세대 호 가구	총 주차대수 대
주택을 포함하는 경우 세대/호/가구별 평균전용면적			㎡
⑤하수처리시설	형식	용량	(인용)

210mm×297mm[보존용지(2종) 70g/㎡]

주차장	구분	옥내		옥외		인근		전기 자동차	면제
	자주식	대	㎡	대	㎡	대	㎡	옥내: 대 옥외: 대	대
	기계식	대	㎡	대	㎡	대	㎡	인근: 대	

일괄신고 내용	대수선	위치변경	그 밖의 사항

공개공지 면적 ㎡	조경 면적 ㎡	건축선 후퇴 면적 ㎡	건축선 후퇴 거리 m
지하수위 G.L m	기초형식 (지내력기초, 파일기초)	설계지내력 (지내력기초인 경우) t/㎡	구조설계 해석법 (등가정적해석법, 동적해석법)

[ ] 건축협정을 체결한 건축물	[ ] 결합건축협정을 체결한 건축물

다중이용건축물

용도	동 명칭 및 번호 (⑦과 동일하게 적습니다)	층수	바닥면적 합계(㎡)

Ⅱ. 동별 개요
※ 는 증축의 경우 증가 부분만 적습니다.

⑥ 동 고유번호

기존 건축물의 동별 개요		구분	(임시)사용승인 신청 건축물의 동별 개요
[ ] 주건축물	[ ] 부속건축물	주/부속 구분	[ ] 주 건축물 [ ] 부속 건축물
		⑦동 명칭 및 번호	
		도로명주소	
		주용도	
		건축주	
		설계자	성명(법인명): (서명 또는 인) 자격번호 및 신고번호: 사무소명(전화번호):
		감리자	성명: (서명 또는 인) 자격번호 및 신고번호: 사무소명(전화번호):
		시공자	성명(법인명): (서명 또는 인) 자격번호 및 등록번호: 회사명(전화번호):

호	※ ⑧ 호수	호
가구, 세대	※ ⑨ 가구/세대수	가구, 세대
	주구조	
	※ ⑩내진설계 적용 여부	
	※ ⑪내진능력	
	지붕	
	※건축면적(㎡)	
	※ 연면적(㎡)	
	※ 용적률 산정용연면적(㎡)	
지하: 층, 지상: 층	층수	지하: 층, 지상: 층
	높이(m)	
	승용승강기	
	비상용승강기	
보·차양길이: m 기둥과 기둥사이: m 내력벽과 내력벽사이: m	특수구조 건축물 (「건축법 시행령」 제2조제18호)	보·차양길이: m 기둥과 기둥사이: m 내력벽과 내력벽사이: m
	※⑫특수구조 건축물유형	

Ⅲ. 층별 개요

· 동 명칭 및 번호 (⑦과 동일하게 적습니다)

기존건축물의 층별개요			구분		(임시)사용승인 신청 건축물의 층별개요			⑲주건축물의 동 명칭 및 번호
⑬구조	⑭용도	⑮면적 (㎡)	층구분	건축 구분	⑯구조	⑰용도	⑱면적 (㎡)	

IV. 일반건축물 소유자 현황

· 일반건축물인 경우에만 적습니다.

⑲주 건축물의 동 명칭 및 번호	⑳소유자 성명(명칭)	㉑소유권 지분
	주민등록번호(부동산등기용등록번호)	
	주소	
		/

V. 공동주택 총괄

• ⑫공동주택 중 아파트를 기재합니다.

최초 입주방식	[ ] 분양	[ ] 임대	[ ] 혼합
	[ ] 기타		
평면형식	[ ] 계단실형	[ ] 복도형	
난방방식	[ ] 중앙 집중공급방식	[ ] 개별 기름보일러	[ ] 개별 가스보일러
	[ ] 지역난방	[ ] 기타	
취사용 가스시설	[ ] 액화석유가스 (LPG)	[ ] 도시가스	[ ] 기타
준공예정일		CCTV	개

㉓복리시설 분양시설	주민 공동 시설		용 도	면 적(㎡)	개 소
			[ ] 경로당		
			[ ] 어린이 놀이터		
			[ ] 어린이집		
			[ ] 주민운동 시설		
			[ ] 작은 도서관		
			[ ] 기타		
			계		
	[ ] 근린생활시설				

부대 시설	시 설 종 류	설 치 현 황	대지 내 현황	대지 외 현황

※ 전기·도로·상하수도·통신설비·주차장·조경시설·관리사무소·보안등·
TV공청시설·비상급수시설·그 밖의 시설로 구분하여 적습니다.

VI. 집합건축물 소유자 현황

• 집합건축물인 경우에만 기재합니다.

⑲주 건축물의 동 명칭 및 번호	※ ㉔층 구분	㉕호 구분	⑳ 소유자 성명(명칭)	㉑소유권 지분	※ ㉖구분 기호
			주민등록번호 (부동산등기용등록번호)		
			주 소		

VII. 집합건축물 전유 / 공용면적표

• 집합건축물인 경우에만 기재합니다.

※ ㉖구분기호

㉗전유/공용	㉘주/부	※ ㉙층구분	㉚구조	㉛용도	㉜면적(㎡)

※ ㉖구분기호

㉗전유/공용	㉘주/부	※ ㉙층구분	㉚구조	㉛용도	㉜면적(㎡)

※ 다가구주택의 호(가구)별 면적

기존 건축물의 유형별 개요			허가신청 건축물의 유형별 개요		
호(가구)구분	층 구분	㉝호(가구)별 전용면적(㎡)	호(가구)구분	층 구분	㉞호(가구)별 전용면적(㎡)

첨부 서류	1. 「건축법」제25조제1항에 따라 공사감리자를 지정한 경우: 공사감리완 　료보고서 2. 「건축법」제11조, 제14조 또는 제16조에 따라 허가ㆍ변경허가를 받았 　거나 신고ㆍ변경신고를 한 도서에 변경이 있는 경우: 설계변경사항이 　반영된 최종 공사완료도서 3. 「건축법」제14조제1항에 따른 신고를 하여 건축한 건축물: 배치 및 　평면이 표시된 현황도면 4. 「건축법」제22조제4항 각 호에 따른 사용승인ㆍ준공검사 또는 등록신 　청 등을 받거나 하기 위하여 해당 법령에서 제출하도록 의무화하고 　있는 신청서 및 첨부서류(해당 사항이 있는 경우로 한정합니다) 5. 「건축법」제25조제11항에 따라 감리비용을 지불하였음을 증명하는 서류 　(해당 사항이 있는 경우로 한정합니다) 6. 「건축법」제48조의3제1항에 따라 내진능력을 공개해야 하는 건축물인 　경우: 건축구조기술사의 날인이 있는 자료(「건축물의 구조기준 등에 관 　한 규칙」제60조의2 제2항 후단에 따라 같은 규칙 별표 13 제2호나목 　의 방식으로 내진능력을 산정하는 경우로 한정합니다)	수수료 없음
허가권자 확인사항	액화석유가스 완성검사 증명서(「액화석유가스의 안전관리 및 사업법」제44조제2항 본문에 따라 액화석유가스의 사용시설에 대한 완성검사를 받아야 할 건축물인 경 우만 해당합니다)	

행정정보 공동이용 동의서

본인은 이 건 업무처리와 관련하여 특별시장ㆍ광역시장ㆍ특별자치시장ㆍ특별자치도지사ㆍ
시장ㆍ군수ㆍ구청장이 「전자정부법」제36조제1항에 따른 행정정보의 공동이용을 통해
액화석유가스 완성검사 증명서를 확인하는 것에 동의합니다.
* 동의하지 않는 경우에는 신청인이 직접 첨부서류를 제출해야 합니다.
신청인

(서명 또는 인)

근거법규

「건축법」 제22조 제1항	·「건축법」제11조, 제14조 또는 제20조제1항에 따라 허가를 받았거나 신고를 한 건축물(또는 가설건축물)의 건축공사를 완료(하나의 대지에 둘 이상의 건축물을 건축하는 경우 동(棟)별 공사를 완료한 경우를 포함합니다)한 후 그 건축물을 사용하려는 경우에는 허가권자에게 사용승인을 신청해야 합니다.

유의사항

「건축법」 제110조 제2호, 제111조 제1호	1. 사용승인서 또는 임시사용승인서를 교부받지 않고(사용승인신청 후 7일 이내 에 사용승서를 교부하지 않은 경우는 제외합니다) 그 건축물을 사용하거나 사 용하게 할 수 없으며, 이를 위반한 경우에는 2년 이하의 징역 또는 1억원 이 하의 벌금에 처하여 집니다. 2. 사용승인신청을 거짓으로 하는 경우에는 5천만원 이하의 벌금에 처하여 집니 다.

작성방법

1. ① : 터파기공사 등 최초로 시작하는 공사 착수일을 적습니다.
2. ② : 「공간정보의 구축 및 관리 등에 관한 법률」에 따른 지번을 적으며, 「공유수면의 관리
　　및 매립에 관한 법률」제8조에 따라 공유수면의 점용ㆍ사용 허가를 받은 경우 그 장
　　소가 지번이 없으면 그 점용ㆍ사용 허가를 받은 장소를 적습니다.
2. ③ ~ ⑤ : 건축ㆍ대수선ㆍ용도변경 (변경)허가 신청서(신고서)를 참고하여 적습니다.
3. ⑥ : 동 고유번호는 건축ㆍ대수선ㆍ용도변경 허가서(신고필증)에 적힌 고유번호를 적습니다.
4. ⑦ : 건축ㆍ대수선ㆍ용도변경 (변경)허가 신청서(신고서)를 참고하여 적습니다.
5. ⑧ㆍ⑨ : 집합건물의 구분소유 업무구획 수는 "호수", 단독주택의 주거구획 수는 "가구수",
　　공동주택의 구분소유 주거구획 수는 "세대수"를 적습니다.
6. ⑩ : 건축물 전체에 대한 구조안전 및 내진설계 확인서를 제출한 경우에는 "적용"으로 적

으며, 그 이외의 경우에는 적지 않습니다.
7. ⑪ : 「건축물의 구조기준 등에 관한 규칙」별표 13의 내진능력 산정 기준에 따른 "수정 메르칼리 진도 등급(MMI 등급)-최대지반가속도"를 적습니다.
8. ⑫ : 「건축법 시행령」제2조제18호다목에 따른 특수구조 건축물의 유형을 적으며, 건축물이 복수의 유형에 해당하는 경우에는 모두 적습니다.

특수구조 건축물 유형	
1. 주요구조부가 공업화박판날강구조(PEB)인 건축물	2. 주요구조부가 강관입체트러스(스페이스프레임)인 건축물
3. 주요구조부가 막 구조인 건축물	4. 주요구조부가 케이블 구조인 건축물
5. 주요구조부가 부유식구조인 건축물	6. 6개 층 이상을 지지하는 기둥이나 벽체의 하중이 슬래브나 보에 전이되는 건축물
7. 건축물의 주요구조부에 면진·제진장치를 사용한 건축물	8. 기타

9. ⑬ ~ ⑱
작성례 1) 기존건축물(5층)의 각 층 바닥면적이 300㎡이고, 철근콘크리트조인 1층의 업무시설(사무소) 100㎡를 제2종근린생활시설(일반음식점)로 용도변경하고, 6층에 숙박시설(여관) 150㎡를 증축하려는 경우

기존 건축물 층별 개요			구분		허가신청 층별 개요		
구조	용도	면적 (㎡)	층 구분	건축 구분	구조	용도	면적 (㎡)
철근 콘크리트조	업무시설(사무소)	100	1	용도 변경	철근 콘크리트조	제2종근린생활시설 (일반음식점)	100
			6	증축	철근 콘크리트조	숙박시설(여관)	150

작성례 2) 기존 건축물(3층)의 연면적이 400㎡이고, 철근콘크리트구조인 1층의 제2종근린생활시설(사무소) 150㎡을 대수선하려는 경우

기존 건축물 층별 개요			구분		허가신청 층별 개요		
구조	용도	면적 (㎡)	층 구분	건축 구분	구조	용도	면적 (㎡)
철근 콘크리트조	제2종근린생활시설 (사무소)	150	1	대수 선	철근 콘크리트조	제2종근린생활시설 (사무소)	150

10. ⑲ : 부속건축물인 경우 해당 부속부분이 속하는 주 건축물의 동 명칭 및 번호를 적습니다.
11. ㉒ : 주택으로 쓰는 층수가 5개층 이상인 주택을 적습니다.
12. ㉓ : 복리시설 전체면적에 대하여 적습니다.
13. ㉔ : 복층인 경우에는 아래층의 층만 적습니다.
14. ㉖ : 전유/공용부분의 구조·용도·면적이 같은 유형을 구분할 수 있는 기호를 적습니다. [예: 아파트(24A, 24B, 32A, 32B 등), 상가(A, B, C, D 또는 101, 102, 201, 202 등)]
15. ㉙ : 전유부분인 경우: 적지 않습니다. 다만, 복층인 경우 아래층은 "복층하층"으로, 윗층은 "복층상층"으로 구분하여 적습니다.
공용부분인 경우: 모든 층이 공용인 경우 "각층"으로, 그 외의 경우 해당 층을 적습니다.

16. ㉝·㉞ : 「주택법 시행규칙」 제2조제1호에 따라 다가구주택의 각 호(가구)별 주거전용면적을 적습니다.

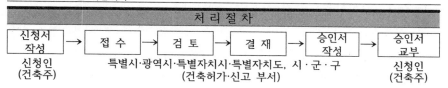

처 리 절 차					
신청서 작성 →	접 수 →	검 토 →	결 재 →	승인서 작성 →	승인서 교부
신청인 (건축주)	특별시·광역시·특별자치시·특별자치도, 시·군·구 (건축허가·신고 부서)				신청인 (건축주)

1-2. 임시사용승인

1-2-1. 임시사용승인이 가능한 경우

① 건축주는 다음 어느 하나에 해당하는 경우를 제외하고 사용승인을 받은 후가 아니면 건축물을 사용하거나 사용하게 할 수 없습니다.

 1) 허가권자가 7일 내에 사용승인서를 교부하지 않은 경우

 2) 사용승인서를 교부받기 전에 공사가 완료된 부분이 건폐율, 용적률, 설비, 피난·방화 등 건축법 시행규칙 제17조제2항에서 정하는 기준에 적합한 경우로서 기간을 정해서 다음에서 정하는 바에 따라 임시로 사용의 승인을 한 경우

 가) 건축주는 「건축법 제22조제3항제2호에 따라 사용승인서를 받기 전에 공사가 완료된 부분에 대한 임시사용의 승인을 받으려는 경우에는 임시사용승인신청서(건축법 시행규칙 별지 제17호서식)를 허가권자에게 제출(전자문서에 의한 제출을 포함)해야 합니다.

 나) 임시사용승인의 기간은 2년 이내로 하지만, 대형 건축물 또는 암반 공사 등으로 인해서 공사기간이 긴 건축물에 대해서는 그 기간을 연장할 수 있습니다.

② 허가권자는 위 규정에 따른 임시사용승인신청을 받은 경우에는 해당 신청서를 받은 날부터 7일 이내에 임시사용승인서(건축법 시행규칙 별지 제19호서식)를 신청인에게 교부해야 합니다.

1-2-2. 위반 시 제재

이를 위반한 건축주 및 공사시공자는 2년 이하의 징역 또는 1억원 이하의 벌금에 처해집니다.

1-3. 사용승인·준공검사 또는 등록신청 등의 의제

건축주가 건축법 제22조제2항에 따른 사용승인을 받은 경우에는 다음 각 호에 따른 사용승인·준공검사 또는 등록신청 등을 받거나 한 것으로 봅니다.

① 하수도법 제27조에 따른 배수설비(排水設備)의 준공검사 및 하수도법 제37조에 따른 개인하수처리시설의 준공검사

② 공간정보의 구축 및 관리 등에 관한 법률 제64조에 따른 지적공부(地籍公簿)의 변동사항 등록신청

③ 승강기시설 안전관리법 제28조에 따른 승강기 설치검사

④ 에너지이용 합리화법 제39조에 따른 보일러 설치검사

⑤ 전기사업법 제63조에 따른 전기설비의 사용전검사

⑥ 정보통신공사업법 제36조에 따른 정보통신공사의 사용전검사

⑦ 도로법 제62조제2항에 따른 도로점용 공사의 준공확인

⑧ 국토의 계획 및 이용에 관한 법률 제62조에 따른 개발 행위의 준공검사

⑨ 국토의 계획 및 이용에 관한 법률 제98조에 따른 도시계획시설사업의 준공검사

⑩ 물환경보전법 제37조에 따른 수질오염물질 배출시설의 가동개시의 신고

⑪ 대기환경보전법 제30조에 따른 대기오염물질 배출시설의 가동개시의 신고

Q 사용승인신청 후 7일지 지나도록 사용승인을 받지 못했는데 이 경우 주택을 사용할 수 있는 방법이 있나요?

A 허가권자가 사용승인신청 후 7일 내에 사용승인서를 교부하지 않은 경우나 사용승인서를 교부받기 전에 공사가 완료된 부분이 건폐율, 용적률, 설비, 피난·방화 등 기준에 적합한 경우에는 임시사용승인신청서를 제출하여 임시로 사용승인을 받을 수 있습니다.

◇ 임시사용승인이 가능한 경우

① 건축주는 다음 어느 하나에 해당하는 경우를 제외하고 사용승인을 받은 후가 아니면 주택을 사용하거나 사용하게 할 수 없습니다.

1. 허가권자가 7일 이내에 사용승인서를 교부하지 않은 경우

2. 사용승인서를 교부받기 전에 공사가 완료된 부분이 건폐율, 용적률, 설비, 피난·방화 등 건축법 시행규칙 제17조제2항에서 정하는 기준에 적합한 경우로서 기간을 정해서 다음에서 정하는 바에 따라 임시로 사용의 승인을 한 경우

  가. 건축주는 사용승인서를 받기 전에 공사가 완료된 부분에 대한 임시사용의 승인을 받으려는 경우에는 임시사용승인신청서를 허가권자에게 제출(전자문서에 의한 제출을 포함)해야 합니다.

  나. 임시사용승인의 기간은 2년 이내로 하지만, 대형 건축물 또는 암반공사 등으로 인해서 공사기간이 긴 건축물에 대해서는 그 기간을 연장할 수 있습니다.

② 허가권자는 위 규정에 따른 임시사용승인신청을 받은 경우에는 해당 신청서를 받은 날부터 7일 이내에 임시사용승인서를 신청인에게 교부해야 합니다.

◇ 위반 시 제재

이를 위반한 건축주 및 공사시공자는 2년 이하의 징역 또는 1억원 이하의 벌금에 처해집니다.

(관련판례)

건물 사용승인처분은 건축허가를 받아 건축된 건물이 건축허가 사항대로 건축행정 목적에 적합한가 여부를 확인하고 사용승인서를 교부하여 줌으로써 허가받은 자로 하여금 건축한 건물을 사용·수익할 수 있게 하는 법률효과를 발생시키는 것에 불과하고, 건축한 건물이 인접주택 소유자의 권리를 침해하는 경우 사용승인처분이 그러한 침해까지 정당화하는 것은 아닐 뿐만 아니라, 해당 건축물을 건축하는 과정에서 인접주택 소유자가 자신의 주택에 대하여 손해를 입었다 하더라도 그러한 손해는 금전적인 배상으로 회복될 수 있고, 일조권의 침해 등 생활환경상 이익침해는 실제로 위 건물의 전부 또는 일부가 철거됨으로써 회복되거나 보호받을 수 있는 것인데, 위 건물에 대한 사용승인처분의 취소를 받는다 하더라도 그로 인하여 건축주는 위 건물을 적법하게 사용할 수 없게 되어 사용승인 이전의 상태로 돌아가게 되는 것에 그칠 뿐이고, 위반건물에 대한 시정명령을 할 것인지 여부, 그 시기 및 명령의 내용 등은 행정청의 합리적 판단에 의하여 결정되는 것이므로, 건물이 이격거리를 유지하지 못하고 있고, 건축 과정에서 인접주택 소유자에게 피해를 입혔다 하더라도 인접주택의 소유자로서는 위 건물에 대한 사용승인처분의 취소를 구할 법률상 이익이 있다고 볼 수 없다(대법원 1996. 11. 29. 선고 96누9768 판결 등 참조)(대법원 2007. 4. 26. 선고 2006두18409 판결).

■ **신축건물사용승인을 받을 당시 작성하였던 공증각서의 내용과 다르게 유흥주점 영업을 위한 증축허가신청을 하여도 되는지요?**

Q 건축허가를 받을 당시에는 유흥주점이 포함된 건물의 허가를 받았으나, 건물을 신축하고 신축건물사용승인을 받을 당시 관할 지방자치단체에서 신축건물에서 유흥주점 영업을 하지 않겠다는 약속을 하라고 강력히 요구하여, 어쩔 수 없이 약속을 하고 각서를 작성하여 제출한 뒤 사용승인을 받았습니다. 그러나 유흥주점 개설 및 영업이 불가피하여 건물의 일부를 증축하고 유흥주점으로 사용하고자 하는데, 이러한 경우 각서의 내용과 다르게 유흥주점 영업을 위한 증축허가신청을 하여도 되는지요?

A 행정청이 행정행위에 부관(附款)이나 조건을 붙이는 것이 일반론적으로는 가능하지만, 이러한 부관이나 조건도 적법한 것이어야만 그 효력이 인정되는 것입니다. 따라서 법령에 근거가 있거나 혹은 당해 행정행위에 행정청의 재량이 법률상 보장되어 있는 재량행위일 경우에 부관이나 조건이 가능한 것이고, 행정청의 재량이 인정되지 않고 법령의 요건에 따라 일률적으로 처리되어야 하는 기속행위의 경우에는 법률상 근거 없이 부관이나 조건을 붙였다 해도 그 효력이 인정될 수 없습니다. 판례도 "일반적으로 기속행위나 기속적 재량행위에는 부관을 붙을 수 없고 가사 부관을 붙였다 하더라도 이는 무효의 것이다"고 설시한바 있습니다(대법원 1988.04.27. 선고 87누1106 판결).
건축허가권자는 건축허가신청이 「건축법」및 기타 관계법령에서 정하는 어떠한 제한에 배치되지 않는 이상 당연히 같은 법조에서 정하는 건축허가를 하여야 하고, 위 관계 법령에서 정하는 제한사유 이외의 사유를 들어 거부할 수 없는 것이 원칙입니다. 신축건물의 사용승인도 마찬가지이며, 이처럼 건축허가나 신축건물 사용승인의 경우 행정청의 재량이 인정된다고 보기 어렵기 때문에 법령상 근거

없이 조건이나 부관을 붙이는 것은 인정되지 않습니다. 더욱이, 본 사안의 경우와 같이 행정청의 부당한 강요에 의하여 어떤 약속을 하고 각서를 작성하였다면, 이러한 각서의 효력이 인정받기는 어렵습니다.

따라서 증축허가신청을 하였을 때 행정청이 기존의 부당한 각서의 존재만을 근거로 하여 증축허가신청을 반려하거나 거부하는 것은 위법한 것이 될 가능성이 높습니다.

다만, 건축허가나 증축허가의 경우에도 건축허가를 불허할 만한 중대한 공익상의 필요 내지 현저한 공익상의 필요가 인정되는 경우에는 예외적으로 그 허가신청을 반려할 수 있습니다. 따라서 유흥주점 영업을 하지 않겠다는 각서를 근거로 불허하는 것이 아니라 유흥주점 영업을 위한 증축이 공익상의 필요로 허용될 수 없는 구체적인 사정이 있다는 것을 이유로 하여서는 행정청의 증축허가 반려나 불허처분도 적법한 것이 될 수 있습니다. 하지만 이때에도 현저한 공익상의 필요가 인정되는 예외적인 사정이 있어야 불허처분이 적법해 지는 것이고, 단지 주민들의 민원이 있다거나 시설편중의 부작용과 균형적인 도시발전에 지장을 초래한다거나 교통과밀화가 우려된다거나 행정의 형평성이나 신뢰성에 어긋난다거나 하는 등의 사유는 건축불허가사유가 될 수 없다고 본 사례가 있으므로(대법원 2003. 4. 25. 선고 2002두3201 판결, 2006. 11. 9. 선고 2006두1227 판결), 건축물이 있는 주변의 모든 여건을 고려하여 현저한 공익상의 문제점이 없다면 증축허가신청을 행정청이 반려하기는 어려울 것으로 보입니다.

유사한 사례로, 호텔업을 하기 위하여 관할 지자체로부터 사업승인계획을 받을 당시에는 지하1층의 유흥주점영업이 포함되어 있었고 건축허가를 받을 당시에도 건물 지하1층에 유흥주점이 포함되어 건축허가를 받았는데, 건축공사를 시행하는 과정에 인근 주민들이 호텔건물 신축 및 호텔영업을 반대하는 집단 민원을 제기하는 등 많은 항의가 있자 건물 신축 완료 후 해당 지자체는 인근 주민의 집단민원을 이유로 신축건물사용승인을 미루면서 건물 지하의 유흥주점 영업을 하지 않겠다는 약속을 요구하였고, 이에 더 이상 호텔 개관을 미룰 수 없었던 당사자는 어쩔 수 없이 유흥주점영업을 하지 않겠다는 각서를 작성하여 지자체에 제출하고 신축건물사용승인을 받았으나, 약 4년이 지나고 지하1층의 유흥주점을 증축하여 개업하고자 해당 지자체에 한 증축허가신청 하였다가 거부당한 사안에서, 이러한 각서상의 약속은 피고의 부당한 강요에 의하여 이루어진 것으로서 위법하여 그 효력을 인정할 수 없고, 따라서 지하 1층에 유흥주점을 증축하는 것이 이 사건 각서상의 약속에 반한다는 점은 적법한 건축(증축)불허가사유가 될 수 없으며, 그 건물의 경우 유흥주점을 증축하더라도 주거, 교육, 교통 등의 주변의 사회적 환경에 아주 나쁜 영향을 미친다고 할 사정이 없으므로 증축허가신청거부처분은 위법하다고 한 하급심판결례가 있으니 참고하시기 바랍니다(대구지방법원 2007. 4. 11. 선고 2006구합2741 판결).

■ **건축허가를 받아 택지개발사업구역 내의 토지에 주택을 신축하였으나 사용승인을 받지 않은 경우 이주자택지 공급대상자 선정 대상에 해당되는지요?**

Q 甲은 건축허가를 받아 택지개발사업구역 안에 있는 주택을 신축하였으나 위 주택에 관하여 관할 행정청으로부터 사용승인을 받지는 않았습니다. 甲은 택지개발사업 시행자인 乙(한국토지주택공사)에게 이주자택지 공급대상자 선정신청을 하였으나 乙은 위 주택이 사용승인이 되지 않았고 미등기임을 이유로 이주자택지 공급대상자로 선정되지 못하였다는 통보를 하였습니다. 甲은 위 통보에 대해 다툴 여지가 있는지요?

A 공익사업을 위한 토지 등의 취득 및 보상에 관한 법률 시행령 제40조 제3항 제1호에 의하면 "허가를 받거나 신고를 하고 건축 또는 용도변경을 하여야 하는 건축물을 허가를 받지 아니하거나 신고를 하지 아니하고 건축 또는 용도변경을 한 건축물의 소유자"를 이주대책대상자에서 제외한다고 규정하고 있습니다.

한편 판례는 "관할 행정청으로부터 건축허가를 받아 택지개발사업구역 안에 있는 토지 위에 주택을 신축하였으나 사용승인을 받지 않은 주택의 소유자가 사업 시행자인 한국토지주택공사에 이주자택지 공급대상자 선정신청을 하였는데 위 주택이 사용승인을 받지 않았다는 이유로 한국토지주택공사가 이주자택지 공급대상자 제외 통보를 한 사안에서, 공공사업의 시행에 따라 생활의 근거를 상실하게 되는 이주자들에 대하여는 가급적 이주대책의 혜택을 받을 수 있도록 하는 것이 공익사업을 위한 토지 등의 취득 및 보상에 관한 법률이 규정하고 있는 이주대책 제도의 취지에 부합하는 점, 구 공익사업을 위한 토지 등의 취득 및 보상에 관한 법률 시행령(2011.12.28.대통령령 제23452호로 개정되기 전의 것, 이하 '구 공익사업법 시행령' 이라

한다) 제40조 제3항 제1호는 무허가건축물 또는 무신고건축물의 경우를 이주대책대상에서 제외하고 있을 뿐 사용승인을 받지 않은 건축물에 대하여는 아무런 규정을 두고 있지 않은 점, 건축법은 무허가건축물 또는 무신고건축물과 사용승인을 받지 않은 건축물을 요건과 효과 등에서 구별하고 있고, 허가와 사용승인은 법적 성질이 다른 점 등의 사정을 고려하여 볼 때, 건축허가를 받아 건축되었으나 사용승인을 받지 못한 건축물의 소유자는 그 건축물이 건축허가와 전혀 다르게 건축되어 실질적으로는 건축허가를 받은 것으로 볼 수 없는 경우가 아니라면 구 공익사업법 시행령 제40조 제3항 제1호에서 정한 무허가 건축물의 소유자에 해당하지 않는다는 이유로 위 주택 소유자를 이주대책대상자에서 제외한 위 처분이 위법하다고 본 원심판단은 정당하다"라고 판시하였습니다(대법원 2013. 8. 23. 선고 2012두24900 판결).

그렇다면 甲은 건축허가를 받고 건축한 주택의 소유자이므로 그 건축물이 건축허가와 전혀 다르게 건축되어 실질적으로는 건축허가를 받은 것으로 볼 수 없는 경우가 아니라면 사용승인이나 등기가 없다는 이유로 이주자택지 공급대상자에서 제외될 수 없을 것으로 보여지고 제외처분에 대해 행정소송으로 다툴 여지가 있을 것입니다.

2. 주택의 용도변경

2-1. 건축물의 용도변경

2-1-1. 허가 및 신고 절차

① 주택인 건축물의 용도변경은 변경하려는 용도의 건축기준에 맞게 해야 합니다.

② 건축법 제22조에 따라 사용승인을 받은 주택의 용도를 변경하려는 사람은 다음의 구분에 따라 특별자치시장·특별자치도지사 또는 시장·군수·구청장의 허가를 받거나 신고를 해야 합니다.

1) 허가 대상 : 건축법 제19조제4항 각 호의 어느 하나에 해당하는 시설군(施設群)에 속하는 건축물의 용도를 상위군(제4항 각 호의 번호가 용도변경하려는 건축물이 속하는 시설군보다 작은 시설군을 말함)에 해당하는 용도로 변경하는 경우

2) 신고 대상 : 건축법 제19조제4항 각 호의 어느 하나에 해당하는 시설군에 속하는 건축물의 용도를 하위군(제4항 각 호의 번호가 용도변경하려는 건축물이 속하는 시설군보다 큰 시설군을 말함)에 해당하는 용도로 변경하는 경우

3) 시설군과 시설군에 속하는 건축물의 용도는 다음과 같습니다.

 가) 자동차 관련 시설군

  - 자동차 관련 시설

 나) 산업 등 시설군

  - 운수시설

  - 창고시설

  - 공장

  - 위험물저장 및 처리시설

  - 자원순환 관련 시설

  - 묘지 관련 시설

  - 장례시설

 다) 전기통신시설군

  - 방송통신시설

- 발전시설

라) 문화집회시설군

 - 문화 및 집회시설

 - 종교시설

 - 위락시설

 - 관광휴게시설

마) 영업시설군

 - 판매시설

 - 운동시설

 - 숙박시설

 - 제2종 근린생활시설 중 다중생활시설

바) 교육 및 복지시설군

 - 의료시설

 - 교육연구시설

 - 노유자시설(老幼者施設)

 - 수련시설

 - 야영장 시설

사) 근린생활시설군

 - 제1종 근린생활시설

 - 제2종 근린생활시설(다중생활시설은 제외)

아) 주거업무시설군

 - 단독주택

 - 공동주택

 - 업무시설

 - 교정 및 군사시설

자) 그 밖의 시설군

 - 동물 및 식물 관련 시설

③ 위 구분에 따라 ㉮ 용도변경 허가를 받으려는 사람은 건축·대수선·용도변경(변경)허가 신청서에, ㉯ 용도변경의 신고를 하려는 사람은 건축·대

수선·용도변경 (변경) 신고서에 다음의 서류를 첨부해서 특별자치시장·특별자치도지사 또는 시장·군수·구청장에게 제출(전자문서로 제출하는 것을 포함)해야 합니다.

1) 용도를 변경하려는 층의 변경 후의 평면도(허가권자가 건축물대장이나 법 제32조제1항에 따른 전산자료를 통하여 평면도 확인이 가능한 경우에는 변경 전 평면도는 제외함)

2) 용도변경에 따라 변경되는 내화·방화·피난 또는 건축설비에 관한 사항을 표시한 도서

2-1-2. 주거업무시설군 안에서의 용도변경

① 주거업무시설군 안에서 용도를 변경하려는 자는 건축물표시변경신청서에 다음의 서류를 첨부해서 특별자치시장·특별자치도지사 또는 시장·군수·구청장에게 건축물대장 기재내용의 변경을 신청해야 합니다.

1) 건축물현황도(건축물현황도의 내용이 변경된 경우만 해당)

2) 건축물의 표시에 관한 사항이 변경되었음을 증명하는 서류

② 다만, 건축법 시행령 별표 1의 같은 호에 속하는 상호 간의 용도변경의 경우에는 그렇지 않습니다.

2-1-3. 용도변경에 대한 사용승인 등의 준용

① 용도변경 허가나 신고 대상인 경우로서 용도변경하려는 부분의 바닥면적의 합계가 100제곱미터 이상인 경우의 사용승인에 관해서는 건축법 제22조를 준용합니다. 다만, 용도변경하려는 부분의 바닥면적의 합계가 500제곱미터 미만으로서 대수선에 해당되는 공사를 수반하지 아니하는 경우에는 준용하지 않습니다.

② 용도변경허가 대상인 경우로서 용도변경하려는 부분의 바닥면적의 합계가 500제곱미터 이상인 용도변경의 설계에 관해서는 건축법 제23조를 준용합니다.

③ 건축법 제19조제1항과 제2항에 따른 건축물의 용도변경에 관해서는 다음의 규정을 준용합니다.

준용 법률	준용 조문
건축법	제3조(적용 제외), 제5조(적용의 완화), 제6조(기존의 건축물 등에 관한 특례), 제7조(통일성을 유지하기 위한 도의 조례), 제11조(건축허가)제2항부터 제9항까지, 제12조(건축복합민원 일괄협의회), 제14조(건축신고), 제15조(건축주와의 계약 등), 제16조(허가와 신고사항의 변경), 제18조(건축허가 제한 등), 제20조(가설건축물), 제27조(현장조사·검사 및 확인업무의 대행), 제29조(공용건축물에 대한 특례), 제35조(건축물의 유지·관리), 제38조(건축물대장), 제42조(대지의 조경), 제43조(공개 공지 등의 확보), 제44조(대지와 도로의 관계), 제48조(구조내력 등), 제49조(건축물의 피난시설 및 용도제한 등), 제50조(건축물의 내화구조와 방화벽), 제50조의2(고층건물의 피난 및 안전관리), 제51조(방화지구 안의 건축물), 제52조(건축물의 내부 마감재료), 제53조(지하층), 제54조(건축물의 대지가 지역·지구 또는 구역에 걸치는 경우의 조치), 제55조(건축물의 건폐율), 제56조(건축물의 용적률), 제58조(대지 안의 공지), 제60조(건축물의 높이 제한), 제61조(일조 등의 확보를 위한 건축물의 높이 제한), 제62조(건축설비기준 등), 제64조(승강기), 제64조의2(건축물의 열손실방지), 제67조(관계전문기술자), 제68조(기술적 기준), 제78조(감독), 제79조(위반 건축물 등에 대한 조치 등), 제80조(이행강제금), 제81조(기존의 건축물에 대한 안전점검 및 시정명령 등), 제82조(권한의 위임과 위탁), 제83조(옹벽 등의 공작물에의 준용), 제84조(면적·높이 및 층수의 산정), 제85조(「행정대집행법」 적용의 특례), 제86조(청문), 제87조(보고와 검사 등)
녹색건축물 조성지원법	제15조(건축물에 대한 효율적인 에너지 관리와 녹색건축물 조성의 활성화)
국토의 계획 및 이용에 관한 법률	제54조(지구단위계획구역에서의 건축 등)

2-2. 위반 시 제재

2-2-1. 도시지역에서 위반한 경우

① 이를 위반해서 도시지역에서 건축물을 용도변경 한 건축주 및 공사시공자는 3년 이하의 징역이나 5억원 이하의 벌금에 처해지며, 징역과 벌금이 병과(倂科)될 수 있습니다.

② 여기에서 "도시지역"이란 인구와 산업이 밀집되어 있거나 밀집이 예상되어 그 지역에 대해서 체계적인 개발·정비·관리·보전 등이 필요한 지역을 말합니다.

2-2-2. 도시지역 밖에서 위반한 경우

이를 위반해서 도시지역 밖에서 건축물을 용도변경 한 건축주 및 공사시공자는 2년 이하의 징역 또는 1억원 이하의 벌금에 처해집니다.

■ 행정심판례

○ 근린생활(고시원) 및 단독주택건축물에 대한 사용승인 무효확인 (사건번호 서행심 2013-479)

행정심판법에서 규정하고 있는 '법률상 이익'은 당해 처분의 근거 법률에 의하여 보호되는 직접적이고 구체적인 이익이 있는 경우를 말하고 간접적이거나 사실적.경제적 이해관계를 가지는데 불과한 경우는 해당되지 아니하는 바, 청구인은 이 사건 건축물에 위법사유가 있다는 것을 이유로 건축허가에 대하여 다투지 아니한 채, 건축허가가 확정된 상태에서 청구외 오○○이 건축허가 받은 대로 이 사건 건축물을 완성하고 피청구인으로부터 사용승인을 받은 다음에야 뒤늦게 피청구인의 사용승인처분의 무효를 구하고 있으므로 청구인은 관련법에서 규정한 법률상 이익을 침해 받았다고 볼 수 없다.

(관련판례)

구 「건축법」(2005. 11. 8. 법률 제7696호로 개정되기 전의 것) 제14조의 규정 취지 등에 비추어 볼 때, 건축물의 용도변경신고가 변경하고자 하는 용도의 건축기준에 적합한 이상 행정청으로서는 관계 법령이 정정하지 않은 다른 사유를 내세워 그 용도변경신고의 수리를 거부할 수 없다고 해석함이 상당하다(대법원 2007. 6. 1. 선고 2005두17201 판결).

3. 취득세 납부

3-1. 취득세 개관

① 취득세란 지방자치단체의 재정수요에 충당하기 위해 취득세 과세물건을 취득하는 때에 납세 의무가 성립되는 보통세를 말합니다.

② 납세의무자

취득세는 부동산(토지 및 건물)의 취득에 대해서 해당 취득물건 소재지의 특별시·광역시·도에서 그 취득자에게 부과합니다.

3-2. 취득세의 부과

3-2-1. 과세표준

① 취득세의 과세표준은 취득 당시의 가액으로 합니다. 다만, 연부로 취득하는 경우에는 연부금액(매회 사실상 지급되는 금액을 말하며, 취득금액에 포함되는 계약보증금을 포함)으로 합니다.

② 새로 건축함으로써 건축 당시 개별주택가격이 공시되지 않은 주택으로서 토지부분을 제외한 건축물에 대해서는 신축 등을 참작해서 정한 기준가격에 종류·구조·용도 등 과세대상별 특성을 감안해서 다음의 기준에 따라 지방자치단체의 장이 결정한 가액으로 합니다.

③ 소득세법 제99조제1항제1호나목에 따라 산정·고시하는 건물신축가격기준액에 다음 각 호를 적용합니다.

1) 건물의 구조별·용도별·위치별 지수

2) 건물의 경과연수별 잔존가치율

3) 건물의 규모·형태·특수한 부대설비 등의 유무 및 그 밖의 여건에 따른 가감산율

3-2-2. 세율

① 신축·재축에 대한 취득세는 그 취득물건의 가액 또는 연부금에 1천분의 28을 적용하여 계산한 금액을 그 세액으로 합니다.

② 다음의 어느 하나에 해당하는 건축물을 취득하는 경우(별장 등을 구분

해서 그 일부를 취득하는 경우를 포함)의 취득세율은 위 세율의 100분의 400으로 합니다. 이 경우 별장에 부속된 토지의 경계가 명확하지 않은 경우에는 그 건축물 바닥면적의 10배에 해당하는 토지를 그 부속토지로 봅니다.

1) 별장 : 주거용 건축물로서 늘 주거용으로 사용하지 않고 휴양·피서·놀이 등의 용도로 사용하는 건축물과 그 부속토지(지방자치법 제3조제3항 및 제4항에 따른 읍 또는 면에 소재하고 다음에서 정하는 범위와 기준에 해당하는 농어촌주택과 그 부속토지는 제외됩니다).

   가) 대지면적이 660제곱미터 이내이고 건물의 연면적이 150제곱미터 이내일 것

   나) 건물의 가액(지방세법 시행령 제4조제1항제1호를 준용하여 산출한 가액을 말합니다.)이 6,500만원 이내일 것

   다) 다음 각 목의 어느 하나에 해당하는 지역에 소재하지 않을 것

   - 광역시에 소속된 군지역 및 수도권정비계획법 제2조제1호에 따른 수도권지역. 다만, 접경지역지원법 제2조제1호에 따른 접경지역과 수도권정비계획법에 따른 자연보전권역 중 행정안전부령으로 정하는 지역은 제외

   - 국토의 계획 및 이용에 관한 법률 제6조에 따른 도시지역 및 부동산거래신고 등에 관한 법률 제10조에 따른 허가구역

   - 소득세법 제104조의2제1항에 의해 기획재정부장관이 지정하는 지역

   - 조세특례제한법 제99조의4제1항제1호 가목5)에 따라 정하는 지역. 이 경우 별장 중 개인이 소유하는 별장은 본인 또는 그 가족 등이 사용하는 것을, 법인 또는 단체가 소유하는 별장은 그 임·직원 등이 사용하는 것을 말합니다.

2) 고급주택 : 주거용 건축물 또는 그 부속토지의 면적과 가액이 다음에서 정하는 기준을 초과하거나 해당 건축물에 67제곱미터 이상의 수영장 등 다음에서 정하는 부대시설을 설치한 주거용 건축물과 그 부속토지를 말합니다.

   가) 1구의 건축물의 연면적(주차장면적은 제외)이 331제곱미터를 초과하

는 것으로서 그 건축물의 가액이 9,000만원을 초과하는 주거용 건
축물과 그 부속토지

나) 1구의 건축물의 대지면적이 662제곱미터를 초과하는 것으로서 그 건
축물의 가액이 9,000만원을 초과하는 주거용 건축물과 그 부속토지

다) 1구의 건축물에 엘리베이터(적재하중 200킬로그램 이하의 소형엘리
베이터는 제외)·에스컬레이터 또는 67제곱미터 이상의 수영장 중 1
개 이상의 시설이 설치된 주거용 건축물(공동주택은 제외)과 그 부
속토지

라) 다만, 위의 가 및 나에 따른 주택은 「지방세법」 제4조제 1항에 따른
취득 당시의 시가표준액이 6억원을 초과하는 경우로 한정합니다.

③ 지방자치단체의 장은 조례로 정하는 바에 따라 취득세의 세율을 위 표
준세율의 100분의 50의 범위에서 가감할 수 있습니다.

3-2-3. 취득세의 신고 및 납부

① 취득세 과세물건을 취득한 사람은 그 취득한 날(토지거래계약에 관한
허가구역에 있는 토지를 취득하는 경우로서 토지거래계약에 관한 허가
를 받기 전에 거래대금을 완납한 경우에는 그 허가일이나 허가구역의
지정 해제일 또는 축소일을 말함)부터 60일[상속으로 인한 경우는 상속
개시일부터, 실종으로 인한 경우는 실종선고일부터 각각 6개월(납세자가
외국에 주소를 둔 경우에는 각각 9개월)]이내에 그 과세표준에 지방세
법 제11조부터 제15조까지의 규정에 따른 세율을 적용해서 산출한 세액
을 취득세 신고서에 취득물건·취득일자 및 용도 등을 적어 납세지를 관
할하는 시장·군수에게 신고해야 합니다.

② 지방세법 또는 다른 법령에 의해 취득세를 비과세·과세면제 또는 경감받
은 후에 해당 과세물건이 취득세 부과대상 또는 추징대상이 된 때에는
위 규정에 불구하고 그 사유발생일부터 60일이내에 해당 과세표준액에
지방세법 제11조부터 제15조까지의 규정에 따른 세율을 적용해서 산출
한 세액[경감받은 경우에는 이미 납부한 세액(가산세는 제외)을 공제한
세액을 말함]을 취득세 영수증(지방세법 시행규칙 별지 제4호서식)에 따

라 과세물건소재지 지방자치단체의 금고 또는 지방세수납대행기관(지방
회계법 시행령 제49조제1항 및 제2항에 따라 지방자치단체 금고 업무의
일부를 대행하는 금융회사 등을 말함)에 납부해야 합니다.

3-3. 부족세액의 추징 및 가산세

① 취득세 납세의무자가 취득세 신고 또는 납부의무를 다하지 않은 때에는
지방세법 제10조부터 제15조까지의 규정에 따라 산출한 세액(이하 '산
출세액'이라 함) 또는 그 부족세액에 다음의 가산세를 합한 금액을 세
액으로 하여 보통징수의 방법에 의해 징수합니다.

1) 무신고가산세

가) 납세의무자가 법정신고기한까지 산출세액을 신고하지 않은 경우 :
산출세액의 100분의 20에 상당하는 금액을 가산세로 부과

나) 사기나 그 밖의 부정한 행위로 법정신고기한까지 산출세액을 신고
하지 않은 경우 : 산출세액의 100분의 40에 상당하는 금액을 가산
세로 부과

2) 과소신고가산세

가) 납세의무자가 법정신고기한까지 산출세액을 신고한 경우로서 과소신
고(신고해야 할 산출세액보다 적게 신고한 것을 말함, 이하 같음)
한 경우: 과소신고분(신고하여야 할 금액에 미달한 금액을 말함,
이하 같다) 세액의 100분의 10에 상당하는 금액을 가산세로 부과

나) 사기나 그 밖의 부정한 행위로 과소신고한 경우

- 사기나 그 밖의 부정과소신고분(부정한 행위로 인한 과소 신고분을
말함, 이하 같음) 세액의 100분의 40에 상당하는 금액을 합한 금
액을 가산세로 부과

- 과소신고분 세액에서 부정과소신고분 세액을 뺀 금액의 100분의 10
에 상당하는 금액을 합한 금액을 가산세로 부과

다) 신고 당시 소유권에 대한 소송으로 상속재산으로 확정되지 않아 과
소신고한 경우 : 가산세 부과 없음.

3) 납부불성실 가산세

납세의무자가 납부기한까지 취득세를 납부하지 않거나 납부해야 할 세액보다 적게 납부한 경우: 납부하지 않은 세액 또는 과소납부분(납부해야할 금액에 미달하는 금액) 세액 X 납부기한의 다음 날부터 자진납부일 또는 납세고지일까지의 기간 X 1일 1만분의 25의 이자율

② 납세의무자가 취득세과세물건을 사실상 취득한 후 신고 및 납부를 하지 않고 매각하는 경우에는 위의 내용에도 불구하고 산출세액에 100분의 80을 가산한 금액을 세액으로 하여 보통징수의 방법에 의해 징수합니다.

■ 건축물 신축시 부수 시설물을 함께 설치하는 경우 설치비용이 건축물 취득세의 과세표준인 취득가격에 포함되는지요?

Q 甲은 양수발전소를 건설하는 과정에서 상부저수지와 하부 저수지를 연결하는 지하 수로터널 및 그 수로터널에 연결된 지하발전소 공간을 만든 다음 거기에 지붕과 벽면을 갖춘 5층 형태의 철근 콘크리트 구조물을 신축하고 그안에 수차터빈, 발전기, 변압기 등 각종 발전설비를 설치하였습니다. 甲은 양수발전소 준공 후 터널 공사비를 제외한 지하발전소 공사비만을 취득가격으로 산정하여 취득세 등을 신   고   ,   이 사건 각 터널이 지하발전소에 부수된 시설에 해당한다는 이유로 그 공사비를 지하발전소 취득가격에 포함시켜 취득세를 부과하는 처분을 하였습니다. 이와 같은 취득세 부과처분이 타당한가요?

A 구 지방세법(2008.3.21.법률 제8974호로 개정되기 전의 것,이하 같다) 제111조 제1항 제3호는 사실상의 취득가격에 의하여 취득세의 과세표준을 산정하는 경우 중 하나로 '법인장부 중 대통령령이 정하는 것에 의하여 취득가격이 입증되는 취득'을 규정하고 있고, 구 지방세법 시행령(2010.1.1.대통령령 제21975호로 개정되기 전의 것, 이하 같다) 제82조의3 제1항 본문은 '취득세의 과세표준이 되는 취득가격은 과세대상물건의 취득 시기를 기준으로 그 이전에 당해 물건을 취득하기 위하여 거래상대방 또는 제3자에게 지급하였거나 지급하여야 할 일체의 비용(소개수수료, 설계비, 연체료, 할부이자 및 건설자금에 충당한 금액의 이자 등 취득에 소요된 직접·간접비용을 포함한다)을 말한다'고 규정하고 있습니다.

판례는 "구 지방세법(2008.3.21.법률 제8974호로 개정되기 전의 것)제111조 제1항 제3호, 구 지방세법 시행령(2010.1.1.대통령령 제21975호로 개정되기 전의 것)제82조의3 제1항 본문에서 말하는

'취득가격'에는 과세대상물건의 취득 시기 이전에 거래상대방 또는 제3자에게 지급원인이 발생 또는 확정된 것으로서 당해 물건 자체의 가격은 물론 그 이외에 실제로 당해 물건 자체의 가격으로 지급되었다고 볼 수 있거나 그에 준하는 취득절차비용도 간접비용으로서 이에 포함된다고 한 것이므로, 건축물을 신축하면서 그에 부합되거나 부수되는 시설물을 함께 설치하는 경우라면 그 설치비용 역시 당해 건축물에 대한 취득세의 과세표준이 되는 취득가격에 포함된다."라고 판시하였습니다(대법원 2013. 7. 11. 선고 2012두 1600 판결).

그렇다면 甲이 이 사건 지하발전소를 신축하면서 이 사건 각 터널을 함께 설치한 이상 이 사건 지하발전소에 대한 취득세의 과세표준이 되는 취득가격에는 이 사건 지하발전소 공사비뿐만 아니라 그에 부합되거나 부수된 이 사건 각 터널 공사비 역시 포함된다고 할 것이므로 甲은 취득세 부과처분에 대하여 다투기 어려울 것으로 보입니다.

4. 건축물 등기

4-1. 등기의 의의

① 등기는 소유권, 지상권, 지역권, 전세권, 저당권, 권리질권, 채권담보권, 임차권의 설정·보존·이전·변경·처분의 제한 또는 소멸에 대해서 합니다.

② 미등기의 부동산에 최초로 하는 등기를 소유권보존등기라 하며, 보존등기를 하게 되면 그 부동산에 대한 등기부가 개설되어 향후 해당 부동산의 표시와 권리 변동에 대해서는 이 등기부를 기초로 이루어집니다.

4-2. 건물의 소유권보존등기

4-2-1. 미등기 건물의 소유권보존등기를 할 수 있는 사람

미등기의 건물에 관한 소유권보존등기는 다음의 어느 하나에 해당하는 자가 신청할 수 있습니다.

① 토지대장, 임야대장 또는 건축물대장에 최초의 소유자로 등록되어 있는 자 또는 그 상속인, 그 밖의 포괄승계인

② 확정판결에 의하여 자기의 소유권을 증명하는 자

③ 수용(收用)으로 인하여 소유권을 취득하였음을 증명하는 자

④ 특별자치도지사, 시장, 군수 또는 구청장(자치구의 구청장을 말함)의 확인에 의하여 자기의 소유권을 증명하는 자

4-2-2. 관할 등기소

① 등기사무는 부동산의 소재지를 관할하는 지방법원, 그 지원(支院) 또는 등기소(이하 '등기소'라 함)에서 담당합니다.

② 부동산이 여러 등기소의 관할구역에 걸쳐 있을 때에는 대법원규칙으로 정하는 바에 따라 각 등기소를 관할하는 상급법원의 장이 관할 등기소를 지정합니다.

4-3. 등기신청

4-3-1. 등기신청인

소유권보존등기는 등기명의인으로 될 자 또는 등기명의인이 단독으로 다음의 어느 하나에 해당하는 방법으로 신청합니다.

① 신청인 또는 그 대리인이 등기소에 출석하여 신청정보 및 첨부정보를 적은 서면을 제출하는 방법. 다만, 대리인이 변호사[법무법인, 법무법인(유한) 및 법무조합을 포함]나 법무사(법무사합동법인을 포함)인 경우에는 대법원규칙으로 정하는 사무원을 등기소에 출석하게 하여 그 서면을 제출할 수 있다.

② 대법원규칙으로 정하는 바에 따라 전산정보처리조직을 이용하여 신청정보 및 첨부정보를 보내는 방법(법원행정처장이 지정하는 등기유형만 해당)

4-3-2. 신청인이 제공해야 할 신청정보의 내용

① 등기를 신청하는 경우에는 다음의 사항을 신청정보의 내용으로 등기소에 제공해야 합니다.

1) 소재, 지번 및 건물번호. 다만, 같은 지번 위에 1개의 건물만 있는 경우에는 건물번호는 기록하지 않습니다.

2) 건물의 종류, 구조와 면적. 부속건물이 있는 경우에는 부속건물의 종류, 구조와 면적도 함께 기록합니다.

3) 신청인의 성명(또는 명칭), 주소(또는 사무소 소재지) 및 주민등록번호(또는 부동산등기용등록번호)

4) 신청인이 법인인 경우에는 그 대표자의 성명과 주소

5) 대리인에 의하여 등기를 신청하는 경우에는 그 성명과 주소

6) 등기원인과 그 연월일

7) 등기의 목적

8) 등기소의 표시

9) 신청연월일

② 등기를 신청하는 경우에는 부동산등기규칙 제43조에서 규정하는 사항 외에 취득세나 등록면허세 등 등기와 관련하여 납부하여야 할 세액 및

과세표준액을 신청정보의 내용으로 등기소에 제공하여야 하며, 다른 법률에 의하여 부과된 의무사항이 있을 때에도 또한 같습니다.

4-3-3. 신청인이 제공해야 할 첨부정보

① 등기를 신청하는 경우에는 다음의 정보를 그 신청정보와 함께 첨부정보로서 등기소에 제공해야 합니다.
  1) 등기원인을 증명하는 정보
  2) 등기원인에 대하여 제3자의 허가, 동의 또는 승낙이 필요한 경우에는 이를 증명하는 정보
  3) 등기상 이해관계 있는 제3자의 승낙이 필요한 경우에는 이를 증명하는 정보 또는 이에 대항할 수 있는 재판이 있음을 증명하는 정보
  4) 신청인이 법인인 경우에는 그 대표자의 자격을 증명하는 정보
  5) 대리인에 의하여 등기를 신청하는 경우에는 그 권한을 증명하는 정보
  6) 등기권리자(새로 등기명의인이 되는 경우만 해당)의 주소(또는 사무소 소재지) 및 주민등록번호(또는 부동산등기용등록번호)를 증명하는 정보
② 첨부정보가 상업등기법 제15조에 따른 등기사항증명정보로서 그 등기를 관할하는 등기소와 부동산 소재지를 관할하는 등기소가 동일한 경우에는 그 제공을 생략할 수 있습니다.
③ 등기소에 제공하여야 하는 첨부정보 중 법원행정처장이 지정하는 첨부정보는 전자정부법 제36조제1항에 따른 행정정보 공동이용을 통하여 등기관이 확인하고 신청인에게는 그 제공을 면제합니다. 다만, 그 첨부정보가 개인정보를 포함하고 있는 경우에는 그 정보주체의 동의가 있음을 증명하는 정보를 등기소에 제공한 경우에만 그 제공을 면제합니다.
④ 위 규정은 법원행정처장이 지정하는 등기소에 한정하여 적용할 수 있습니다.
⑤ 첨부정보가 외국어로 작성된 경우에는 그 번역문을 붙여야 합니다.

■ 자기의 비용과 재료로 건물을 신축한 수급인은 건물의 소유권을 주장할 수는 없는지요?

Q 甲은 乙로부터 상가신축공사를 도급받아 甲의 노력과 재료로써 공정 90%를 완성하였는데, 마무리공사를 남겨두고 자금사정이 어려워져 공사를 지연하고 있던 사이에 도급인 乙은 계약위반을 이유로 계약을 해제하고는 스스로 잔여공사를 완성하였습니다. 그런데 甲은 아직도 공사대금을 전혀 받지 못하고 있고, 甲의 비용·재료로 건물을 거의 완성하였으므로, 甲이 건물의 소유권을 주장할 수는 없는지요?

A 수급인의 비용과 재료로 신축한 건물의 소유권에 관하여 판례를 보면, 신축건물의 소유권은 원칙적으로 자기의 노력과 재료를 들여 이를 건축한 사람이 원시적으로 취득하는 것이나, 건물신축도급계약에서 수급인이 자기의 노력과 재료를 들여 건물을 완성하더라도 도급인과 수급인 사이에 도급인명의로 건축허가를 받아 소유권보존등기를 하기로 하는 등 완성된 건물의 소유권을 도급인에게 귀속시키기로 합의한 경우에는 그 건물의 소유권은 도급인에게 원시적으로 귀속되고, 이때 신축건물이 집합건물로서 여러 사람이 공동으로 건축주가 되어 도급계약을 체결한 것이라면, 그 집합건물의 각 전유부분 소유권이 누구에게 원시적으로 귀속되느냐는 공동건축주들 사이의 약정에 따라야 한다고 하였습니다(대법원 2010. 1. 28. 선고 2009다66990 판결). 따라서 위 사안에서도 甲과 乙이 체결한 도급계약내용에 따라서 소유권귀속여부가 결정될 것입니다. 그리고 공사도급계약이 중도해제 된 경우 기성고부분 공사비의 산정방법에 관하여 판례를 보면, 수급인이 공사를 완공하지 못한 채 공사도급계약이 해제되어 기성고에 따른 공사비를 정산하여야 할 경우, 기성부분과 미시공부분에 실제로 소요되거나 소요될 공사비를 기초로 산출한 기성고비율을 약정공사비에 적용하여 그 공사비

를 산정하여야 하고, 기성고비율은 이미 완성된 부분에 소요된 공사비에다가 미시공부분을 완성하는 데 소요될 공사비를 합친 전체 공사비 가운데 이미 완성된 부분에 소요된 공사비가 차지하는 비율이라고 할 것이고, 만약 공사도급계약에서 설계 및 사양의 변경이 있는 때에는 그 설계 및 사양의 변경에 따라 공사대금이 변경되는 것으로 특약하고, 그 변경된 설계 및 사양에 따라 공사가 진행되다가 중단되었다면 설계 및 사양의 변경에 따라 변경된 공사대금에 기성고비율을 적용하는 방법으로 기성고에 따른 공사비를 산정하여야 한다고 하였습니다(대법원 2003. 2. 26. 선고 2000다40995 판결). 따라서 위 사안에서 특별한 사정이 없다면 甲은 공사기성고 비율에 해당하는 보수를 지급받을 수 있다고 보입니다.

그러나 도급인 乙이 甲에게 공사지연으로 인한 손해배상을 청구해 올 수는 있을 것이며, 만일 위 도급계약이 합의해제 되었을 경우, 손해배상을 하기로 하는 특약이 없었고, 손해배상청구는 별도로 문제제기 하겠다는 등으로 손해배상청구를 유보하는 의사표시를 한 사실이 없었다면, 甲은 乙에게 별도의 손해배상을 지급하지 않아도 될 것으로 보입니다(대법원 1989. 4. 25. 선고 86다카1147, 1148 판결).

Q 저는 甲소유 신축주택을 전세보증금 4,500만원에 임차하여 입주와 주민등록전입신고 및 확정일자를 받아 두었습니다. 그런데 위 주택의 신축 중 대지에 채권최고액 8,000만원인 乙의 근저당권이 설정되었는바, 이 경우 주택임차인인 제가 불이익을 당할 염려가 없는지요?

A 「민법」 제365조는 "토지를 목적으로 저당권을 설정한 후 그 설정자가 그 토지에 건물을 건축한 때에는 저당권자는 토지와 함께 그 건물에 대하여도 경매를 청구할 수 있다."라고 규정하고 있는데, 건물신축 중 대지에 근저당권이 설정된 경우 근저당권자가 건물까지 일괄매각신청을 할 수 있는지 문제됩니다.

이에 관하여 판례는 "민법 제365조는 저당권설정자가 저당권을 설정한 후 저당목적물인 토지 상에 건물을 축조함으로써 저당권의 실행이 곤란하여지거나 저당목적물의 담보가치의 하락을 방지하고자 함에 그 규정취지가 있다고 할 것이므로, 저당권설정 당시에 건물의 존재가 예측되고 또한 당시 사회경제적 관점에서 그 가치의 유지를 도모할 정도로 건물의 축조가 진행되어 있는 경우에는 위 규정은 적용되지 아니한다."라고 하였습니다(대법원 1987. 4. 28. 선고 86다카2856 판결).

그렇다면 위 사안에 있어서도 乙의 근저당권이 설정될 당시 위 주택의 신축공사가 어느 정도 진행되고 있었는지에 따라서 乙이 위 주택을 대지와 함께 일괄경매신청 할 수 있는지 정해질 것으로 보입니다.

그런데 乙이 위 대지와 주택을 일괄경매신청 할 수 있는 경우라고 하여도 乙은 대지에만 근저당권설정 하였으므로 주택의 매각대금에 대해서는 우선권이 없으며, 또 다른 우선권자가 없다면 귀하는 대지의 매각대금에서는 위 근저당권보다 후순위로 배당을 받을 것이지만 주택의 매각대금에 대해서는 제1순위로 배당 받을 수 있을 것이고, 위 경매절차에서 배당 받지 못한 임차보증금이 있을 경우에는 경매절차의 매수인에게 대항력을 주장하여 보증금을 반환 받을 때까지 위 주택에 계속 거주할 수 있을 것입니다.

그러나 乙이 대지만을 경매신청 하여 건물과 분리되어 매각된다면 대지와 건물의 소유자가 달라지므로 이 때 건물소유자인 甲이 토지소유자에 대하여 법정지상권을 취득할 수 있느냐 그렇지 못하는가에 따라 귀하의 주택임차권이 보호받을 수 있느냐의 여부가 결정될 것입니다.

「민법」 제366조는 "저당물의 경매로 인하여 토지와 그 지상건물이 다른 소유자에 속한 경우에는 토지소유자는 건물소유자에 대하여 지상권을 설정한 것으로 본다. 그러나 지료는 당사자의 청구에 의하여 법원이 이를 정한다."라고 규정하고 있고, 판례는 "건물 없는 토지에 저당권이 설정된 후 저당권설정자가 그 위에 건물을 건축하였다가 담보권의 실행을 위한 경매절차에서 경매로 인하여 그 토지와 지상건물이 소유자를 달리하였을 경우에는, 민법 제366조의 법정지상권이 인정되지 아니할 뿐만 아니라 관습법상의 법정지상권도 인정되지 아니한다."라고 하였습니다(대법원 1995. 12. 11.자 95마1262 결정).

그러므로 「민법」 제366조에 의한 법정지상권은 저당권설정 당시부터 저당권의 목적이 되는 토지 위에 건물이 존재할 경우에 한하여 인정된다 할 것입니다.

그러나 또 다른 판례는 "민법 제366조 소정의 법정지상권은 저당권설정 당시 동일인의 소유에 속하던 토지와 건물이 경매로 인하여 양자의 소유자가 다르게 된 때에 건물의 소유자를 위하여 발생하는 것으로서, 토지에 관하여 저당권이 설정될 당시 그 지상에 건물이 위 토지소유자에 의하여 건축 중이었고, 그것이 사회관념상 독립된 건물로 볼 수 있는 정도에 이르지 않았다 하더라도 건물의 규모, 종류가 외형상 예상할 수 있는 정도까지 건축이 진전되어 있는 경우에는 저당권자는 완성될 건물을 예상할 수 있으므로 법정지상권을 인정하여도 불측의 손해를 입는 것이 아니며, 사회경제적으로도 건물을 유지할 필요가 인정되기 때문에 법정지상권의 성립을 인정함이 상당하고, 법정지상권을 취득할 지위에 있는 자에 대하여 토지소유자가 소유권에 기하여 건물의 철거를 구함은 신의성실의 원칙상 허용될 수 없다."라고 하였습니다(대법원 1992. 6. 12. 선고 92다7221 판결, 2004. 2. 13. 선고 2003다29043 판결, 2004. 6 .11. 선고 2004다13533 판결).

따라서 위 사안의 경우에도 甲의 신축건물이 위 판례와 같은 정도의 건축이 진행된 상태에서 乙이 대지상에 근저당권을 설정하였다면, 甲은 위 주택에 관한 법정지상권을 취득하게 될 것이므로 위 주택은 철거될 염려가 없고, 따라서 귀하의 주택임차권도 보호받을 것입니다.

그러나 乙의 저당권이 그 이전에 설정되었다면 甲의 위 주택은 철거될 운명에 있으므로 귀하의 주택임차권도 보호받기 어려울 것으로 보입니다.

(관련판례)

건축공사가 완료되고 소유권보존등기까지 마쳐진 건물의 경우에는 이미 허가된 내용에 따른 건축이 더 이상 있을 수 없어 건축주명의변경이 필요 없고, 또한 건축허가서는 허가된 건물에 관한 실체적 권리의 득실변경의 공시방법이 아니며 추정력도 없어 건축주명의를 변경한다고 하더라도 그 건물의 실체적 권리관계에 아무런 영향을 미치는 것이 아니므로(위 88다카6754 판결 등 참조), 위와 같은 건물에 관하여는 건축주명의 변경을 청구할 소의 이익이 없다 할 것이다(대법원 2006. 7. 6. 선고 2005다61010 판결).

■ 신축중인 건물에 관한 소유권이전등기청구권의 소멸시효의 기산점은?

Q 甲은 乙에게 투자한 금원의 대가로 乙이 당시 신축중인 다세대 주택 7채를 분양받기로 하고서 1999. 12. 31. 이 사건 다세대주택을 분양받기로 하는 매매계약을 체결하였습니다. 그 후 2001. 9.경 다세대주택이 완공되었습니다. 그런데, 갑은 분양계약을 체결한 후 10년이 경과한 후(건물이 완공된 시점으로부터는 10년이 지나지 않음) 소유권이전등기를 청구할 수 있는지요?

A 민법 제162조 제1항에 의하면 채권은 10년간 행사하지 아니하면 소멸시효가 완성한다고 규정하고 있습니다. 대법원은 이 사안과 같은 경우에 "소멸시효는 객관적으로 권리가 발생하여 그 권리를 행사할 수 있는 때로부터 진행하고 그 권리를 행사할 수 없는 동안만은 진행하지 않는바, '권리를 행사할 수 없는' 경우란, 권리자가 권리의 존재나 권리행사 가능성을 알지 못하였다는 등의 사실상 장애사유가 있는 경우가 아니라, 법률상의 장애사유, 예컨대 기간의 미도래나 조건불성취 등이 있는 경우를 말하는데(대법원 2006. 4. 27. 선고 2006다1381 판결 등 참조), 건물에 관한 소유권이전등기청구권에 있어서 그 목적물인 건물이 완공되지 아니하여 이를 행사할 수 없었다는 사유는 법률상의 장애사유에 해당한다. 원심이 적법하게 확정한 사실 및 기록에 의하면, 이 사건 다세대주택은 이 사건 매매계약 당시에는 신축중이었고, 그 후 1995. 9.경 완공되었음을 알 수 있는바, 위 법리에 비추어 보면, 원고들의 이 사건 부동산에 관한 소유권이전등기청구권의 소멸시효는 빨라도 이 사건 다세대주택이 완공됨으로써 그 권리를 행사할 수 없는 법률상의 장애사유가 소멸된 때로부터 진행하는데, 원고들의 이 사건 소는 그 때로부터 기산하여도 10년이 경과하기 전인 2004. 12.

22. 제기되었으므로 결국 이 사건 부동산에 관한 원고들의 소유권이전등기청구권이 시효로 소멸하였다고 볼 수 없다."고 판시하고 있습니다. (대법원 2007. 8. 23. 선고 2007다28024 판결) 따라서, 이 경우 甲이 乙에게 다세대주택이 완공된 2001. 9.경을 기준으로 10년 이내에 소유권이전등기를 청구하였다면, 乙은 甲에게 소유권이전등기를 마쳐줄 의무가 있다고 보입니다.

Q 저는 甲을 피고로 대여금 3,000만원을 청구하는 소송에서 승소하였으나, 甲에게는 집행가능한 재산이 전혀 없고 거의 완성단계에 이른 신축중인 미등기건물이 있습니다. 제가 위 신축중인 미등기건물에 강제집행을 할 수 있는지요?

A 미등기 부동산을 부동산집행방법에 의한 강제집행을 하려면, 강제경매신청서에 집행력 있는 정본 외에 '채무자의 소유로 등기되지 아니한 부동산에 대하여는 즉시 채무자명의로 등기할 수 있다는 것을 증명할 서류. 다만, 그 부동산이 등기되지 아니한 건물인 경우에는 그 건물이 채무자의 소유임을 증명할 서류, 그 건물의 지번·구조·면적을 증명할 서류 및 그 건물에 관한 건축허가 또는 건축신고를 증명할 서류'를 붙여야 하며(민사집행법 제81조 제1항 제2호), 채권자는 공적 장부를 주관하는 공공기관에 위와 같은 서류의 사항들을 증명하여 줄 것을 청구할 수 있고(같은 조 제2항), 건물의 지번·구조·면적을 증명하지 못한 때에는 경매신청과 동시에 그 조사를 집행법원에 신청할 수 있으며(같은 조 제3항), 이 경우 법원은 집행관에게 그 조사를 명하게 됩니다(같은 조 제4항).

그리고 위와 같은 법원의 명령에 따라 미등기건물을 조사한 집행관은 사건의 표시, 조사의 일시·장소와 방법, 건물의 지번·구조·면적, 조사한 건물의 지번·구조·면적이 건축허가 또는 건축신고를 증명하는 서류의 내용과 다른 때에는 그 취지와 구체적인 내역을 적은 서면에 건물의 도면과 사진을 붙여 정하여진 날까지 법원에 제출하여야 하는데(민사집행규칙 제42조 제1항), 채권자가 제출한 서류 또는 위와 같이 집행관이 제출한 서면에 의하여 강제경매신청을 한 건물의 지번·구조·면적이 건축허가 또는 건축신고된 것과 동일하다고 인정되지 아니하는 때에는 법원은 강제경매신청을 각하하여야 합니다(같은 조 제2항).

따라서 위 사안의 거의 완성단계에 이른 신축중인 건물을 부동산 집행방법에 의한 강제집행을 할 수 있을 것인지는 위 「민사집행규칙」제42조 제2항에 따라 위 신축중인 건물의 지번·구조·면적이 건축허가 또는 건축신고 된 것과 동일하다고 인정될 수 있을 것인지의 여하에 따라 결정될 것으로 보입니다.

요약한다면, 민사집행법 제81조의 규정에 의하여 미등기 건물이 채무자의 소유임을 증명한다면 강제경매를 신청할 수 있습니다.

참고로 건물의 보존등기에 관하여 부동산등기법 제65조에 따르면 미등기의 건물에 관한 소유권보존등기는 다음 각 호의 어느 하나에 해당하는 자가 신청할 수 있습니다.

1. 토지대장, 임야대장 또는 건축물대장에 최초의 소유자로 등록되어 있는 자 또는 그 상속인, 그 밖의 포괄승계인
2. 확정판결에 의하여 자기의 소유권을 증명하는 자
3. 수용(收用)으로 인하여 소유권을 취득하였음을 증명하는 자
4. 특별자치도지사, 시장, 군수 또는 구청장(자치구의 구청장을 말한다)의 확인에 의하여 자기의 소유권을 증명하는 자(건물의 경우로 한정한다).

또한 미등기부동산의 처분제한의 등기에 관하여 부동산등기법 제66조는 제1항에서 등기관이 미등기부동산에 대하여 법원의 촉탁에 따라 소유권의 처분제한의 등기를 할 때에는 직권으로 소유권보존등기를 하고, 처분제한의 등기를 명하는 법원의 재판에 따라 소유권의 등기를 한다는 뜻을 기록하여야 한다고 규정하며, 제2항에서는 등기관이 제1항에 따라 건물에 대한 소유권보존등기를 하는 경우에는 제65조를 적용하지 아니한다. 다만, 그 건물이 건축법상 사용승인을 받아야 할 건물임에도 사용승인을 받지 아니하였다면 그 사실을 표제부에 기록하여야 한다고 규정합니다. 끝으로 제3항에서는 제2항 단서에 따라 등기된 건물에 대하여 건축법상 사용승인이 이루어진 경우에는 그 건물 소유권의 등기명의인은 1개월 이

내에 제2항 단서의 기록에 대한 말소등기를 신청하여야 한다고 규정하고 있습니다.

그리고 위 집행법원의 처분제한의 등기에는 경매개시결정의 등기, 가압류등기, 처분금지가처분등기 뿐만 아니라 회생절차개시결정·파산선고(보전 처분 포함)의 기입등기 및 주택임차권등기 및 상가건물임차권등기를 포함하게 됩니다.(미등기 건물의 처분제한등기에 관한 업무처리지침[등기예규 제1469호, 시행 2012.06.29.])

■ 나대지에 저당권이 설정된 후 신축건물을 임차한 경우 소액임
차인 최우선변제를 받을 수 있을까요?

Q 저는 나대지에 대한 甲의 저당권이 설정된 후에 나대지 소
유자 乙이 신축한 주택을 乙로부터 임차한 임차인 丙입니
다. 이 경우에 임차인인 저는 나대지의 경매절차에서 저당
권자 甲에 우선하여 소액임차인 최우선변제를 받을 수 있
을까요?

A 대법원은 "대지에 관한 저당권 설정 후에 비로소 건물이 신축되고
그 신축건물에 대하여 다시 저당권이 설정된 후 대지와 건물이 일
괄 경매된 경우, 주택임대차보호법 제3조의2 제2항의 확정일자를
갖춘 임차인 및 같은 법 제8조 제3항의 소액임차인은 대지의 환가
대금에서는 우선하여 변제를 받을 권리가 없다고 하겠지만, 신축건
물의 환가대금에서는 확정일자를 갖춘 임차인이 신축건물에 대한
후순위권리자보다 우선하여 변제받을 권리가 있다"고 판시하였습
니다(대법원 2010. 6. 10. 선고 2009다101275 판결).

따라서 위 판례에 따를 때 나대지에 저당권이 설정된 후 신축된 주
택을 임차한 소액임차인 丙은 위 토지의 경매절차에서는 저당권자
보다 우선하여 최우선변제를 받을 수는 없고, 다만 주택의 경매대
금에 대해서는 최우선변제를 받을 수 있을 것입니다.

■ 저당된 토지에 신축한 주택의 임차인은 토지의 매각대금에서도 최우선변제를 받을 수 있는지요?

Q 저는 서울 소재 甲 소유 신축주택을 보증금 4,000만원에 24개월간 임차하기로 하여 입주와 주민등록전입신고 및 확정일자를 받아 두었습니다. 그런데 임차건물이 신축되기 전 이미 토지상에는 乙의 근저당등기가 설정되어 있었습니다. 저는 소액임차인으로서 대항력과 우선변제권을 가지고 있으므로 토지와 건물에 대한 경매절차의 매각대금에서 최우선변제를 받을 수 있다고 알고 있습니다. 만약 乙이 경매를 신청하여 토지와 건물이 매각될 경우 토지의 매각대금에서도 최우선변제를 받을 수 있는지요?

A 주택임대차보호법 제3조의2 제2항은 "대항요건과 임대차계약증서상의 확정일자를 갖춘 임차인은 민사집행법에 따른 경매 또는 국세징수법에 따른 공매를 할 때에 임차주택(대지를 포함한다)의 환가대금에서 후순위권리자나 그 밖의 채권자보다 우선하여 보증금을 변제받을 권리가 있다."라고 규정하고 있고, 같은 법 제8조 제1항 및 제3항은 임차인은 보증금 중 일정액을 다른 담보물권자보다 우선하여 변제받을 권리가 있고, 우선변제를 받을 임차인 및 보증금 중 일정액의 범위와 기준은 같은 법 제8조의2에 따른 주택임대차위원회의 심의를 거쳐 대통령령으로 정하되, 주택가액(대지의 가액을 포함)의 2분의 1을 넘지 못하도록 규정하고 있습니다.

그러므로 보통의 일반적인 주택임차인은 위 규정에 근거하여 대지를 포함한 주택의 매각대금에서 우선변제권 등을 주장할 수 있습니다.

그러나 귀하의 경우와 같이 토지에 저당권이 설정된 후에 건물이 신축되었을 때 그 신축건물을 임차한 소액임차인이 토지의 매각대금에 대하여도 최우선변제권을 주장할 수 있는지는 문제가 될 수 있습니다.

- 305 -

이에 관하여 판례는 "임차주택의 환가대금 및 주택가액에 건물뿐만 아니라 대지의 환가대금 및 가액도 포함된다고 규정하고 있는 주택임대차보호법(1999. 1. 21. 법률 제5641호로 개정되기 전의 것) 제3조의2 제1항(현행 주택임대차보호법 제3조의2 제2항) 및 제8조 제3항의 각 규정과 주택임대차보호법의 입법취지 및 통상적으로 건물의 임대차에는 당연히 그 부지부분의 이용을 수반하는 것인 점 등을 종합하여 보면, 대지에 관한 저당권의 실행으로 경매가 진행된 경우에도 그 지상건물의 소액임차인은 대지의 환가대금 중에서 소액보증금을 우선변제 받을 수 있다고 할 것이나(대법원 1996. 6. 14. 선고 96다7595 판결), 이와 같은 법리는 대지에 관한 저당권 설정 당시에 이미 그 지상건물이 존재하는 경우에만 적용될 수 있는 것이고, 저당권설정 후에 비로소 건물이 신축된 경우에까지 공시방법이 불완전한 소액임차인에게 우선변제권을 인정한다면 저당권자가 예측할 수 없는 손해를 입게 되는 범위가 지나치게 확대되어 부당하므로, 이러한 경우에는 소액임차인은 대지의 환가대금에 대하여 우선변제를 받을 수 없다고 보아야 한다."라고 하였으며(대법원 1999. 7. 23. 선고 99다25532 판결), 최근 대법원 판례에서도 "대지에 관한 저당권 설정 후에 비로소 건물이 신축되고 그 신축건물에 대하여 다시 저당권이 설정된 후 대지와 건물이 일괄 경매된 경우라면 주택임대차보호법 제3조의2 제2항의 확정일자를 갖춘 임차인 및 같은 법 제8조 제3항의 소액임차인은 대지의 환가대금에서는 우선하여 변제를 받을 권리가 없다고 하겠지만, 신축건물의 환가대금에서는 확정일자를 갖춘 임차인이 신축건물에 대한 후순위권리자보다 우선하여 변제받을 권리가 있고, 주택임대차보호법 시행령 부칙의 '소액보증금의 범위변경에 따른 경과조치'를 적용함에 있어서 신축건물에 대하여 담보물권을 취득한 때를 기준으로 소액임차인 및 소액보증금의 범위를 정하여야 한다(대법원 2010. 6. 10. 선고 2009다101275 판결)."라고 하여 기존의 입장을 그대로 유지하고 있는 것으로 보입니다.

따라서 귀하의 경우에도 위 토지의 매각대금에서는 乙보다 우선하여 보증금 중 일정액[3,400만원, 주택임대차보호법 시행령 제10조 제1항 제1호(2016. 3. 31. 개정)]을 변제받지 못할 것으로 보이고, 다만 건물의 매각대금에서는 대금의 2분의 1의 범위 내에서 3,400만원을 한도로 변제받을 수 있을 것으로 보입니다.

참고로 2016년 3월 31일부터 시행되고 있는 개정「주택임대차보호법 시행령」은 최우선변제권의 범위를 ① 서울특별시에서는 1억 원 이하의 보증금으로 입주하고 있는 임차인에 한하여 3,400만 원 이하의 범위 내에서, ② 수도권정비계획법에 따른 과밀억제권역(서울특별시는 제외한다)에서는 8,000만 원 이하의 보증금으로 입주하고 있는 임차인에 한하여 2,700만원 이하의 범위 내에서 ③ 광역시(수도권정비계획법에 따른 과밀억제권역에 포함된 지역과 군지역은 제외한다), 세종특별자치시, 안산시, 용인시, 김포시 및 광주시에서는 6,000만 원 이하의 보증금으로 입주하고 있는 임차인에 한하여 2,000만 원 이하의 범위 내에서, ④ 그 밖의 지역에서는 5,000만 원 이하의 보증금으로 입주하고 있는 임차인에 한하여 1,700만 원 이하의 범위 내에서 각 인정된다고 규정하고 있습니다. 다만, 2016년 3월 31일 이전에 임차주택에 근저당권 등의 담보물권이 설정된 경우에는 개정 전의 규정이 적용됨을 유의하여야 할 것입니다.

Q 저는 대지에 관한 저당권이 설정된 후 비로소 신축된 건물에 관하여 임대차 계약을 체결하였습니다. 대지와 건물이 일괄 경매될 경우 대지의 환가대금에 대하여도 우선변제권이 있는지요?

A 이와 관련하여, 판례는 주택임대차보호법 제3조의2제2항 및 제8조 제3항의 각 규정과 같은 법의 입법 취지 및 통상적으로 건물의 임대차에는 당연히 그 부지 부분의 이용을 수반하는 것인 점 등을 종합하여 보면, 대지에 관한 저당권의 실행으로 경매가 진행된 경우에도 그 지상 건물의 소액임차인은 대지의 환가대금 중에서 소액보증금을 우선변제받을 수 있다고 할 것이나, 이와 같은 법리는 대지에 관한 저당권 설정 당시에 이미 그 지상 건물이 존재하는 경우에만 적용될 수 있는 것이고, 저당권 설정 후에 비로소 건물이 신축된 경우에까지 공시방법이 불완전한 소액임차인에게 우선변제권을 인정한다면 저당권자가 예측할 수 없는 손해를 입게 되는 범위가 지나치게 확대되어 부당하므로, 이러한 경우에는 소액임차인은 대지의 환가대금에 대하여 우선변제를 받을 수 없다고 판시하였는바(대법원 2010. 6. 10. 선고 2009다 101275 판결), 대지의 환가대금에 대하여는 우선변제 받을 수 없다 할 것입니다.

Q 건물신축공사시 민법 제666조에 따라 하수급인이 수급인
에게 가지는 저당권설정청구권의 소멸시효는 언제부터 시
작되나요?

A 건물신축공사에서 하수급인의 수급인에 대한 민법 제666조에 따른
저당권설정청구권(이하 '저당권설정청구권'이라 한다)은 수급인이
건물의 소유권을 취득하면 성립하고 특별한 사정이 없는 한 그때
부터 권리를 행사할 수 있지만, 건물 소유권의 귀속주체는 하수급
인의 관여 없이 도급인과 수급인 사이에 체결된 도급계약의 내용에
따라 결정되고, 더구나 건물이 완성된 이후 소유권 귀속에 관한 법
적 분쟁이 계속되는 등으로 하수급인이 수급인을 상대로 저당권설
정청구권을 행사할 수 있는지를 객관적으로 알기 어려운 상황에
있어 과실 없이 이를 알지 못한 경우에도 청구권이 성립한 때부터
소멸시효가 진행한다고 보는 것은 정의와 형평에 맞지 않을 뿐만
아니라 소멸시효 제도의 존재이유에도 부합한다고 볼 수 없습니
다. 그러므로 이러한 경우에는 객관적으로 하수급인이 저당권설정
청구권을 행사할 수 있음을 알 수 있게 된 때부터 소멸시효가 진
행한다고 봄이 타당합니다(대법원 2016. 10. 27. 선고 2014다
211978 판결).

Q 甲은 다세대주택의 신축과 분양을 목적으로 乙로부터 그의 토지 330㎡를 매수하되 그 대금은 甲이 그 토지에 다세대주택을 신축·분양한 후 그 분양대금을 받아 지급하기로 하였는데, 그 후 甲은 그 토지소유명의자 乙의 명의로 건축허가를 받아 다세대주택 1동을 건축하다가 전기조명, 씽크대, 욕조, 도배, 보일러장치 등의 공사를 하지 못한 채 전체공정의 약 80%에 이른 상태에서 자금난으로 공사를 중단하였습니다. 이에 乙은 그 건물의 잔여공사를 마무리한 뒤 각 세대별로 乙앞으로 소유권보존등기와 함께 그 토지에 관한 대지권등기를 마쳤습니다. 이 경우 甲이 비록 위 건물을 완공한 것은 아니지만 일부 내부공사를 제외하고는 그 공사대부분을 마침으로써 이를 원시취득 하였으므로 乙을 상대로 위 소유권보존등기말소를 청구할 수는 없는지요?

A 건물건축도급계약에 따라서 신축된 건물의 소유권귀속관계에 관한 판례를 보면, 신축건물소유권은 원칙적으로 자기의 노력과 재료를 들여 이를 건축한 사람이 원시적으로 취득하는 것이나, 건물신축도급계약에서 수급인이 자기의 노력과 재료를 들여 건물을 완성하여도 도급인과 수급인 사이에 도급인명의로 건축허가를 받아 소유권보존등기를 하기로 하는 등 완성된 건물소유권을 도급인에게 귀속시키기로 합의한 경우에는 그 건물소유권은 도급인에게 원시적으로 귀속된다고 하였습니다(대법원 2010. 1. 28. 선고 2009다66990 판결). 그런데 건축업자가 타인의 대지를 매수하여 그 대금을 지급하지 아니한 채, 자기의 노력과 재료를 들여 건물을 건축하면서 건축허가

명의를 대지소유자로 한 경우에 관하여 판례를 보면, 건축업자가 타인의 대지를 매수하여 계약금만 지급하거나 대금을 전혀 지급하지 아니한 채 그 지상에 자기의 노력과 재료를 들여 건물을 건축하면서 건축허가명의를 대지소유자로 하는 경우에는 그 목적이 대지대금채무를 담보하기 위한 경우가 일반적이고, 채무담보를 위하여 채무자가 자기의 비용과 노력으로 신축하는 건물의 건축허가명의를 채권자명의로 하였다면, 이는 완성될 건물을 담보로 제공하기로 하는 합의로서 법률행위에 의한 담보권설정이라 할 것이므로, 완성된 건물소유권은 일단 이를 건축한 채무자가 원시적으로 취득한 후 채권자명의로 소유권보존등기를 마침으로써 담보목적범위 내에서 채권자에게 그 소유권이 이전된다고 보아야 한다고 하였으며(대법원 2001. 3. 13. 선고 2000다48517, 48524, 48531 판결), 대금채무담보를 위하여 대지소유자명의로 건축허가를 받은 것이라면 비록 건축업자가 건물을 원시취득 하였을지라도 대지소유자명의로 소유권보존등기가 마쳐짐으로써 법률행위에 의하여 담보물권이 설정되었다고 할 것이므로, 피담보채무인 대금채무가 변제되지 않는 한 대지소유자에 대하여 건물소유권보존등기말소를 청구할 수 없다고 하였습니다(대법원 1997. 4. 11. 선고 97다1976 판결).

따라서 위 사안의 경우 甲이 위 건물을 원시취득 하였을지라도 乙에게 토지매매대금을 담보하는 담보물권이 설정된 것으로 보아야 할 것이고, 甲이 나머지 토지매매대금을 지급하지 않는 한 위 건물에 대한 乙의 소유권보존등기말소청구를 하기는 어려울 것으로 보입니다.

■ 토지공유자 1인이 건물을 신축한 경우 관습법상 법정지상권이 성립되는지요?

Q 저는 甲·乙·丙의 공동소유 토지의 지상에 乙·丙의 동의를 얻어 甲이 신축한 점포건물을 甲에게서 임차하여 생선판매업을 하고 있는데, 최근 丙이 위 토지에 대하여 공유물분할청구소송을 제기하였다가 위 토지의 분할이 적당하지 않다는 이유로 경매하여 가액을 분할하기 위하여 경매가 진행 중입니다. 위 토지가 경매절차에서 매각되는 경우 매수인이 위 건물의 철거를 요구할 수도 있는지요?

A 관습법상의 법정지상권은 동일인소유이던 토지와 그 지상건물이 매매 기타 원인으로 인하여 각각 소유자를 달리하게 되었으나 그 건물을 철거한다는 등의 특약이 없으면 건물소유자로 하여금 토지를 계속 사용하게 하려는 것이 당사자의 의사라고 보아 인정되는 것입니다(대법원 2008. 2. 15. 선고 2005다41771, 41788 판결).

그런데 관련판례를 보면, 토지공유자의 한 사람이 다른 공유자의 지분 과반수의 동의를 얻어 건물을 건축한 후 토지와 건물의 소유자가 달라진 경우 토지에 관하여 관습법상의 법정지상권이 성립되는 것으로 보게 되면, 이는 토지공유자의 1인으로 하여금 자신의 지분을 제외한 다른 공유자의 지분에 대하여서까지 지상권설정의 처분행위를 허용하는 셈이 되어 부당하다고 하였습니다(대법원 1993. 4. 13. 선고 92다55756 판결).

따라서 위 사안에서도 甲에게 관습법상 법정지상권이 인정된다고 할 수 없고, 위 토지가 경매절차에서 매각된다면 甲은 매수인의 철거요구에 응하여야 할 것으로 생각됩니다.

참고로 구분소유적 공유자의 관습법상 법정지상권에 관련된 판례를 보면, 구분소유적 공유관계는 통상적인 공유관계와는 달리 당사자 내부에 있어서는 각자가 특정매수 한 부분은 각자의 단독소유로 되었다 할 것이므로, 구분소유적 공유관계에 있는 자가 자신의 특정소유가 아닌 부분에 건물을 신축한 경우 그 건물부분은 당초부터 건물과 토지의 소유자가 서로 다른 경우에 해당되어 그에 관하여는 관습상 법정지상권이 성립될 여지가 없다고 하였으나(대법원 1994. 1. 28. 선고 93다49871 판결), 공유로 등기된 토지의 소유관계가 구분소유적 공유관계에 있는 경우 공유자 중 1인이 소유하고 있는 건물과 그 대지는 다른 공유자와의 내부관계에 있어서는 그 공유자의 단독소유로 되었다 할 것이므로, 건물을 소유하고 있는 공유자가 그 건물 또는 토지지분에 대하여 저당권을 설정하였다가 그 후 저당권실행으로 소유자가 달라지면 건물소유자는 그 건물소유를 위한 법정지상권을 취득하게 되며, 이는 구분소유적 공유관계에 있는 토지의 공유자들이 그 토지 위에 각자 독자적으로 별개의 건물을 소유하면서 그 토지전체에 대하여 저당권을 설정하였다가 그 저당권실행으로 토지와 건물의 소유자가 달라진 경우에도 마찬가지라 할 것이라고 하였습니다(대법원 2004. 6. 11. 선고 2004다13533 판결).

Q 나대지(裸垈地)에 저당권이 설정된 후 저당권설정자가 그
위에 건물을 신축하였으나, 경매로 인하여 그 토지와 건물
의 소유자가 달라진 경우 대지에 대한 법정지상권이 성립
할 수 있는지요?

A 민법에서 법정지상권에 관하여, 저당물의 경매로 인하여 토지와 그
지상건물이 다른 소유자에 속한 경우에는 토지소유자는 건물소유
자에 대하여 지상권을 설정한 것으로 본다고 규정하고 있습니다(민
법 제366조).

그러나 나대지에 저당권이 설정된 후 저당권설정자가 그 위에 건물
을 건축하고 경매로 인하여 그 토지와 건물의 소유자가 달라진 경
우에 관한 판례를 보면, 건물 없는 토지에 저당권이 설정된 후 저당
권설정자가 그 위에 건물을 건축하였다가 담보권실행을 위한 경매
절차에서 경매로 인하여 그 토지와 지상건물이 소유자가 달라졌을
경우, 민법 제366조의 법정지상권이 인정되지 아니할 뿐만 아니라
관습법상 법정지상권도 인정되지 아니한다고 하였고(대법원 1995.
12. 11. 자 95마1262 결정), 이것은 채권담보를 위하여 나대지상에
가등기 후 대지소유자가 그 지상에 건물을 신축하였고, 그 가등기
에 기초한 본등기가 되어 대지와 건물의 소유자가 달라진 경우에도
마찬가지입니다(대법원 1994. 11. 22. 선고 94다5458 판결).

또한, 민법 제366조의 법정지상권은 저당권설정 당시부터 저당권목
적이 되는 토지 위에 건물이 존재할 경우에 한하여 인정되며, 토지
에 관하여 저당권이 설정될 당시 그 지상에 토지소유자에 의한 건
물건축이 개시되기 이전이었다면 건물이 없는 토지에 관하여 저당권
설정 당시 근저당권자가 토지소유자에 의한 건물건축에 동의하였더
라도 그러한 사정은 주관적 사항이고 공시할 수도 없는 것이어서

토지를 낙찰 받는 제3자로서는 알 수 없는 것이므로 그러한 사정을 들어 법정지상권성립을 인정한다면 토지소유권을 취득하려는 제3자의 법적 안정성을 해하는 등 법률관계가 매우 불명확하게 되므로 법정지상권이 성립되지 않는다고 하였습니다(대법원 2003. 9. 5. 선고 2003다26051 판결).

그러므로 위 사안에서 토지에 저당권이 설정된 후 그 위에 신축된 건물의 소유자는 토지의 경매절차 매수인에 대하여 법정지상권을 주장하지 못할 것으로 보입니다.

판례는 "나대지상에 환매특약의 등기가 마쳐진 상태에서 대지소유자가 그 지상에 건물을 신축하였다면, 대지소유자는 그 신축 당시부터 환매권 행사에 따라 환매권자에게 환매특약 등기 당시의 권리관계 그대로의 토지 소유권을 이전하여 줄 잠재적 의무를 부담한다고 볼 수 있으므로, 통상의 대지소유자로서는 그 건물이 장차 철거되어야 하는 운명에 처하게 될 것임을 예상하면서도 그 건물을 건축하였다고 볼 수 있고, 환매권자가 환매기간 내에 적법하게 환매권을 행사하면 환매특약의 등기 후에 마쳐진 제3자의 근저당권 등 이미 유효하게 성립한 제한물권조차 소멸하므로, 특별한 사정이 없는 한 환매권의 행사에 따라 토지와 건물의 소유자가 달라진 경우 그 건물을 위한 관습상의 법정지상권은 애초부터 생기지 않는다(대법원 2010. 11. 25. 선고 2010두16431 판결)"라고 판시하기도 하였습니다.

다만, 토지에 관한 저당권설정 당시 토지소유자에 의하여 그 지상에 건물이 건축 중이었던 경우에 관하여 판례를 보면, 민법 제366조에서 정한 법정지상권은 저당권설정 당시 동일인 소유에 속하던 토지와 건물이 경매로 인하여 양자의 소유자가 다르게 된 때에 건물소유자를 위하여 발생하는 것으로서, 토지에 관하여 저당권이 설정될 당시 그 지상건물이 위 토지소유자에 의하여 건축 중이었고 그것이 사회 관념상 독립된 건물로 볼 수 있는 정도에 이르지는 않았더라도 건물의 규모, 종류가 외형상 예상할 수 있는 정도까지 건축이 진전되어 있는 경우 저당권자는 완성될 건물을 예상할 수 있으므로, 법정지상권을 인정하여도 불측의 손해를 입는 것이 아니며 사회경제적으로도 건물을 유지할 필요가 인정되기 때문에 법정지상권성립을 인정함이 상당하다고 하였습니다(대법원 2004. 6. 11. 선고 2004다13533 판결). 따라서 토지에 저당권설정 당시 그 지상에 완성된 건물은 존재하지 아니하더라도 공사가 진행되어 건물의 규모, 종류를 외형상 예상할 수 있는 정도에 이른 경우에는 법정지상권을 인정할 수 있을 것으로 보입니다.

■ **토지와 건물을 공동담보로 하여 근저당권이 설정되어 있다가 건물이 증·개축되어 집합건물로 전환된 경우, 근저당권 실행을 위한 경매신청을 할 수 있는지요?**

Q 4층 건물 1동과 그 대지 1필 및 인접 토지 2필에 관하여 甲의 근저당권 등이 설정된 후 건물이 위 대지 전체를 부지로 하는 7층 규모의 13개 구분소유건물로 증개축 및 변환되었는데, 신 건물 중 구 건물에 해당하는 부분은 구 건물과 동일성이 인정되고, 5, 6, 7층에 해당하는 추가증축 부분은 구 건물과 독립한 건물인 경우 甲은 근저당권 실행을 위해 부동산의 어느 범위에 대해 경매신청을 할 수 있는지요?

A 민법 제358조는 "저당권의 효력은 저당부동산에 부합된 물건과 종물에 미친다. 그러나 법률에 특별한 규정 또는 설정행위에 다른 약정이 있으면 그러하지 아니하다."라고 규정하고 있습니다. 토지와 건물을 공동담보로 하여 근저당권이 설정되어 있다가 건물이 증개축되어 집합건물로 전환된 경우, 근저당권 실행을 위한 경매신청의 대상에 대하여 판례는 "집합건물의 구분소유자가 전유부분을 소유하기 위하여 그 소유 대지에 대지사용권을 갖는 경우 구분소유자 각자가 대지 전체에 대하여 가지는 공유지분권이 대지사용권이 되고, 그 대지사용권은 전유부분과 분리처분이 가능하도록 규약으로 정하였다는 등의 특별한 사정이 없는 한 전유부분과 종속적 일체 불가분성이 인정되며, 그러한 대지사용권의 성립에 앞서 그 대지에 이미 근저당권이 설정되어 있다면, 구분소유자별로 공유지분권에 대해 근저당권의 제한을 받는 대지사용권을 보유하게 되고, 근저당권자로서는 그 근저당권의 실행을 위하여 공유지분권에 대해 경매를 신청할 수 있다.

한편 근저당권자는 그 근저당권의 대상인 토지가 수인의 공유인 경우 그 중 일부 지분만에 대하여도 경매를 신청할 수 있다. 따라서 원래 토지와 건물을 공동담보로 하여 근저당권이 설정되어 있다가 그 건물의 증개축으로 인해 건물이 집합건물로 전환된 경우 근저당권자로서는, 그 전환된 집합건물의 각 전유부분이 종전 건물과의 동일성이 인정되거나 종전 건물에 부합된 것으로 인정되는 때에는 특별한 사정이 없는 한 그 각 전유부분과 아울러 그에 대응하는 공유지분권으로서의 대지사용권에 대하여 임의경매를 신청할 수 있고, 그와 달리 각 전유부분이 종전 건물과 전혀 별개 또는 독립한 건물이라고 인정되는 때에는 그 부분에 대응하는 공유지분권에 대하여 임의경매를 신청할 수 있다."라고 하였습니다.(대법원 2012. 4. 30. 자 2011마1525 결정)

그렇다면 甲은 근저당권 실행을 위하여 구 건물과 동일성이 인정되는 1층 내지 4층까지는 각 전유부분과 아울러 그에 대응하는 공유지분권으로서의 대지사용권에 대하여 임의경매를 신청할 수 있고, 구 건물과 독립한 건물로 인정되는 5, 6, 7,층은 그 부분에 대응하는 공유지분권에 대하여만 임의경매를 신청할 수 있습니다.

Q 甲은 乙로부터 건물신축공사를 도급 받았는데, 甲이 乙의 토지위에 乙명의로 건축허가를 받아 甲의 노력과 재료를 들여 공사를 완성한 후 乙명의로 사용검사를 받은 후 乙에게 인도하기로 하였습니다. 그런데 乙은 甲이 공사를 완성하여 사용검사를 마치고 乙명의로 소유권보존등기까지 마쳤음에도 불구하고 공사대금의 잔금을 지급하지 않았으므로, 甲은 위 신축건물의 열쇠를 乙에게 인도를 거부하였습니다. 그러자 乙은 甲에게 위 건물의 명도청구의 소송을 제기하였습니다. 이 경우 甲이 위 공사대금의 잔금을 교부 받을 때까지 위 건물의 명도를 거부할 수는 없는지요?

A 건물도급계약에 있어서 그 건물의 소유권을 도급인에게 귀속시키기로 약정한 경우가 아니고, 수급인이 자기의 노력과 재료로 건물을 완성하여 수급인이 원시적으로 그 건물의 소유권을 취득하는 경우에 관하여 판례를 보면, 유치권은 타물권인 점에 비추어 볼 때 수급인의 재료와 노력으로 건축되었고 독립한 건물에 해당되는 기성부분은 수급인의 소유라 할 것이므로, 수급인은 공사대금을 지급받을 때까지 이에 대하여 유치권을 가질 수 없다고 하였으나(대법원 1993. 3. 26. 선고 91다14116 판결), 일반적으로 자기의 노력과 재료를 들여 건물을 건축한 사람은 그 건물의 소유권을 원시취득하는 것이고, 다만 도급계약에 있어서는 수급인이 자기의 노력과 재료를 들여 건물을 완성하더라도 도급인과 수급인 사이에 도급인 명의로 건축허가를 받아 소유권보존등기를 하기로 하는 등 완성된 건물의 소유권을 도급인에게 귀속시키기로 합의한 것으로 보일 경우에는 그 건물의 소유권은 도급인에게 원시적으로 귀속된다고 하였습니다(대법원 2010. 1. 28. 선고 2009다66990 판결). 그러므로

위 사안의 경우에도 신축된 건물의 소유권은 도급인 乙에게 귀속시키기로 합의한 것으로 볼 수 있을 듯합니다.

그런데 수급인 甲이 공사대금의 잔금을 교부받을 때까지 위 건물의 인도를 거부할 수 있을 것인지에 관하여 살펴보면, 「민법」 제320조 제1항에서 타인의 물건 또는 유가증권을 점유한 자는 그 물건이나 유가증권에 관하여 생긴 채권이 변제기에 있는 경우에는 변제를 받을 때까지 그 물건 또는 유가증권을 유치할 권리가 있다고 규정하고 있으며, 같은 법 제321조에서는 유치권자는 채권전부의 변제를 받을 때까지 유치물 전부에 대하여 그 권리를 행사할 수 있다고 규정하고 있습니다.

그리고 도급계약에서 수급인이 신축건물에 대하여 유치권을 가지는 경우에 관한 판례를 보면, 주택건물의 신축공사를 한 수급인이 그 건물을 점유하고 있고, 또 그 건물에 관하여 생긴 공사대금채권이 있다면, 수급인은 그 채권을 변제받을 때까지 건물을 유치할 권리가 있다고 할 것이고, 이러한 유치권은 수급인이 점유를 상실하거나 피담보채무가 변제되는 등 특단의 사정이 없는 한 소멸되지 않는다고 하였습니다(대법원 1995. 9. 15. 선고 95다16202, 95다16219 판결). 따라서 위 사안에서 甲은 공사대금잔금을 지급받을 때까지 위 건물의 인도를 거부할 수 있을 것으로 보입니다.

참고로 건물신축공사를 도급받은 수급인이 사회통념상 독립한 건물이 되지 못한 정착물을 토지에 설치한 상태에서 공사가 중단된 경우, 그 정착물 또는 토지에 대하여 유치권을 행사할 수 있는지 판례를 보면, 건물신축공사를 한 수급인이 그 건물을 점유하고 있고 또 그 건물에 관하여 생긴 공사금채권이 있다면, 수급인은 그 채권을 변제받을 때까지 건물을 유치할 권리가 있는 것이지만, 건물의 신축공사를 도급받은 수급인이 사회통념상 독립한 건물이라고 볼 수 없는 정착물을 토지에 설치한 상태에서 공사가 중단된 경우에 위 정착물은 토지의 부합물에 불과하여 이러한 정착물에 대하여 유치권을 행사할 수 없는 것이고, 또한 공사를 중단할 때까지 발생

한 공사대금채권은 토지에 관하여 생긴 것이 아니므로, 그 공사대
금채권에 기초하여 토지에 대하여 유치권을 행사할 수도 없는 것이
라고 하였습니다(대법원 2008. 5. 30. 자 2007마98 결정).

주택의 관리 및
하자는 어떻게 하나요?

제5장 주택의 관리 및 하자는 어떻게 하나요?

1. 주택 및 대지의 유지 · 관리 의무

1-1. 주택의 유지·관리

1-1-1. 소유자나 관리자의 유지·관리 의무

① 주택의 소유자나 관리자는 주택, 대지 및 건축설비를 건축법 제40조부터 제50조까지, 제50조의2, 제51조부터 제58조까지, 건축법 제60조부터 제64조까지, 제65조의2, 제67조 및 제68조와 녹색건축물 조성 지원법 제15조부터 제17조까지의 규정에 적합하도록 유지·관리해야 합니다.

② 이 경우 건축법 제65조의2 및 녹색건축물 조성 지원법 제16조·제17조는 인증을 받은 경우로 한정합니다.

1-1-2. 위반 시 제재

이를 위반한 주택의 소유자 또는 관리자는 2년 이하의 징역 또는 1억원 이하의 벌금에 처해집니다.

1-2. 대지의 분할 제한

1-2-1. 주택이 있는 대지의 분할 제한

① 주택이 있는 대지는 다음의 범위에서 해당 지방자치단체의 조례로 정하는 면적에 못 미치게 분할할 수 없습니다.

　1) 주거지역 : 60제곱미터

　2) 상업지역 : 150제곱미터

　3) 공업지역 : 150제곱미터

　4) 녹지지역 : 200제곱미터

　5) 제1호부터 제4호까지의 규정에 해당하지 않는 지역 : 60제곱미터

② 주택이 있는 대지의 분할 제한에도 불구하고 건축협정(건축법 제77조의6)이 인가된 경우 그 건축협정의 대상이 되는 대지는 분할할 수 있습니다.

③ 주택이 있는 대지는 건축법」 제44조, 제55조, 제56조, 제58조, 제60조

및 제61조에 따른 기준에 못 미치게 분할할 수 없습니다.

④ 주택이 있는 대지의 분할 제한에도 불구하고 건축협정(건축법 제77조의6)
이 인가된 경우 그 건축협정의 대상이 되는 대지는 분할할 수 있습니다.

⑤ 국토의 계획 및 이용에 관한 법률에 따른 도시지역 및 도시지역 외 지구
단위계획구역 외의 지역으로서 동이나 읍(동이나 읍에 속하는 섬의 경우
에는 인구가 500명 이상인 경우만 해당)이 아닌 지역은 위 규정이 적용
되지 않습니다.

2. 주택의 하자보수 및 손해배상청구

2-1. 공사시공자가 건설산업기본법에 따른 건설업자인 경우

2-1-1. 수급인의 담보책임

① 수급인은 발주자에 대하여 건설공사의 목적물이 벽돌쌓기식구조·철근콘
크리트구조·철골구조·철골철근콘크리트구조나 그 밖에 이와 유사한 구조
로 된 것인 경우에는 건설공사의 완공일과 목적물의 관리·사용을 개시한
날 중에서 먼저 도래한 날로부터 10년의 범위에서, 그 밖의 구조로 된
것인 경우에는 건설공사의 완공일과 목적물의 관리·사용을 개시한 날 중
에서 먼저 도래한 날로부터 5년의 범위에서 공사의 종류별로 다음의 기
간 이내에 발생한 하자에 대해서 담보책임이 있습니다.

1) 대형공공성 건축물이 아닌 건축물의 구조상 주요부분 : 5년

2) 그 밖의 부분(전문공사에 해당하는 부분은 제외) : 1년

3) 전문공사에 해당하는 부분

 가) 실내의장 : 1년

 나) 토공 : 2년

 다) 미장·타일 : 1년

 라) 방수 : 3년

 마) 도장 : 1년

 바) 석공사·조적 : 2년

 사) 창호설치 : 1년

 아) 지붕 : 3년

자) 판금 : 1년

차) 철물(건설산업기본법 시행령 별표 4 제1호부터 제14호까지에 해당하는 철골은 제외) : 2년

카) 철근콘크리트(건설산업기본법 시행령 별표 4 제1호부터 제14호까지에 해당하는 철근콘크리트는 제외) : 3년

타) 급배수·공동구·지하저수조·냉난방·환기·공기조화·자동제어·가스·배연설비 : 2년

파) 승강기 및 인양기기 설비 : 3년

하) 보일러 설치 : 1년

거) 타 및 하 외의 건물내 설비 : 1년

너) 아스팔트 포장 : 2년

더) 보링 : 1년

러) 건축물 조립(건축물의 기둥 및 내력벽의 조립을 제외하며, 이는 건설산업기본법 시행령 별표 4 제14호에 다릅니다) : 1년

머) 온실설치 : 2년

② 위 기간 중 둘 이상의 공종(工種)이 복합된 공사의 하자담보책임기간은 하자책임을 구분할 수 없는 경우를 제외하고는 각각의 세부 공종별 하자담보책임기간으로 합니다.

2-1-2. 수급인의 책임 제한

① 수급인은 다음의 사유로 인해서 발생한 하자에 대해서는 위 규정에 불구하고 담보책임이 없습니다.

 1) 발주자가 제공한 재료의 품질이나 규격 등의 기준미달로 인한 경우

 2) 발주자의 지시에 따라 시공한 경우

 3) 발주자가 건설공사의 목적물을 관계법령에 의한 내구연한 또는 설계상의 구조내력을 초과하여 사용한 경우

2-1-3. 하수급인의 담보책임 및 책임제한

하수급인의 담보책임 및 책임제한에 대해서는 수급인의 경우를 준용합니다.

2-2. 공사시공자가 건설산업기본법에 따른 건설업자가 아닌 경우

2-2-1. 수급인의 담보책임

① 완성된 목적물 또는 완성 전의 성취된 부분에 하자가 있는 때에는 도급인은 수급인에 대하여 상당한 기간을 정해서 그 하자의 보수를 청구할 수 있습니다. 그러나 하자가 중요하지 않은 경우에 그 보수에 과다한 비용을 요할 때에는 그렇지 않습니다.

② 도급인은 하자의 보수에 가름하여 또는 보수와 함께 손해배상을 청구할 수 있습니다.

③ 쌍무계약의 당사자 일방은 상대방의 채무가 변제기에 있지 않은 경우를 제외하고는 상대방이 그 채무이행을 제공할 때까지 자기의 채무이행을 거절할 수 있으며, 쌍무계약의 당사자 일방이 상대방에게 먼저 이행해야 할 경우에 상대방의 이행이 곤란할 현저한 사유가 있는 때에는 상대방이 그 채무이행을 제공할 때까지 자기의 채무이행을 거절할 수 있습니다.

2-2-2. 도급인의 계약해제 제한

도급인이 완성된 목적물의 하자로 인해서 계약의 목적을 달성할 수 없는 때에는 계약을 해제할 수 있지만 건물에 대해서는 그렇지 않습니다.

2-2-3. 하자가 도급인이 제공한 재료 또는 지시에 기인한 경우

① 민법 제667조 및 제668조의 규정은 목적물의 하자가 도급인이 제공한 재료의 성질 또는 도급인의 지시에 기인한 때에는 적용되지 않습니다.

② 그러나 수급인이 그 재료 또는 지시의 부적당함을 알고 도급인에게 알리지 않은 경우에는 그렇지 않습니다.

2-2-4. 담보책임의 존속기간

① 건물의 수급인은 목적물 또는 지반공사의 하자에 대해서 인도 후 5년간 담보의 책임이 있습니다.

② 그러나 목적물이 석조, 석회조, 연와조, 금속이나 그 밖에 이와 유사한

재료로 조성된 것인 경우에는 그 기간을 10년으로 합니다.

③ 위 규정에 따른 하자로 인해서 목적물이 멸실 또는 훼손된 때에는 도급인은 그 멸실 또는 훼손된 날부터 1년 내에 민법 제667조(수급인의 담보책임)의 권리를 행사해야 합니다.

2-2-5. 담보책임면제의 특약

수급인은 민법 제667조, 제668조의 담보책임이 없음을 약정한 경우에도 알고 알리지 않은 사실에 대해서는 그 책임을 면하지 못합니다.

Q 甲은 자신이 소유하고 있는 다세대 주택을 A에게 임차하여 주었는데, 乙이 소유한 이웃세대에서 발생한 것으로 의심되는 누수로 인해 현재 A가 불편을 겪고 있습니다. 누수전문가를 통해 원인을 파악한 결과 乙이 소유한 세대에 문제가 있다는 상당한 의심이 있어 이를 알렸지만, 乙은 아무런 문제가 없다며 절대 고쳐줄 수 없다고 하는 상태입니다. 현재 乙은 일체 연락을 받지도 않고, 甲이 일단 비용을 들여 누수공사를 하려고 해도 문조차 열어주지 않는 상황입니다. 甲이 취할 수 있는 조치는 무엇인지요?

A 공동주택인 건물의 구조상 자신이 배타적으로 지배하는 구분소유 부분에서 하자 등 원인이 발생하여 타인의 소유 부분에 손해를 입힌 경우에는 타인이 자신의 손해를 회복하기 위하여 수리 등 공사를 하는 것을 일정 범위 내에서 수인해야만 할 법률상, 신의칙상 의무가 있다고 볼 수 있습니다.

그런데, 누수진단을 위한 전문가 등을 통하여 인접한 세대에 누수의 원인이 있다는 합리적 결론에 도달하였음에도 불구하고, 이웃세대의 소유자 등이 하자보수를 위한 공사를 일방적으로 거부하여 원만한 합의점에 이르지 못하고 있는 상황이라면, 결국 이웃세대의 소유자 등을 상대로 민사소송을 제기하여 승소판결을 받음으로써 이를 강제할 수밖에 없습니다.

소송의 내용은, 누수의 원인이 되는 하자를 보수하기 위한 공사를 방해하지 말 것을 청구하는 한편, 그 하자의 내용에 따라 공사비 등 甲이나 A가 입은 손해를 금전으로 배상하라고 청구하는 것이 되어야 합니다. 소송절차에서 법원이 선임한 전문가인 감정인을 통해 건물에 존재하는 하자 및 그 원인에 대한 감정절차가 진행될 가능성이 높은 바, 소송에 소요되는 시간이 다소 길어질 것으로 예상되므로, 가급적 신속하게 소송절차를 진행할수록 유리할 것입니다.

Q 甲은 주택을 임차하여 자취를 하던 중 부엌과 방 사이의 문틈으로 연탄가스가 스며들어 가스에 중독되어 사망하였습니다. 집주인 乙은 자신에게 어떠한 책임도 없다고 하는데, 이 경우 甲은 乙에게 민·형사상 책임을 물을 수 없는지요?

A 민법 제758조 제1항은 "공작물의 설치 또는 보존의 하자로 인하여 타인에게 손해를 가한 때에는 공작물 점유자가 손해를 배상할 책임이 있다. 그러나 점유자가 손해의 방지에 필요한 주의를 해태하지 아니한 때에는 그 소유자가 손해를 배상할 책임이 있다."라고 규정하고 있습니다. 여기에서 말하는 '공작물의 설치 또는 보존의 하자'라 함은 공작물의 축조 및 보존에 불완전한 점이 있어 이 때문에 통상 갖추어야 할 안전성을 결여한 상태를 의미하는 것이며, '손해의 방지에 필요한 주의를 해태하지 아니한 때'라 함은 일반적으로 손해의 발생을 막을 수 있을 만한 주의를 말합니다.

위 사안에서 주택의 직접점유자로서 그 설치·보존의 하자로 인한 손해배상의 제1차적 책임자로 규정되어 있는 주택임차인 자신이 피해자인 경우에 제2차적 책임자로 규정되어 있는 주택소유자를 상대로 위 민법의 규정에 의한 손해배상책임을 물을 수 있느냐 하는 것인바, 이에 관하여 판례는 "공작물의 설치 또는 보존의 하자로 인하여 타인에게 손해를 가한 때에는 1차적으로 공작물의 점유자가 손해를 배상할 책임이 있고, 공작물의 소유자는 점유자가 손해의 방지에 필요한 주의를 해태(懈怠)하지 아니한 때에 비로소 2차적으로 손해를 배상할 책임이 있는 것이나, 공작물의 임차인인 직접점유자나 그와 같은 지위에 있는 것으로 볼 수 있는 자가 공작물의 설치 또는 보존의 하자로 인하여 피해를 입은 경우에 그 주택의 소유자는 민법 제758조 제1항 소정의 책임자로서 이에 대하여 손해를 배상할 책임이 있는 것이고, 그 피해자에게 보존상의 과실이 있더라도 과실상계의 사유가 될 뿐이다."라고 하여 임차인과 함께 기거하던 직장동료가 연통에서 새어나온 연탄가스에 중독되어 사망한 사고에 대하여 주택소유자의 손해배상책임을 인정한 바 있습니다(대법원 1993. 2. 9. 선고 92다31668 판결).

따라서 위 주택의 하자가 설치상의 하자인지, 보존상의 하자인지 등 구체적으로는 알 수 없어도 일단 그 주택의 하자가 존재하는 정도면 되는 것이고, 그에 대한 입증책임도 주택소유자에게 있는 것인바, 집주인은 공작물소유자로서의 책임을 벗어나기는 어려울 것입니다. 물론, 귀하의 조카에게 그 주택의 보존에 있어서의 과실 즉, 하자보수요구 등을 집주인에게 하지 않았다면 그에 대한 과실상계는 될 수 있을 것입니다.

그리고 집주인의 형사책임 여부에 관하여 판례는 "임대차목적물상의 하자의 정도가 그 목적물을 사용할 수 없을 정도의 파손상태라고 볼 수 없다든지, 반드시 임대인에게 수선의무가 있는 대규모의 것이라고 볼 수 없어 임차인의 통상의 수선 및 관리의무에 속한다고 보여지는 경우에는 그 하자로 인하여 가스중독사가 발생하였다고 하더라도 임대인에게 과실이 있다고 할 수 없으나, 이러한 판단을 함에 있어서 단순히 하자 자체의 상태만을 고려할 것이 아니라 그 목적물의 구조 및 전반적인 노후화상태 등을 아울러 참작하여 과연 대규모적인 방법에 의한 수선이 요구되는지를 판단하여야 할 것이며, 이러한 대규모의 수선 여부가 분명하지 아니한 경우에는 임대차 전후의 임대차목적물의 상태 내지 하자로 인한 위험성의 징후 여부와 평소 임대인 또는 임차인의 하자상태의 지실 내지 발견가능성 여부, 임차인의 수선요구 여부 및 이에 대한 임대인의 조치 여부 등을 종합적으로 고려하여 임대인의 과실 유무를 판단하여야 할 것이다."라고 하였으며(대법원 1993. 9. 10. 선고 93도196 판결), "부엌과 창고홀로 통하는 방문이 상단부의 문틈과 벽 사이에 약

1.2센티미터 내지 2센티미터나 벌어져 있고 그 문틈과 문 자체 사이
도 두 군데나 0.5센티미터의 틈이 있는 정도의 하자는 임차목적물
을 사용할 수 없을 정도의 것이거나 임대인에게 수선의무가 있는
대규모의 것이 아니고 임차인의 통상의 수선 및 관리의무의 범위에
속하는 것이어서 비록 임차인이 위 문틈으로 새어든 연탄가스에 중
독되어 사망하였다 하더라도 임대인에게 그 책임을 물을 수 없다."
라고 하였습니다(대법원 1986. 7. 8. 선고 86도383 판결).

따라서 위 사안에서 집주인에게 형사상의 책임을 묻기는 어려울 것
으로 보입니다.

(관련판례)

일반적으로 건축공사도급계약에서 공사대금의 지급의무와 공사의 완공의무가
반드시 동시이행관계에 있는 것은 아니지만, 도급인이 계약상 의무를 부담하는
공사 기성부분에 대한 공사대금 지급의무를 지체하고 있고, 수급인이 공사를 완
공하더라도 도급인이 공사대금의 지급채무를 이행하기 곤란한 현저한 사유가
있는 경우에는 수급인은 그러한 사유가 해소될 때까지 자신의 공사 완공의무를
거절할 수 있다(대법원 2005. 11. 25. 선고 2003다60136 판결).

■ 수급인이 신축한 건물에 하자가 있는 경우, 도급인의 위자료가 인정될 수 있는지요?

Q 수급인이 신축한 건물에 하자가 있는 경우, 도급인의 위자료가 인정될 수 있는지요?

A 일반적으로 건물 신축 도급계약에 있어서 수급인이 신축한 건물에 하자가 있는 경우에, 이로 인하여 도급인이 받은 정신적 고통은 하자가 보수되거나 하자보수에 갈음한 손해배상이 이루어짐으로써 회복된다고 봄이 상당하고, 도급인이 하자의 보수나 손해배상만으로는 회복될 수 없는 정신적 고통을 입었다면 이는 특별한 사정으로 인한 손해로서 수급인이 이와 같은 사정을 알았거나 알 수 있었을 경우에 한하여 정신적 고통에 대한 위자료를 인정할 수 있습니다(대법원 1996. 6. 11. 선고 95다12798 판결).

(관련판례)

파산법 제50조제1항은 쌍무계약에 관하여 파산자 및 그 상대방이 모두 파산선고 당시에 아직 그 이행을 완료하지 아니한 때에는 파산관재인은 그 선택에 따라 계약을 해제하거나 파산자의 채무를 이행하고 상대방의 채무이행을 청구할 수 있다고 규정하고 있는데, 이 규정은 쌍무계약에서 쌍방의 채무가 법률적·경제적으로 상호 관련성을 가지고, 원칙적으로 서로 담보의 기능을 하고 있는데 비추어 쌍방 미이행의 쌍무계약의 당사자의 일방이 파산한 경우에 「파산법」 제51조와 함께 파산관재인에게 그 계약을 해제하거나 또는 상대방의 채무의 이행을 청구하는 선택권을 인정함으로써 파산재단의 이익을 지키고 동시에 파산관재인이 한 선택에 대응한 상대방을 보호하기 위한 취지에서 만들어진 쌍무계약의 통칙인바, 수급인이 파산선고를 받은 경우에 도급계약에 관하여 「파산법」 제50조의 적용을 제외하는 취지의 규정이 없는 이상, 해당 도급계약의 목적인 일의 성질상 파산관재인이 파산자의 채무의 이행을 선택할 여지가 없는 때가 아닌 한 「파산법」 제50조의 적용을 제외하여야 할 실질적인 이유가 없다. 따라서 「파산법」 제50조는 수급인이 파산선고를 받은 경우에도 해당 도급계약의 목적인 일이 파산자 이외의 사람이 완성할 수 없는 성질의 것이기 때문에 파산관재인이 파산자의 채무이행을 선택할 여지가 없는 때가 아닌 한 도급계약에도 적용된다고 할 것이다(대법원 2001. 10. 9. 선고 2001다24174,24181 판결).

■ 건물신축공사와 산업재해보상보험법상 보험료를 건축주가 부담해야 하나요?

Q 건물을 신축하는 건축주입니다. 건물 공사와 관련하여 공사업자에게 공사전부를 맡겼는데, 공사와 관련하여 산업재해   보   보험료를 건축주가 부담해야 하나요?

A 건물신축 공사시 고용보험 또는 산재보험과 관련하여 대법원은 '고용보험법 제8조, 제9조, 산업재해보상보험법 제6조, 제7조 및 고용산재보험료징수법 제5조 제1항, 제3항, 제13조 제1항에 의하면, 근로자를 사용하는 사업 또는 사업장의 사업주는 원칙적으로 고용보험 및 산재보험의 보험가입자가 되어 고용보험료 및 산재보험료의 납부의무를 부담한다. 건물을 신축하는 건축주가 자신이 직접 공사를 하지 아니하고 공사 전부를 수급인에게 도급을 준 경우에는 근로자를 사용하여 공사를 수행한 자는 수급인이므로 원칙적으로 수급인이 위 공사에 관한 고용보험법 및 산업재해보상보험법상 사업주로서 위 각 보험료를 납부할 의무를 부담하고, 건축주가 근로자를 사용하여 공사의 전부 또는 일부를 직접 한 경우에는 그 부분에 한하여 건축주가 고용보험법 및 산업재해보상보험법상 사업주가 되어 이에 해당하는 보험료의 납부의무를 부담한다(대법원 2016. 10. 13. 선고 2016다 221658 판결).'고 판시하고 있습니다.

이에 따르면 건축주가 공사업자인 수급인에게 공사를 맡긴 정도나 직접 근로자를 고용해서 공사를 진행하였는지 여부에 따라 산재보험료 등의 납부의무 여부가 달라진다고 볼 수 있습니다.

(관련판례)

수급인이 책임질 수 없는 사유로 인하여 공사가 지연된 경우에는 그 기간만큼 지체일수에서 제외되어야 할 것이나, 지체일수가 공제되는 수급인에게 책임지울 수 없는 사유란 공사도급계약에서 예상하지 못하였던 사정이 발생하였고, 그 사정으로 인하여 일정한 기간 동안 예정된 공사를 진행할 수 없어 공사의 지연이 불가피하였음을 입증하였어야 하는 것이지 단지 어떤 사유가 수급인의 귀책사유와 경합하여 공사기간이 연장될 가능성만 있는 때에는 배상예정액의 감액에서 고려할 수 있을 뿐이다(대법원 2005. 11. 25. 선고 2003다60136 판결).

(관련판례)

건축공사도급계약에 있어서는 공사 도중에 계약이 해제되어 미완성 부분이 있는 경우라도 그 공사가 상당한 정도로 진척되어 원상회복이 중대한 사회적·경제적 손실을 초래하게 되고 완성된 부분이 도급인에게 이익이 되는 때에는 도급계약은 미완성 부분에 대해서만 실효되어 수급인은 해제된 상태 그대로 그 건물을 도급인에게 인도하고, 도급인은 그 건물의 기성고 등을 참작하여 인도받은 건물에 대하여 상당한 보수를 지급하여야 할 의무가 있다(대법원 1997. 2. 25. 선고 96다43454 판결).

Q 대지에 관한 저당권 설정 후 건물이 신축되고 그 신축건물에 다시 저당권이 설정된 후 대지와 건물이 일괄 경매된 경우, 신축건물의 '확정일자를 갖춘 임차인'과 '소액임차인'이 갖는 우선변제권의 범위 및 주택임대차보호법 시행령 부칙에 정한 '소액 보증금의 범위변경에 따른 경과조치'를 적용할 경우 소액 임차인 및 소액보증금의 범위를 정하는 기준시기는 무엇인지요?

A 대지에 관한 저당권 설정 후에 비로소 건물이 신축되고 그 신축건물에 대하여 다시 저당권이 설정된 후 대지와 건물이 일괄 경매된 경우, 주택임대차보호법 제3조의2 제2항의 확정일자를 갖춘 임차인 및 같은 법 제8조 제3항의 소액임차인은 대지의 환가대금에서는 우선하여 변제를 받을 권리가 없다고 하겠지만, 신축건물의 환가대금에서는 확정일자를 갖춘 임차인이 신축건물에 대한 후순위권리자보다 우선하여 변제받을 권리가 있고, 주택임대차보호법 시행령 부칙의 '소액보증금의 범위변경에 따른 경과조치'를 적용함에 있어서 신축건물에 대하여 담보물권을 취득한 때를 기준으로 소액임차인 및 소액보증금의 범위를 정하여야 한다(대법원 2010. 6. 10. 선고 2009다101275 판결).

Q 인테리어 업체를 통해 창호, 도배, 화장실 공사 등 집안 전반적인 인테리어 공사를 31,280,000원에 받았는데, 공사 완료 5개월 후 아래층 세대의 화장실 옆 작은방 내 붙박이장 천장에 누수현상이 발생하여 천장 벽지가 젖고 곰팡이가 발생하는 등의 피해를 입었습니다. 이에 업체에 이의를 제기하여 화장실 바닥 방수공사를 재실시하여 하자는 보수되었으나 업체는 원래 건물 자체 하자로 인한 문제였으나 원만한 민원처리를 위해 무상 재시공을 해준 것이므로 아래층 피해에 대해서는 배상할 수 없다고 합니다. 이 경우 아래층 피해에 대해서도 배상을 받을 수 있을까요?

A 기존의 누수 여부와는 상관없이 계약내용에 화장실 방수공사가 포함되었다면 방수공사의 하자로 인해 「건설산업기본법 시행령」 제30조 제1항에 따른 방수공사에 대한 법정 하자보수기간 3년이 경과하지 않은 상태에서 발생한 누수 등의 하자에 대해서는 「건설산업기본법」 제28조에 따른 업체의 하자보수책임이 있다고 할 수 있습니다. 또한 이 사건과 같이 부실 공사로 인한 하자로 발생한 아래층으로의 확대 피해에 대해서도 업체는 「민법」 제750조에 따라 손해를 배상할 책임이 있다고 할 것입니다.

(관련판례)
건축공사의 도급계약에 있어서는 이미 그 공사가 완성되었다면 특별한 사정이 있는 경우를 제외하고는 이제 더 이상 공사도급계약을 해제할 수는 없다고 할 것인바, 수급인이 파산선고를 받기 전에 이미 건물을 완공하여 인도함으로써 건축공사 도급계약을 해제할 수 없게 되었다면 도급인에 대한 도급계약상의 채무를 전부 이행한 것으로 보아야 하고, 그 도급계약은 파산선고 당시에 쌍방 미이행의 쌍무계약이라고 할 수 없으므로 「파산법」 제50조를 적용할 수 없다고 할 것이다(대법원 2001. 10. 9. 선고 2001다24174,24181 판결).

Q 도배업체를 통해 집 전체의 도배 공사를 한 후 5일 만에 벽지 색상이 변색되어 확인한 결과 벽지 자체가 불량한 것이었음을 알게 되었습니다. 이에 벽지 제조업체가 하자를 인정하고 벽지를 교환해주겠다고는 하는데 이 경우 시공 비용은 보상받을 수 없나요?

A 벽지 및 시공비까지 배상을 요구할 수 있습니다.

벽지의 품질 상 문제로 인해 벽지 전체를 교체하여야 할 상태라면 벽지의 교환 이외에 시공비까지 포함하여 배상을 요구할 수 있습니다. 시공업체가 도배를 하였거나 본인이 직접 도배를 한 경우 모두 동일하게 배상을 요구할 수 있습니다. 벽지의 품질 하자일 경우 벽지 제조업자에게 배상을 요구할 수 있을 뿐만 아니라 시공업자에게도 배상을 요구할 수 있으나, 만약 도배지를 소비자가 직접 구입하여 시공자에게 제공하였다면 시공자의 책임은 없습니다.

■ 보일러 고장 시 부품이 없어 수리가 불가능한 경우 해결책이 없나요?

Q 가정용 보일러를 설치하여 3년 정도 사용하였는데 컨트롤 판넬에 하자가 발생되어 업체에 수리를 의뢰하자 부품이 단종되어 수리가 불가능하다고 합니다. 이 경우 해결책을 알고 싶습니다.

A 잔존 가치에 대한 환급을 받을 수 있습니다. 소비자분쟁해결기준 (보일러, 공정거래위원회고시 제2018-2호, 2018. 2. 28. 개정)에 의하면 보일러의 부품의무보유기간은 8년, 품질보증기간은 2년으로 정하고 있으며, 부품의무보유기간 이내에 수리용 부품을 보유하고 있지 않아 발생한 피해에 대해서는 품질보증기간 이내인 경우 제품을 교환받거나 구입가 환급이 가능하며, 품질보증기간 이후에는 제품의 정액감가상각비를 공제한 잔여금액에 구입가의 10%를 가산하여 환급받을 수 있도록 되어 있습니다.

■ 품질보증기간 내에 보일러 수리비를 지급한 경우 기 지불한 수리비를 환급받을 수 있는지요?

Q 집에 보일러를 설치하여 사용하던 중 온도조절기가 제대로 작동하지 않아 제조사에 수리를 요청하였는데 보일러를 수리한 기사가 보일러가 구입한 지 1년이 넘었다며 수리비 3만원을 요구하여 이를 지불하였습니다. 나중에 보일러의 품질보증서를 살펴보니 품질보증기간이 2년으로 되어 있었는데 이 경우 기 지불한 수리비를 환급받을 수 있는지 알고 싶습니다.

A 소비자분쟁해결기준(공정거래위원회고시 제2018-2호, 2018. 2. 28. 개정)과 제품 품질보증서 상에 명시된 품질보증기간이 2년이므로 구입한지 1년으로 품질보증기간 이내에 있는 질문자의 보일러는 고장 내용이 평소 정상적인 사용 상태에서 발생한 성능?기능상의 하자라면 무상수리를 받을 수 있고, 이러한 경우 제조사는 질문자에게 기 지불된 수리비 3만원을 반환해주어야 합니다.

다만, 아래의 경우에는 품질보증기간 이내에 발생한 하자라고 하더라도 무상수리가 되지 않습니다. ① 소비자의 고의 또는 과실로 인하여 발생한 피해, ② 제조자 또는 제조자가 지정한 수리자가 아닌 자가 제품의 구조, 기능 등을 임의로 개조 또는 변조하여 발생된 고장, ③ 부품 자체의 수명이 다한 경우 ④ 천재지변에 의한 제품의 고장 또는 결함

■ 광고보다 과다한 전기료가 발생하는 경우 전기온돌업체에 피해 보상을 요구할 수 있는지요?

Q 전기온돌 업체로부터 다른 난방방법에 비해 연료비가 30% 이상 절감된다는 설명과 광고지를 보고 150만원에 안방과 작은방에 전기온돌을 설치하였으나, 광고와 달리 난방비가 절약되지 않고 오히려 비용이 과다하게 나오고 있습니다. 이 경우 업체에 피해보상을 요구할 수 있는지 알고 싶습니다.

A 허위과장 광고가 명확하다면 피해보상을 받을 수 있습니다. 업체 가 제품 판매 시에 광고한 제품의 기능 및 특성에 관한 사항은 제품을 구입하는데 있어 매우 중요한 사항이며, 정상적인 사용 상태에서 제품이 광고상의 기능을 제대로 구현하지 못한다면 소비자는 제품의 판매자 및 제조업자를 대상으로 피해보상을 요구할 수 있습니다. 이 경우 피해보상의 범위는 반품 및 구입가 환급뿐 아니라 해당 제품을 설치 ? 사용함으로써 발생된 추가 피해(전기료 과다 지급분 등)까지도 보상을 요구할 수 있습니다.

일반 가정에서 전기온돌을 설치하여 연료비가 절감되는지 여부를 쉽게 알아보려면 전기온돌을 설치함으로써 사용하지 않게 된 유류 절약분과 전기온돌 설치 전과 설치 후의 전기료 차액을 비교해보거나 전문 업체에 의뢰하여 정밀한 측정을 해볼 수도 있을 것입니다.

■ 공동주택관리법 시행규칙[별지 제15호서식] <개정 2017. 10. 18.>
국토교통부 하자심사·분쟁조정위원회(www.adc.go.kr)에서도 신청할 수 있습니다.

하자심사 신청서

※ 뒤쪽의 작성방법을 읽고 작성하며, [ ]에는 해당되는 곳에 √표를 합니다.　　(앞쪽)

사건번호		접수일 　년　월　일	처리기간 : 전유부분은 60일 (공용부분은 90일) 한차례만 30일 연장가능

대상 시설	단지 명 칭		세대수	난방방식
	주 소			
	① 사업계획 승인일	년 월 일	시행자(분양자)	
	② 사용검사 (승인)일	년 월 일	시공자(일괄도급 시)	
	③ 주택 인 도일	2013년 6월 19일 이후에 사용검사(승인)한 경우: 　년　월　일(세대 인도일)		

신 청 인	당 사 자	개인: 성명 법인: 상호	등기부상 소유자	개인: 생년월일　년　월　일
				법인: 등록번호　　　　-
		신청인 자격	[ ] 입주자　　　　　　[ ] 입주자대표회의 [ ] 관리사무소장(공용부분에 한함) [ ] 관리단(=관리인)　[ ] 시행자 [ ] 시공자(일괄도급 시) [ ] 건축주　　　　　[ ] 하자보수보증기관 [ ] 설계자　　　　　[ ] 감리자 [ ] 임차인(공공임대주택에 한함) [ ] 임차인대표회의(공공임대주택에 한함)	
		주소: 문서 송달을 받을 주소를 기재 　　　(전화번호　　-　　-　　　E-mail　　　　)		
	대 리 인	성 명		생년월일 　년　월　일
		당사자와의 관계	[ ] 변호사 [ ] 배우자 또는 4촌 이내의 　　친족 [ ] 사업주체·설계자 또는 감리자의 임직원	[ ] 관리사무소장 (전유부분에 한함) [ ] 주택의 임차인 등 [ ] 공무원
		주소: 문서 송달을 받을 주소를 기재 　　　　　　　　　　(전화번호　　-　　-　　　)		

피신청인	성명(상호)		전화번호	-	-
	주소: 문서 송달을 받을 주소를 기재				

신청취지	(예시1) 신청내역에 대하여 사업주체가 하자가 아니라고 주장·기피하므로 하자라는 판정을 구합니다. (예시2) 신청내역에 대하여 입주자 등이 하자보수를 청구하므로 하자가 아니라는 판정을 구합니다.

신청 내역	④ 하자 부위	하자내용
	송달 받는 방법 선택	[ ] 하자관리정보시스템(온라인) [ ] 우편송달

「공동주택관리법」제39조제3항 및 같은 법 시행규칙 제19조제1항에 따라 하자 여부 판정을 받고자 위와 같이 신청합니다.

년   월   일

위 신청인(법인은 대표자, 대리인을 선임한 경우는 대리인)   (서명 또는 인)

국토교통부·하자심사·분쟁조정위원회   귀중

첨부서류 및 조정등의 신청수수료	- 피신청인 인원수에 해당하는 부본(副本)을 함께 제출 - 그 밖의 사항은 뒤쪽 참조	수수료 뒤쪽 참조

210mm×297mm[백상지(80g/㎡) 또는 중질지(80g/㎡)]

(뒤쪽)

첨부 서류	1. 당사자간 교섭경위서(입주자대표회의등 또는 임차인등이 일정 별로 청구한 하자보수 등에 대하여 사업주체등이 답변한 내용 또는 서로 협의한 내용을 말합니다) 1부 2. 하자발생사실 증명자료(컬러 사진 및 설명자료 등) 1부 3. 「공동주택관리법 시행령」제41조제1항에 따른 하자보수보증금의 보증서 사본(하자보수보증금의 보증서 발급기관이 사건	조정등의 신청수수료 (국토교통부 장관이 별도로 고시하는

의 당사자인 경우만 해당합니다) 1부

4. 신청인의 신분증 사본(법인은 인감증명서를 말하되, 「전자서명법」 제2조제3호에 따른 공인전자서명을 한 전자문서는 신분증 사본으로 갈음합니다) 다만, 대리인이 신청하는 경우에는 다음 각 목의 서류를 말하되, 개인 신분증은 주민등록번호 중 뒷자리 7자리 숫자를 가리고 복사 등을 한 것을 제출합니다.

   가. 신청인의 위임장 1부, 신분증 사본 1부

   나. 대리인의 신분증(변호사는 변호사 신분증을 말합니다) 사본 1부   금액)

   다. 대리인이 법인의 직원인 경우에는 재직증명서 1부

5. 입주자대표회의 또는 임차인대표회의가 신청하는 경우에는 그 구성 신고를 증명하는 서류 1부

6. 관리사무소장이 신청하는 경우에는 관리사무소장 배치 및 직인 신고증명서 사본 1부

7. 「집합건물의 소유 및 관리에 관한 법률」 제23조에 따른 관리단이 신청하는 경우에는 그 관리단의 관리인을 선임한 증명서류 1부

유의사항

1. (하자심사 거부) 위원회는 분쟁의 성질상 하자심사를 하는 것이 맞지 아니하다고 인정(소송 중이거나 개인이 공용부분의 하자심사를 신청한 사건 등)하거나 사실조사에 불응 및 협조하지 아니하거나 부정한 목적으로 신청되었다고 인정되면 하자심사를 각하할 수 있습니다.

2. (과태료 처분) 하자로 판정한 시설물 등에 대하여 하자 여부 판정서 또는 재심결정서에 기재된 날까지 하자보수를 이행하지 아니한 사업주체에 대하여는 법 제102조제2항제5호에 따라 1천만원의 과태료가 부과될 수 있습니다.

3. (분쟁조정 회부) 하자의 정도에 비하여 그 보수의 비용이 과다하게 소요된다고 판단되는 사건은 분쟁조정에 회부할 수 있습니다.

4. (분쟁조정 후 하자심사 신청) 분쟁조정 사건이 각하되거나 입주자대표회의등 또는 임차인 등이 조정안을 거부하여 조정이 불성립된 사건은 하자심사를 신청할 수 없습니다. 다만, 사업주체가 조정안을 거부하여 조정이 불성립된 사건은 하자심사를 신청할 수 있습니다.

작성방법

1. ①은 「주택법」 제15조에 따른 사업계획승인을 받은 공동주택은 사업계획승인일을, 「건축법」 제11조에 따라 건축허가를 받은 공동주택은 건축허가일을 각각 적습니다.

2. ②는 다음 중에서 해당하는 날을 적습니다.

   가. 「주택법」 제49조에 따른 사용검사를 받은 공동주택은 사용검사일. 다만, 주택단지의 전부에 대해서 임시 사용승인을 받은 경우는 그 임시 사용승인일, 분할 사용검사를 받은 경우에는 그 분할 사용검사일, 동별 사용검사를 받은 경우에는 동별 사용검사일을 적습니다.

   나. 「주택법」 제66조제1항에 따른 리모델링의 허가를 받은 공동주택은 그 사용검사일을 적습니다.

   다. 공공임대주택을 분양전환한 공동주택은 「주택법」 제49조에 따른 사용검사일과

분양전환승인일을 모두 적습니다.

　라. 「건축법」 제22조에 따라 사용승인을 받은 공동주택은 사용승인일을 적습니다.

　마. 「공동주택관리법」 제35조제1항에 따른 행위허가를 받은 공동주택은 그 행위허가일을 적습니다.

3. ③ 2013년 6월 19일 이후에 사용검사(=사용승인)을 받은 공동주택의 주택 인도일은 주택인도증서 상의 인도일을 적습니다.

　※ 주택인도증서는 공동주택관리정보시스템(k-apt)에서 확인할 수 있습니다.

4. ④는 하자가 발생한 시설 부위(예: 욕실)를 적습니다.

5. 색상이 어두운 란은 신청인이 작성하지 않습니다.

처리절차				
하자심사 접수	흠결보정 후, 하자심사 개시 (피신청인 답변서 제출)	사실조사·검사, 의견진술 (필요 시)	하자 여부 판정 (당사자에게 판정서 송달)	하자로 판정한 시설 (사업주체 하자보수 이행) 30일 이내 이의신청 가능
사무국	위원회	위원회	위원회	사업주체, 당사자

◆ 하자심사 사례 ◆

■ 계단실 1~5층 부위에 발생한 균열에 대하여 하자

◙ 신청취지 및 피신청인 답변

⊙ 신청취지

계단실 1~5층 부위에 발생한 균열에 대하여 하자라는 판정을 구함.

⊙ 피신청인 답변

하자 발생 부분을 인정하고, 하자보수 보증금으로 신청인이 보수하는 것에 대해 이의가 없음.

◙ 조사내용

⊙ 하자담보책임기간

보·바닥·지붕 및 기둥·내력벽에 대한 하자담보책임기간은 주택법 시행령 별 표7에 따라 사용승인일로부터 5년 및 10년까지이고, 신청인이 하자담보책임 기간 이내에 하자보수를 청구한 사건임.

⊙ 설계도서

계단실 내부 벽체마감은 노출콘크리트/수성페인트, 천장마감은 노출콘크리 트/지정 무늬코트로 표기되어 있음.

⊙ 시공상태

- 현장실사 결과, 대상부위는 계단실 내부로서 건조환경에 있으며, 계단실 1~5층 벽체와 천장 슬래브에 건조수축 및 대각 선방향(사인장) 균열(폭: 0.4~0.5mm)이 발생되어 있는 상태임.

- 이는 발생 형태로 보아 시공 시 콘크리트의 다짐 부족 및 건조수축에 의한 균열로 판단되며, 건조환경하에 있는 벽체의 허용균열폭(0.4mm) 이상인 것으로 확인됨.

◙ 판정결과

"천장 및 내력벽 부위 균열"건은 대상부위 콘크리트의 다짐 부족 및 건조수 축에 의해 허용균열폭(0.4mm) 이상의 균열(0.4~0.5mm)이 발생하여, 이로 인해 기능상, 미관상 지장을 초래하므로 일반하자로 판단됨.

■ 지하주차장 천장의 누수에 대하여 하자

▣ 신청취지 및 피신청인 답변
⊙ 신청인 주장
신청인은 매년 동절기에 지하1층 주차장에 주차된 차량에서 떨어진 물이 지하2층 천장으로 스며나온 후 떨어져, 지하2층에 주차된 차량의 오염 민원이 지속적으로 발생하고 있다고 주장함.

⊙ 피신청인 주장
피신청인은 지하1층 바닥은 비방수 부위이며, 누수를 최소화 하기 위하여 지하2층 천장 마감을 스톤코트로 하였으며, 집중적으로 누수가 발생하는 부위에 한하여 보수를 실시하겠다고 주장함.

⊙ 시공상태
- 사용검사도면과 현재 시공 상태를 비교하여 검토한 결과, 지하주차장 바닥과 천장은 사용검사도면에 준하여 시공된 것으로 나타남.
- 현장실사 결과, 조사 당시 해당 부위 천장에 누수 현상을 확인할 수 없었으나, 누수 흔적 및 도장 오염 등이 있고, 천장 마감재를 해체한 콘크리트면에 균열이 확인됨.
- 균열은 발생 형태 및 위치로 보아 콘크리트의 건조수축에 의하여 발생한 균열로 판단됨.

▣ 판정결과
"지하주차장 천장 누수" 건은 지하1층에 주차된 차량에서 떨어진 물이 지하주차장 지하1층 바닥 슬래브의 건조수축에 의하여 발생한 균열(폭 0.2~0.5mm)부위를 통해 지하2층 천장 슬래브로 스며나와 해당 부위에 누수 흔적 및 도장 오염 등이 발생하였고, 이로 인하여 기능상, 미관상 지장을 초래하므로 일반하자로 판단됨.

■ 대피실 벽체에 누수가 발생하여 하자

▣ 신청취지 및 피신청인 답변
⊙ 신청취지
대피실 벽체에 누수가 발생하여 하자라는 판정을 구함.

⊙ 피신청인 답변
대상부위는 설계도면에 따라 정상적으로 시공되어 문제가 없고, 벽체 균열
부위에 누수가 있을 경우 확인 후 보수 예정임.

▣ 조사내용
⊙ 하자담보책임기간
기둥·내력벽에 대한 하자담보책임기간은 주택법시행령 별표7에 따라 사용승
인일로부터 10년까지이고, 신청인이 하자담보책임기간 이내에 하자보수를
청구한 사건임.

⊙ 관련법규 및 기준
공동주택 하자의 조사, 보수비용 산정 방법 및 하자판정기준(국토교통부고
시 제2013-930호, 2014.01.03.) 검토결과, "제4조(균열) ① 콘크리트 허용
균열폭 이상일 경우 하자로 판정한다. ② 다만, 허용균열폭 미만인 경우에
도 누수가 있거나 철근이 배근된 위치에서 발견된 경우 하자로 판정한다."
라로 명시되어 있음.

⊙ 설계도서
사용검사도면 검토결과, 대피실 벽체는 철근콘크리트 벽체/수성페인트로 표
기되어 있음.

⊙ 시공상태
  - 현장실사 결과, 대피실의 외기에 면한 벽체 상부에 누수 흔적이 있고,
    수평 방향의 균열(폭: 0.2mm, 길이: 220cm 정도)이 발생되어 있는 상
    태임.
  - 대상부위의 균열이 수평방향으로 일정하고 길이가 과다한 점 등을 고려
    할 때, 시공 당시의 콘크리트 시공이음(Cold joint) 위치에 발생된 균열
    인 것으로 보임.

▣ 판정결과

"대피실 그릴창 좌측 벽체 균열 및 누수"건은 시공 당시의 콘크리트 시공이음 위치에 발생한 균열(폭: 0.2mm, 길이: 220cm 정도) 부위로 누수가 되는 것으로 판단되며, 이로 인해 기능상, 미관상 지장을 초래하고 있으므로 일반하자로 판단됨.

■ 벽지에 곰팡이가 발생하여, 이에 대해 하자

▣ 신청취지 및 피신청인 답변
⊙ 신청취지

벽지에 곰팡이가 발생하여, 이에 대해 하자라는 판정을 구함.

⊙ 피신청인 답변

하자담보책임기간이 경과한 사건으로 유지관리 사항이며, 해당 부위에 오수 드레인(Ø50)이 설치되어 있으나, 보온재를 시공하였음.

▣ 조사내용
⊙ 하자담보책임기간

단열공사에 대한 하자담보책임기간은 주택법 시행령 별표 6에 따라 사용검 사일로부터 2년까지이나, 하자담보책임기간 내에 발생된 하자(일반하자) 여부에 대한 심사사건임.

⊙ 관련법규 및 기준

- 사업계획승인당시의 법적기준인 "건축물의 설비기준 등에 관한 규칙 별표 4"에 명시된 외기에 직접 면하는 외벽의 열관류율은 0.36W/㎡·K 이하, 측벽의 열관류율은 0.27W/㎡·K이하이고,

- "건축물의 에너지 절약설계기준" 제4조제1호다목 "단열조치를 하여야 하는 부위에 대하여는 다음 각 호에서 정하는 방법에 따라 단열기준에 적합한지를 판단할 수 있다. 1) 이 기준 별표 2의 지역별·부위별·단열재 등급별 허용 두께 이상으로 설치하는 경우(단열재의 등급 분류는 별표 1에 따름) 적합한 것으로 본다."라고 규정되어 있음.

- "건축물의 에너지 절약설계기준" 제4조(건축부문의 의무사항)제3호나목에 "3) 단열부위가 만나는 모서리 부위는 방습층 및 단열재가 이어짐이 없이 시공하거나 이어질 경우 이음부를 통한 단열성능 저하가 최소화되도록 하며, 알루미늄박 또는 플라스틱계 필름 등을 사용할 경우의 모서리 이음부는 150㎜이상 중첩되게 시공하고 내습성 테이프, 접착제 등으로 기밀하게 마감할 것"으로 규정하고 있음.

⊙ 설계도서

- 사용검사도면 확인결과, 외벽의 경우 THK67 압출법보온판/THK9.5 석고보드, 측벽의 경우 THK92 압출법보온판/THK9.5 석고보드 마감이며, 측벽과 외벽의 단열재가 연속적으로 표기되어 있고,
- 발코니 확장부위의 측벽단열재와 외벽 단열재가 만나는 모서리 부위에 오수 드레인(배수관)이 표기되어 있음.
⊙ 당사자주장
- 신청인은 해당 세대에 다른 실의 경우 결로로 인하여 여러차례 보수를 받았으며 해당 부위는 가구가 배치되어 있어 20XX. X. 경에 결로 및 곰팡이를 확인한 것이며, 이 부위는 옥상과 연결된 배관이 설치되어 있어, 외기가 유입되어 결로 및 곰팡이가 발생한 것이라고 주장함.
- 피신청인은 접수 당시 해당 실의 난방이 가동되고 있지 않았으며, 하자담보책임기간이 경과한 사건으로 유지관리 사항이며, 해당 부위에 오수 드레인(Ø50)이 설치되어 있으나, 보온재를 시공하였고 다른 세대와 동일하게 시공된 사항이라고 주장함.
⊙ 시공상태
- 현장실사 결과, 해당 부위는 측벽과 외벽이 만나는 좌측 모서리 부위이며, 우수 유입의 흔적이 없음에도, 하부 벽면이 젖어 있고, 상·하부 도배지 및 마루, 걸레받이에 곰팡이가 확인됨.
- 20XX. ○. ○.부터 20XX. ○. ○.까지의 ○○시의 실외 최저온도범위는 -3.8℃에서 5.6℃ 범위이고, 현장실사 당시 실외온도는 2.0℃이므로 현장실사 시점은 결로 및 결로에 따른 피해 등을 조사할 수 있는 시점임.
- 벽체 하부의 석고보드 마감재를 해체한 결과, 측벽 및 외벽의 단열재 종류와 두께는 설계도서에 준하여 시공되어 있음.
- 측벽과 외벽 단열재가 만나는 모서리 부위에 드레인이 설치되어 있고, 해당 드레인은 보온재로 마감되어 있으나, 드레인과 콘크리트 벽면(측벽) 사이에는 단열재가 없어, 해당 부위의 단열재가 연속적으로 시공되지 않음.

▣ 판정결과
 "안방(침실1) 벽부분 곰팡이 발생" 건은 측벽과 외벽 단열재가 만나는 모서

리의 드레인 설치부위에 사용검사도면과 상이하게 단열재가 연속적으로 시공되지 않아 결로 및 곰팡이 등 결함이 발생하여 기능상, 미관상 지장을 초래하고 있으므로 일반하자로 판단됨.

■ 지하저수조 물탱크와 저수조실 마감까지의 거리가 표준시방서와 상이하므로 하자

▣ 신청취지 및 피신청인 답변
⊙ 신청취지

지하저수조 물탱크와 저수조실 마감까지의 거리가 표준시방서와 상이하므로 하자라는 판정을 구함.

⊙ 피신청인 답변

지하저수조 바닥마감에 의한 PAD높이 부족시공 사항임.

▣ 조사내용
⊙ 하자담보책임기간

지하저수조공사에 대한 하자담보책임기간은 주택법 시행령 별표 6에 따라 사용검사일로부터 2년까지이고, 신청인이 하자담보책임기간 이내에 하자보수를 청구한 사건임.

⊙ 설계도서

해당 설계도면과 건축기계설비 표준시방서 상의 설치기준은 다음과 같음.

⊙ 시공상태

현장실사 시 지하저수조와 바닥, 벽체, 천장까지의 이격거리를 실측한 결과, 설계도면과 상이하게 시공되어 있음.

- 바닥 마감면까지 이격거리 : 380~500㎜(THK100 무근콘크리트 제외),
- 벽체까지 이격거리 : 870~915㎜(벽체), 550~600㎜(외벽 기둥)
- 천장(보하부)까지 이격거리 : 740~745㎜

▣ 판정결과

"지하저수조 이격거리 오시공" 건은 시공상태 치수, 피신청인으로부터 제출받은 사용검사도면, 건축기계설비 표준시방서 확인결과, 설계도면치수에 미달하게 시공되어 배관 및 물탱크 보수 등 향후 유지관리시 기능수행에 지장을 초래할 수 있으므로 변경시공 하자로 판단됨.

■ 위층과 아래층, 옆집 등 사방에서 소음이 전달되어 피해가 심각하 여 하자

■ 신청취지 및 피신청인 답변
⊙ 신청취지

위층과 아래층, 옆집 등 사방에서 소음이 전달되어 피해가 심각하여 하자판 정을 구함.

⊙ 피신청인 답변

적법한 절차에 따라 시공하였기에 보수가 불가함을 답변함.

■ 조사내용
⊙ 하자담보책임기간

온돌공사에 대한 하자담보책임기간은 주택법 시행령 별표 6에 따라 사용승 인일로부터 3년까지이고, 신청인이 하자담보책임기간 이내에 하자보수를 청 구한 사건임.

⊙ 설계도서

사용승인도면 검토결과, 거실의 바닥은 슬래브(180mm)/단열재(가등급)(30mm) /판넬히팅(70mm)/모르타르위 비닐계 시트로 표기되어 있음.

⊙ 신청인주장

위층과 아래층에서 생활하는 소음이 여과되지 않고 유입되는 것으로 보아 단열재가 없다고 주장함.

⊙ 피신청인 진술

단열재를 시공하지 않고, 슬래브 위에 경량기포 콘크리트를 시공하였다고 진술함.

⊙ 시공상태

현장실사 시 대상세대 바닥의 단열재 설치 여부를 확인하기 위해 일부를 해 체한 결과, 사용승인도면과 상이하게 단열재가 없는 것으로 확인됨.

■ **판정결과**

"층간 소음(위층과 아래층에서 소음이 유입)" 건은 피신청인이 사용승인도면과 상이하게 단열재를 미시공하여 소음이 슬래브를 통해 여과되지 않고 전달되어 심각한 피해를 받고 있는 것으로 판단되며, 이로 인해 기능상 지장을 초래하므로 미시공하자로 판단됨.

■ 음식물 처리기의 설치가 불량하여 하자

▣ 신청취지 및 피신청인 답변
⊙ 신청취지
음식물 처리기의 설치가 불량하여 하자라는 판정을 구함.
⊙ 피신청인 답변
신청인이 확인하고 구매를 결정한 후 분양 사건으로 하자사항이 아님.

▣ 조사내용
⊙ 하자담보책임기간
주방기구공사에 대한 하자담보책임기간은 주택법시행령 별표 6에 따라 사용검사일로부터 2년까지이나, 하자담보책임기간 내에 발생한 하자(일반하자) 여부에 대한 심사사건임.
⊙ 설계도서
사용검사도면 검토결과, 음식물 처리기 관련 내용은 발견되지 않음.
⊙ 피신청인 주장
대상세대는 후분양한 것이므로 분양계약당시 이와 같은 현상을 확인할 수 있었으며, 계약서 15조 1항에 "을은 아파트 현장내 설치 시설물(계약세대 내부 및 공유시설,설치물 등 일체)에 대하여 직접 확인한 후 본 계약을 체결하는 사항으로, 향후 이에 대하여 추가시설 설치요구 등 일체의 이의(법적문제포함)를 갑에게 요구하지 않기로 한다."라고 명시되어 있어, 하자아님을 주장함.
⊙ 신청인주장
분양계약당시, 이전 입주자가 단지진입을 방해하여 대상세대의 시공상태를 확인할 수 없었으며, 확인하였다 하더라도 전문가가 아닌 이상 주방싱크 하부에 설치된 음식물 처리기의 오시공 여부는 알 수 없음을 주장함.
⊙ 당사자 주장 검토
시설물을 확인 후 계약하여 일체의 이의제기를 하지 않기로 한 면책조항이 있다 하더라도, 건물의 객관적인 하자까지 면책한다는 내용으로 보기는 어려우며, 더욱이 계약당시 인지하기 어려운 음식물 처리기 설치불량 등의 하자까지 용인하는 것이라고 보기는 어려움(대법원 2012다29601 판결 참조).

⊙ 시공상태

현장실사 결과, 대상부위의 음식물 처리기는 협소한 장소에 시공되어, 음식
물 투입 및 배출이 곤란하므로 정상적인 사용이 불가한 것으로 확인됨.

■ 판정결과

"음식물 처리기 설치불량" 건은 피신청인이 음식물 처리기를 협소한 장소에
설치하여 음식물의 투입 및 배출이 곤란하며, 이로 인해 정상적인 사용이
불가하여 기능상 지장을 초래하고 있으므로 일반하자로 판단됨.

■ 앞마당 계단데크를 고정시킨 합판 및 지지역할을 하는 재료를 목재로 시공한 것은 부실시공이므로 하자

▣ 신청취지 및 피신청인 답변

⊙ 신청취지

앞마당 계단데크를 고정시킨 합판 및 지지역할을 하는 재료를 목재로 시공한 것은 부실시공이므로 하자라는 판정을 구함.

⊙ 피신청인 답변

하자여부를 판단하기 위하여 시공상세도를 확인하였으며, 동 도면을 송부함.

▣ 조사내용

⊙ 하자담보책임기간

수장목공사에 대한 하자담보책임기간은 주택법 시행령 별표 6에 따라 사용검사일로부터 1년까지이나, 하자담보책임기간 이내에 발생된 하자(일반하자) 여부에 대한 심사사건임.

⊙ 설계도서

사용검사도면 검토결과, 콘크리트 계단 위 + 목재40x40@450 + 친환경합성목재 t24 x w120로 표기됨.

⊙ 신청인 주장

데크의 변형 및 들뜸으로 인하여 보행이 불가하여 데크를 해체해 본 결과, 데크를 고정하기 위해 목재(합판, 각재)를 외부에 시공하여 지지역할을 하도록 한 것 자체가 부실시공이라고 주장함.

⊙ 시공상태

 - 현장실사 시, 입주자가 해체한 부분을 확인한 결과, 콘크리트 계단 위 각재 및 합판으로 시공 후 데크목을 고정시킨 것으로 확인됨.

 - 데크를 고정하기 위해 사용된 합판과 각재가 수분의 흡수 및 건조가 반복됨에 따라 변형되어, 데크가 처지고 들뜸이 발생한 것으로 판단됨.

 - 피신청인은 시공과정에서 품질관리 미흡에 의한 하자임을 인정함.

"앞마당 데크 변형 및 들뜸 발생" 건은 데크를 고정하기 위해 사용된 합판과 각재가 변형되어 데크의 일부는 처지고 또 다른 일부는 들떠서 기능상 지장을 초래하므로 일반하자로 판단됨.

■ 한옥 지붕의 누수로 세대 내로 우수가 스며들어 목조부재에 변색 및 곰팡이가 발생하여 하자

■ 신청취지 및 피신청인 답변
⊙ 신청취지
한옥 지붕의 누수로 세대 내로 우수가 스며들어 목조부재에 변색 및 곰팡이가 발생하여 하자라는 판정을 구함.
⊙ 피신청인 답변
입주 후 대상세대 내부에 누수는 없었고, 목조부재의 변색 및 곰팡이 발생 원인은 세대 내의 환기 부족이라고 답변함.

■ 조사내용
⊙ 하자담보책임기간
구조체 또는 바탕재공사에 대한 하자담보책임기간은 주택법 시행령 별표 6에 따라 인도일로부터 2년까지이고, 신청인이 하자담보책임기간 이내에 하자보수를 청구한 사건임.
⊙ 설계도서
사용검사도면 검토결과, 세대 내 목조부재(기둥, 도리, 장혀, 상인방, 연목, 개판 등)에 별도의 마감재는 없고, 대청 및 현관, 식당의 천장에는 별도의 반자가 없는 것으로 표기되어 있음.
⊙ 시공상태
  - 현장실사 당시, 세대 내부의 목조부재는 건조된 상태로서, 안방 및 식당, 침실1 방문 상부, 현관에 노출되어 있는 상인방, 장혀, 연목 등의 부재 일부에서 변색이 발견되고, 공용 및 부부욕실, 대청, 현관의 천장 연목 및 개판 일부에 곰팡이가 있으며, 대청 상부 판대공 부위 벽지의

일부가 변색된 것으로 조사됨.

- 또한, 대상세대에 과도한 습기를 유발하는 대형수족관 및 화초 등은 없는 것으로 확인됨.

▣ 판정결과

"세대 내 목조 부재 변색 및 곰팡이" 건은 과습 시 흡습능력이 큰 목재의 특성이 변색 및 곰팡이 발생에 미치는 영향 중의 하나로 판단되더라도, 하자담보책임기간 동안 구조체 또는 바탕재 공사의 품질을 유지하지 못하여 변색 및 곰팡이가 발생되었고, 이로 인해 기능상, 미관상 지장을 초래하고 있으므로 일반하자로 판단됨.

■ 지하2층 주차장 외벽 마감이 설계도면(치장블럭쌓기)과 상이하게 멀티 판넬로 시공하여 하자

▣ 신청취지 및 피신청인 답변
⊙ 신청취지

지하2층 주차장 외벽 마감이 설계도면(치장블럭쌓기)과 상이하게 멀티 판넬로 시공하여 하자라는 판정을 구함.

⊙ 피신청인 답변

세부신청내역의 해당부위를 현재 하자여부 조사 중이며, 하자로 판명될 경우 시공자를 통해 보수완료 할 예정임.

▣ 조사내용
⊙ 하자담보책임기간

블럭공사에 대한 하자담보책임기간은 주택법 시행령 별표 6에 따라 사용검사일로부터 2년까지이나, 하자담보책임기간 내에 발생한 하자(변경시공 하자) 여부를 심사하는 사건임.

⊙ 설계도서

- 사용검사도면(실내재료 마감표) 검토결과, 지하주차장 지하2층 벽은 '바탕(콘크리트) +마감(내부용 수성페인트)'으로 표기되었으며, 피신청인이 주장하는 사항은 비고란에 '멀티판넬은 흙에 접한 외벽부위만 해당'이라고 표기됨.

- 사용검사도면(지하주차장 평면도, 301동 지하2층 전체평면도, 302동 지하2층 전체평면도, 305동 지하2층 전체평면도)검토결과, 지하2층 지하주차장의 흙과 접하는 외벽은 연속되어 콘크리트+블럭재질의 패턴으로 표기되어 있으며,

- 사용검사도면(지하주차장 휀룸#1 상세도, 지하주차장 휀룸#3 상세도) 검토결과, 지하2층 지하주차장의 흙과 접하는 외벽은 '4 치장블럭쌓기+내부용 수성페인트'로 표기됨.

- 따라서 위의 사용검사도면을 종합하여 판단할 때, 지하2층 지하주차장의 외벽마감은 연속된 벽체에 대한 마감으로서 '4 치장블럭쌓기+내부용

수성페인트'로 판단됨.

⊙ 시공상태

- 현장실사 시 피신청인은 휀룸구간에 설치된 멀티판넬의 변경시공 하자에 대해서 인정을 하였으나, 주차구간에 설치된 멀티판넬 시공에 대해서는 하자가 아니라고 주장하였으며 관련자료(사업계획승인도면, 착공도면, 수량산출서, 감리검측자료, 설계변경자료 등)의 제출을 요구하였으나 제출하지 않음.

■ 판정결과

"지하주차장 외벽 마감 변경시공"건은 지하2층 지하주차장의 외벽 마감이 '4치장블럭쌓기+내부용 수성페인트'로 시공되어야 하나, 멀티판넬+내부용 수성페인트로 시공되어 동등 미만의 성능에 그친 것으로 이는 기능상, 미관상 지장을 초래하고 있으므로 변경시공하자로 판단됨.

■ 부부욕실과 인접한 거실 벽체에 누수가 발생하여 수차례 보수를 받았으나, 지속적으로 누수가 발생하여 하자

▣ 신청취지 및 피신청인 답변

⊙ 신청취지

부부욕실과 인접한 거실 벽체에 누수가 발생하여 수차례 보수를 받았으나, 지속적으로 누수가 발생하여 하자라는 판정을 구함.

⊙ 피신청인 답변

해당 부위는 누수가 아닌 결로로 인한 것으로, 설계 및 시공상 잘못이 없을 경우, 결로 발생 사실만으로는 하자로 판정할 수 없다고 답변함.

▣ 조사내용

⊙ 하자담보책임기간

일반벽돌공사에 대한 하자담보책임기간은 주택법 시행령 별표 6에 따라 사용검사일로부터 2년까지이고, 신청인이 하자담보책임기간 이내에 하자보수를 청구하여 피신청인이 보수를 하였으나, 하자가 재발생하여 하자보수를 재청구한 사건임.

⊙ 설계도서

- 사용검사도면 검토결과, 해당 부위는 콘크리트 기둥(C2)과 조적벽(시멘트 벽돌)이 서로 접하는 부위로 "콘크리트, 시멘트모르타르+THK12.5 석고보드+고급실크벽지" 마감으로 표기되어 있음.

- 해당 단지의 건축공사 시방서를 확인결과, 311 조적공사, 31110 벽돌공사, 3.2.1 쌓기 일반조건에 아래와 같이 표기되어 있음.

- 차. 수평, 수직 줄눈 및 기둥, 보 또는 슬래브와 접하는 부위는 줄눈 모르타르를 빈틈없이 충전시킨다...중략...

- 거. 평면상 조적벽체가 콘크리트 벽체에 맞닿는 접합키 부위는 사춤 모르타르를 잘 채워 쌓는다.

⊙ 신청인 진술

신청인은 입주 초기부터 해당 벽체에 곰팡이 등이 발생하여, 4차례 보수를 받았으며, 보수 한 달 후 부터 곰팡이가 상부에서부터 재발생 하였다고 진술함.

⊙ 시공상태

- 현장실사 결과, 해당 부위는 부부욕실과의 경계벽이며, 콘크리트 기둥과 조적벽체(시멘트 벽돌)가 접하는 부위로서 벽면 젖음 및 곰팡이가 확인됨.
- 부부욕실 천장 내부를 확인한 결과, 해당 부위는 시멘트 모르타르로 마감되어 있음.
- 거실 측 천장 및 벽면 마감재(석고보드)를 해체한 결과, 천장 마감재 및 콘크리트 슬래브에는 곰팡이 등 누수 흔적이 없으나, 벽면 마감재(석고보드)의 배면에는 곰팡이가 있고, 콘크리트 기둥 및 슬래브와 조적벽체 접합부에 틈(15mm 정도)이 확인됨.

▣ 판정결과

"거실 벽면(안방문 옆) 누수"건은 기존에 보수를 실시한 바 있으나, 하자에 대한 근본적인 치유가 되지 않았고, 시공 당시 이질재(콘크리트 기둥 및 슬래브와 조적벽체) 접합부위의 모르타르 충전미흡 등 품질관리 미흡으로 발생한 접합부 틈새(15mm 정도)로 욕실에서 사용하는 습기 등이 유입되어 벽면 젖음 및 곰팡이 등이 발생하였으며, 이로 인하여 기능상, 미관상 지장을 초래하고 있으므로 일반하자로 판단됨.

■ 부부욕실 벽체 타일이 입주 초기부터 저절로 균열이 발생하였고 확장되고 있어서, 이에 대해 하자

▣ 신청취지 및 피신청인 답변

⊙ 신청취지

부부욕실 벽체 타일이 입주 초기부터 저절로 균열이 발생하였고 확장되고 있어서, 이에 대해 하자라는 판정을 구함.

⊙ 피신청인 답변

하자판정 결과에 따라 신청인과 협의하여 보수할 계획임.

▣ 조사내용

⊙ 하자담보책임기간

타일공사에 대한 하자담보책임기간은 주택법 시행령 별표 6에 따라 사용검사일로부터 2년까지이고, 신청인이 하자담보책임기간 이내에 하자보수를 청구한 사건임.

⊙ 관련법규 및 기준

「공동주택 하자의 조사, 보수비용 산정 방법 및 하자판정기준 [시행 2014.1.5.] [국토교통부고시 제2013-930호, 2014.1.3., 제정]」에 벽체 타일 결함에 대한 판정 근거가 다음과 같이 명시되어 있음. 제20조(벽체타일의 들뜸 및 균열)

① 타일이 들뜨거나 균열이 발생된 경우는 하자로 판정한다.

② 타일 뒷 채움이 부족할 경우 타일의 접착강도 시험을 실시하여 하자여부를 판단하며 접착강도가 4kgf/㎠(39.2N/㎠) 미만인 경우 하자로 판정한다.

⊙ 설계도서

- 사용검사도면 검토결과, 실내재료 마감표에 욕실 벽체는 액체방수(H=1200) 후 벽체용 타일 마감으로 표기되어 있음.
- 대상단지 건축공사 일반시방서 확인결과, 7장 타일 및 석공사에 시공 방법에 대해 다음과 같이 명기되어 있음.

> 7-2-3 벽붙이기
>
> 1) 떠붙이기
>
> 1. 타일 뒷면에 붙임 모르타르를 바르고 빈틈이 생기지 않도록 바탕에 눌러 붙인다.

- 건축공사표준시방서의 09000 타일 및 테라코타공사에 시공방법에 대해 다음과 같이 명기되어 있음.

> 3.2.1 떠붙이기
>
> 타일 뒷면에 붙임 모르타르를 바르고 빈틈이 생기지 않게 바탕에 눌러 붙인다. 붙임 모르타르의 두께는 12~24㎜를 표준으로 한다.

⊙ 당사자주장

- 신청인은 입주 후 1년 정도 경과된 시점부터 욕실2(부부욕실) 벽체 타일에 균열이 발생되기 시작하였으며, 점점 여러장의 타일에 균열이 발생하고 균열 폭도 커짐을 주장함.

- 피신청인은 연차별 하자보수요청 및 보수종결확인서에는 요청 기록이 남아 있지 않으나, 하자심사 판정 결과에 따라 신청인과 협의하여 보수할 계획임을 주장함.

⊙ 시공상태
- 현장실사 결과, 욕실2 벽체 타일 12장에 균열 및 깨짐 등이 발생되어 있는 것으로 확인됨.
- 타일의 뒷채움 상태를 확인하기 위해 타일면을 타격하여 청음한 결과, 균열 및 깨짐 등의 결함이 발생된 타일은 붙임 모르타르 뒷 채움량이 타일면적의 50% 정도인 것으로 나타남.
- 대부분의 균열이 붙임 모르타르가 있는 부분과 없는 부분의 경계에서 발생된 것으로 보아, 온도 변화 등에 의한 타일의 수축팽창 및 부착조건 차이로 인해 균열이 유발된 것으로 판단됨.

▣ 판정결과

"욕실2(부부욕실) 타일 저절로 깨짐" 건은 대상위치 벽체 타일 시공 당시 붙임 모르타르가 밀실하게 시공되지 않는 등 품질관리 미흡으로 인해 타일에 균열이 발생된 것으로 판단되며, 이로 인해 기능상, 미관상 지장을 초래하고 있으므로 일반하자로 판단됨.

■ 부부욕실 방수 미흡 문제로 욕실 출입문 측(파우더룸) 벽체 및 바닥에 누수피해가 있어 이에 대하여 하자

▣ 신청취지 및 피신청인 답변
⊙ 신청취지

부부욕실 방수 미흡 문제로 욕실 출입문 측(파우더룸) 벽체 및 바닥에 누수 피해가 있어 이에 대하여 하자라는 판정을 구함

⊙ 피신청인 답변

신청사건에 대하여 종합적으로 분석한 후 세부사항에 답변하겠음.

▣ 조사내용
⊙ 하자담보책임기간

방수공사에 대한 하자담보책임기간은 주택법시행령 별표6에 따라 사용검사 일로부터 4년까지이고, 신청인이 하자담보책임기간 이내에 하자보수를 청구한 사건임.

⊙ 설계도서

- 사용검사도면 검토결과, 부부욕실과 파우더룸 간 벽체는 건식벽체(경량칸막이)로서, (부부욕실 측)지정타일/T-6 CRC보드/T-12 내수합판/T-12.5 방수석고보드/T-50 유리면/T-12.5 차음 석고보드(파우더룸 측)로 표기되어 있고, 부부욕실의 바닥은 도막방수/구배 모르타르/지정타일로 나타나 있으며, 벽체의 도막방수의 시공 높이는 1200mm 및 1800mm로 나타나 있음.

⊙ 시공상태

- 현장실사 결과, 부부욕실 입구(파우더룸 측) 바닥마루에 습기에 의한 변색이 있고, 출입문 좌·우측 벽체(경량칸막이) 하부의 벽지에도 습기가 확인됨.
- 벽체(경량칸막이) 마감재를 제거하여 내부 상태를 확인한 결과, 벽체 하부의 석고보드(부부욕실 및 파우더룸 측)에 습기가 있고, 금속재인 스터드(경량칸막이 내부 수직재) 및 러너(경량칸막이 하부 수평재)에 녹이 있으며, 파우더룸과 면한 욕실 벽체의 타일 간 줄눈 및 벽과 바닥 타일

접합부에 미세한 틈새가 있는 것으로 나타남.

- 경량칸막이 벽체의 석고보드 습기 및 철재 수직·수평재의 녹 발생 부위가 출입문 좌 ·우측 벽체 하부(바닥에서 부터 500mm 정도)인 점과 그 외의 부위에는 습기가 없는 점을 고려할 때, 욕실 용수가 출입문 문턱 주위의 방수층 시공 미흡 부위(벽·바닥 접합부, 문턱 접합부 등)로 스며 들어 벽체 및 바닥마루에 습기 피해가 발생된 것으로 판단됨.

▣ 판정결과

"욕실 방수 미흡에 따른 파우더룸 누수피해"건은 욕실용수가 방수층 시공 미흡 부위 등(벽·바닥 접합부, 문턱 접합부 등)으로 스며들어 습기 피해가 발생된 것으로 판단되며, 이로 인해 기능상, 미관상 지장을 초래하고 있으므로 일반하자로 판단됨.

■ 지붕 방수 미흡에 따른 세대 누수 피해가 있어 이에 대한 하자

▣ 신청취지 및 피신청인 답변
⊙ 신청취지
지붕 방수 미흡에 따른 세대 누수 피해가 있어 이에 대한 하자 판정을 구함.
⊙ 피신청인 답변
대상 세대의 하자여부를 확인 후 조치할 예정임.

▣ 조사내용
⊙ 하자담보책임기간
방수공사에 대한 하자담보책임기간은 주택법시행령 별표6에 따라 사용승인일로부터 4년까지이고, 신청인이 하자담보책임기간 이내에 하자보수를 청구한 사건임.
⊙ 설계도서
건축허가도면 및 사용승인도면 검토결과, 지붕의 방수는 구배모르타르/우레탄 노출방수로 표기되어 있음.

⊙ 신청인주장

　신청인은 지붕층 누수로 지붕층 하부 세대의 천장에 누수가 있음을 주장함.

⊙ 참고사항

　- 지붕층 하부세대인 입주자(X02호)는 20XX. X.~ X. 사이에 욕실 천장 누수를 최초 발견하였으며, 촬영한 누수사진 자료를 제출함.

　- 입주자의 제출자료 검토결과, 욕실 천장 단열재 틈새를 중심으로 물방울 맺힘이 있는 것으로 확인됨.

　- 또한, X03호의 입주자도 침실1 천장에 누수가 계속되고 있음을 주장함.

⊙ 시공상태

　- 현장실사 당시, 대상세대 욕실1 천장 단열재 표면에 누수흔적(물방울 맺힘)이 있고, 욕실1 상부 지붕층(환풍구 주위) 바닥 방수층의 균열(폭: 약 0.2mm)과 지붕 환풍구 실란트에도 균열(폭: 2mm 정도)이 있는 것으로 조사됨.

　- 또한, X03호 침실1의 천장 슬래브 단열재에 노출된 철근부식(녹)이 있고, 이전 하자심사 현장실사 이후 발생된 단열재 표면의 누수 흔적(흙이 섞인 물)이 있으며, 침실1 상부 지붕 화단 벽체 등에 이전 현장실사 이후 방수 보수를 한 흔적이 있는 것으로 나타남.

■ 판정결과

　"지붕 방수 미흡에 따른 세대 누수 피해"건은 지붕층 방수층(노출 우레탄) 및 욕실 상부 환풍구 주위 실란트의 균열부위로 우수가 스며들어 발생된 것으로서, 이로 인해 기능상 지장을 초래하고 있으므로 일반하자로 판단됨.

■ 세대 창문에 결로가 있어 보수를 요청하였으나, 보수해 주지 않아 이에 대하여 하자

▣ 신청취지 및 피신청인 답변
⊙ 신청취지

세대 창문에 결로가 있어 보수를 요청하였으나, 보수해 주지 않아 이에 대하여 하자라는 판정을 구함.

⊙ 피신청인 답변

대상 세대의 하자여부를 확인 후 조치할 예정임.

▣ 조사내용
⊙ 하자담보책임기간

창문틀 및 문짝공사에 대한 하자담보책임기간은 주택법시행령 별표6에 따라 인도일로부터 2년까지이고, 신청인이 하자담보책임기간 이내에 하자보수를 청구한 사건임.

⊙ 관련법규 및 기준

- 「공동주택 하자의 조사, 보수비용 산정 방법 및 하자판정기 준」 "제10조(미시공, 변경시공)"에 적법한 설계변경 절차를 마친 사용검사도면(준공도면)을 기준으로 판정하도록 명시되어 있음.

- 사업계획승인 당시의 「건축물의 설비기준 등에 관한 규칙」"별표4"의 외기에 직접 면하는 "창 및 문"의 열관류율은 3.10(단위:W/㎡·K) 이하로 나타나 있고, 대상단지의 "효율관리기자재 신고 확인서"에는 대상 창호(창세트)의 열관류율은 1.229 (단위:W/㎡·K)로 명시되어 있어 관련 법적 기준에 적합함.

⊙ 설계도서

사용검사도면 검토결과, 안방 및 침실1, 2의 창호는 이중창으로서, 내창 및 외창유리는 22mm 복층유리로 표기되어 있음.

⊙ 관련자료

신청인 측이 제출한 대상 단지 창호(창 세트)의 "효율관리기자재 신고확인서"에는 복층유리 두께가 22mm로 명시되어 있음.

⊙ 신청인주장

신청인은 동절기 시 안방 및 침실1,2의 창문에 결로가 발생됨을 주장함.

⊙ 시공상태

- 현장실사 결과, 안방 및 침실1의 외창에 결로가 있고, 침실2의 창틀하부에 물고임 흔적이 있는 것으로 조사됨.

- 또한, 대상부위 창호의 복층유리 두께는 16mm로 나타나고, 내창 유리는 에칭(Etching,반투명)유리로 시공되어 있음.

- 따라서, 대상부위 창문의 복층유리는 사용검사도면 보다 부족(약6mm)하게 시공된 것으로 판단됨.

▣ 판정결과

"세대 창문 결로"건은 창문의 복층유리 두께(16mm)가 사용검사도면 (22mm)보다 부족(약6mm)하게 시공되어 단열성능 미흡에 따른 영향으로 판단되며, 이로 인해 기능상 지장을 초래하고 있으므로 변경시공 하자로 판단됨.

■ 침실1 발코니 창문이 사용승인도면과 달리 단창으로 시공되어 있으므로 하자

▣ 신청취지 및 피신청인 답변
⊙ 신청취지
침실1 발코니 창문이 사용승인도면과 달리 단창으로 시공되어 있으므로 하자라는 판정을 구함.
⊙ 피신청인 답변
대상 세대의 하자여부를 확인 후 조치할 예정임.

▣ 조사내용
⊙ 하자담보책임기간
창문틀 및 문짝공사에 대한 하자담보책임기간은 주택법시행령 별표6에 따라 사용승인일로부터 2년까지이고, 신청인이 하자담보책임기간 이내에 하자보수를 청구한 사건임.
⊙ 설계도서
- 건축허가도면 및 사용승인도면 검토결과, 확장형 평면이 추가되어 적법한 절차에 따라 설계변경된 것으로 나타나고, 침실1의 창문은 단창, 침실1 발코니 창문은 이중창으로 표기되어 있음.
- 또한, 확장형 평면에 해당하는 창호상세도면(창호평면도 및 입면도 등)은 없는 것으로 확인됨.
- 당사자에게 확장형 평면에 해당하는 창호상세도면 제출을 요구하였으나, 당사자 모두 제출하지 않음.
- 피신청인이 제출한 고효율에너지기자재 인증서의 창호(재질: 알루미늄, 복층유리 두께: 24mm)는 대상부위 창호(재질:플래스틱, 복층유리 두께: 22mm)와 일치하지 않는 것으로 확인됨.
⊙ 신청인 주장
사용승인도면의 단위세대평면도에 침실1 발코니 창문이 이중창으로 표기되어 있으나, 실제는 단창으로 시공되어 침실1 또는 침실1 발코니의 창문 중 하나는 이중창으로 시공되어야 함을 주장함.

⊙ 시공상태

- 현장실사 결과, 대상세대는 확장형 평면에 해당되고 침실1발코니 창문은 플래스틱 단창(복층유리)으로 설치되어, 사용승인도면의 단위세대 평면도 (이중창)와 상이한 것으로 나타남.

- 침실1 발코니 외벽은 THK90 치장벽돌 + THK150 철근콘크리트 벽체로 서, 일반적인 이중창을 시공할 수 있는 부위인 것으로 확인됨.

- 당사자 청문 결과, 대상세대의 매매계약서는 있으나 대상단지 분양 당 시의 견본주택, 카탈로그 등은 없음을 진술하였으며, 매매계약서에 대상 부위에 대한 내용은 없는 것으로 확인됨.

▣ 판정결과

"발코니 창문의 단창 시공"건은 사용승인도면(확장형 평면도)의 이중창과 달리 단창으로 시공되었으므로 변경시공 하자로 판단됨.

■ 옥상 부위 결함으로 인해 하부 세대에 누수가 발생하여 하자

▣ 신청취지 및 피신청인 답변
⊙ 신청취지
옥상 부위 결함으로 인해 하부 세대에 누수가 발생하여 하자라는 판정을 구함.

⊙ 피신청인 답변
신청인이 요청한 하자 중 일부는 보수하였으나, 신청인과 협의가 원만하지 않아 보수를 할 수 없는 상황임.

▣ 조사내용
⊙ 하자담보책임기간
보·바닥·지붕 및 기둥·내력벽에 대한 하자담보책임기간은 주택법시행령 별표 7에 따라 사용승인일로부터 5년 및 10년까지이고, 신청인이 하자담보책임기간내에 하자보수를 청구한 사건임.

⊙ 설계도서
사용승인도면 검토결과, 평면도에 누수가 발생된 부분의 벽체는 옆 건물과 맞붙는 벽체(맞벽)이고, 실내재료마감표에 최상층(5층) 세대 발코니의 벽체 마감은 모르타르 위 수성페인트로 표기되어 있음.

⊙ 피신청인주장
피신청인은 사용승인 후 보수를 진행하고자 하였으나, 신청인과 협의가 원만하지 않아 보수가 완료되지 않은 것이며, 누수는 주요 하자이므로 판정결과를 검토한 후 처리할 예정임을 주장함.

⊙ 신청인주장
신청인은 옥상의 결함부위로 우수가 침투하여 최상층 세대로 누수가 발생하였음을 주장함.

⊙ 시공상태
- 현장실사 결과, 최상층 세대의 작은방 발코니 천장 및 벽체에 균열과 균열 부위로 스며 나온 누수 흔적(오염, 백화 등)이 확인됨.
- 대상 건물의 옥상 파라펫은 옆 건물과 맞붙어 있으며, 맞붙은 접합면을

따라 실링재 파손이 발생된 것으로 확인됨.

- 옥상 바닥의 무근콘크리트 및 우수 배수구 시공 상태를 확인한 결과, 피신청인이 우수 배수구에 실링보수를 한 것으로 확인됨.

▣ **판정결과**

"옥상 구조체 결함으로 인한 하부 세대 누수 및 오염" 건은 대상건물과 옆 건물이 맞붙은 옥상 파라펫 접합면의 실링재 파손부위를 통해 유입된 우수 가 최상층(5층) 천장 슬래브 및 벽체의 결함(균열, 공극 등)을 관통하여 세 대 내부로 스며나온 것으로 판단되며, 이로 인해 안전상, 기능상, 미관상 지장을 초래하고 있으므로 일반하자로 판단됨.

■ 지하주차장 바닥 시공불량으로 소음, 균열, 들뜸 발생하여 사용상 지장을 초래하고, 입주민들의 민원이 많아, 이에 대해 하자

▣ 신청취지 및 피신청인 답변

⊙ 신청취지

지하주차장 바닥 시공불량으로 소음, 균열, 들뜸 발생하여 사용상 지장을 초래하고, 입주민들의 민원이 많아, 이에 대해 하자라는 판정을 구함.

⊙ 피신청인 답변

- 피신청인 자체 구조팀의 현장점검 결과 최하층 바닥 마감재인 무근콘크리트판이 줄눈을 경계로 부분적으로 분리되어 차량 이동에 따라 분리된 무근콘크리트판을 통해 소음이 발생되는 것으로 확인했으며,

- 지하주차장 바닥재인 무근콘크리트는 건물구조와는 전혀 무관한 마감재로써 분리 거동하는 무근콘크리트부위에 발포우레탄 소재를 일정 간격으로 적절히 주입하여 양생 및 고정하면 상기 하자사항은 해결될 수 있을 것으로 판단하여 보수공사 착수를 준비하는 중임.

▣ 조사내용

⊙ 하자담보책임기간

일반철근콘크리트공사에 대한 하자담보책임기간은 주택법 시행령 별표 6에 따라 사용검사일로부터 4년이고, 신청인이 하자담보책임기간 이내에 하자보수를 청구한 사건임.

⊙ 설계도서

- 사용검사도면 검토결과, 지하1층 주차장은 THK100 무근콘크리트(슈퍼콘셀), 지하2층 주차장은 THK100 무근콘크리트(슈퍼콘셀)+THK100 무근콘크리트(슈퍼콘셀)(배수판 포함), 지하3층 주차장은 THK100 무근콘크리트(슈퍼콘셀)(배수판 포함)로 표기되었으며 지면에 접하는 부위는 배수판이 포함되어 설계됨.

⊙ 시공상태

- 현장실사 결과 아래와 같은 사항을 확인하였음.

1. 바닥 무근콘크리트판의 크기는 가로·세로 4m×4m 이하이며, 수축줄눈

(Contraction Joint)의 줄눈폭은 6.5mm로 시공하였음. 줄눈깊이는 확인이 불가능하여 피신청인에게 청문결과 줄눈깊이 45~55mm로 시공하였음을 주장함.

2. 차량진입시 무근콘크리트 바닥의 "텅,텅,텅" 울림음이 차량의 이동에 따라 주기적으로 반복되었으며, 차량에 탑승하여 소음을 측정한 결과 차량 자체 소음은 55~60dB, 바닥소음(울림음) 발생시에는 70~80dB로 측정됨.

3. 지하주차장 바닥의 무근콘크리트 수축줄눈(Contraction Joint) 우각부에 사선방향의 균열(균열폭0.1~0.15mm)과 수축줄눈(Contraction Joint)경계 부위의 무근콘크리트 일부에 파손이 발생된 상태임.

- 이와 같은 현상은 배수판 위에 시공된 무근콘크리트(현재 탄소섬유보강 콘크리트를 적용하여 시공한 상태임) 부위에서 온도 변화에 따른 수축·팽창에 대응하기 위해 설치된 줄눈에 관통 균열이 발생하여 개별 무근콘크리트판(4m×4m)으로 분리되고, 수축줄눈(Contraction Joint) 부위를 중심으로 변위에 의한 기초콘크리트와 무근콘크리트판(배수판 포함)사이에 간극(들뜸)이 발생되어, 해당부위에서 차량이동시 충격·진동에 의해 간극(들뜸) 부위가 맞닿으면서 소음, 균열, 들뜸이 발생된 것으로 판단됨.

▣ 판정결과

"지하주차장 바닥의 시공불량으로 균열, 소음, 들뜸 발생" 건은 지하주차장 바닥의 무근콘크리트 부위에서 온도 변화에 따른 수축·팽창에 대응하기 위해 설치된 줄눈의 관통 균열에 의하여 개별 무근콘크리트판(4m×4m)으로 분리되고 변위에 의한 기초콘크리트와 무근콘크리트판(배수판 포함)사이에 간극(들뜸)이 발생하여, 해당부위에서 차량이동시 충격·진동에 의해 간극(들뜸)부위가 맞닿으면서 소음, 균열, 들뜸이 발생된 것으로 판단되며, 이는 기능상·미관상 지장을 초래하므로 일반하자로 판단됨.

■ 1층 필로티 벽체 콘크리트 채움 부족 부위가 있어, 이에 대하여 하자

▣ 신청취지 및 피신청인 답변
⊙ 신청취지

1층 필로티 벽체 콘크리트 채움 부족 부위가 있어, 이에 대하여 하자라는 판정을 구함.

⊙ 피신청인 답변

대상 공용부분의 하자 여부를 확인 후 조치 예정임.

▣ 조사내용
⊙ 하자담보책임기간

일반철근콘크리트공사에 대한 하자담보책임기간은 주택법 시행령 별표 6에 따라 사용승인일로부터 4년까지이고, 신청인이 하자담보책임기간 이내에 하자보수를 청구한 사건임.

⊙ 설계도서

건축허가도면 및 사용승인도면 검토결과, 1층 필로티 벽체는 철근콘크리트로 표기되어 있음.

⊙ 시공상태

현장실사 결과, 1층 필로티 벽체 모서리 중앙부 및 상부에 콘크리트 채움이 부족한 부위가 있는 것으로 나타남.

▣ 판정결과

"1층 필로티 벽체 콘크리트 채움 부족" 건은 대상벽체 시공 당시 콘크리트 타설 및 다짐 미흡의 영향으로 콘크리트 채움이 부족한 부위가 발생되어 이로 인해 기능상, 미관상 지장을 초래하고 있으므로 일반하자로 판단됨.

■ 계량기함 및 화장실 급수관 부속의 누수로 인해 하층부세대 피해 및 현관바닥 백화현상 등의 문제가 발생하여 하자

▣ 신청취지 및 피신청인 답변

⊙ 신청취지

계량기함 및 화장실 급수관 부속의 누수로 인해 하층부세대 피해 및 현관바닥 백화현상 등의 문제가 발생하여 하자라는 판정을 구함.

⊙ 피신청인 답변

대상부위 누수는 하자담보책임기간이 경과된 사건이므로 보수의 책임이 없음.

▣ 조사내용

⊙ 하자담보책임기간

급수설비공사에 대한 하자담보책임기간은 주택법 시행령 별표 6에 따라 사용검사일로부터 2년까지이나, 하자담보책임기간 내에 발생된 하자(일반하자) 여부에 대한 심사사건임.

⊙ 설계도서

사용검사도면 검토결과, 급수관은 동관으로 표기되어 있음.

⊙ 신청인주장

수도계량기 주위배관 누수로 인해 하층세대에 누수피해와 현관바닥의 오염 및 백화현상이 발생하였음을 주장함.

⊙ 피신청인주장

신청인의 화장실 보수공사 후 하층세대에 누수피해가 발생하였으므로, 과실 책임이 신청인에게 있음을 주장함.

⊙ 시공상태

- 현장실사 결과, 신청인 세대의 수도 계량기함에 물고임이 있고, 주위의 현관 타일바닥에 오염 및 백화현상이 있는 것으로 확인됨.
- 하층세대 누수피해 확인결과, 급수관을 따라 누수피해가 진행되는 것으로 확인되어, 당사자에게 급수관 기압시험을 제안함.
- 피신청인이 급수관 기압시험을 실시한 결과, 주방 급수관에 누수가 있었으며, 누수발생부위를 해체한 결과, 주방 급수관에 국부적인 부식(공식

현상)으로 인한 Ø 0.1정도의 천공이 있는 것으로 확인됨.
- 급수관(동관)의 내구연한이 10년 이상이고 부식부위가 바닥에 매립되어 있어 신청인이 손상을 줄 수 없는 부위라는 점에서 부식의 발생이 정상적인 노후화 또는 사용자의 과실에 의해 발생하였다고 보기는 어려움.
- 국부적인 부식(공식현상)의 주된 발생원인은 배관제작 시 이물질이 포함되었거나, 시공당시 배관내로 유입된 금속산화물 등에 의한 영향으로 판단됨.

▣ 판정결과
"급수배관 누수" 건은 주방 급수관(동관)의 품질미달 또는 시공 당시 공사상의 잘못으로 인하여 기능상, 미관상 지장을 초래하고 있으므로 일반하자로 판단됨.

■ 감압밸브 미설치로 급수전 이음부위 누수 및 배관 부속 패킹 등이 발생하여 하자

▣ 신청취지 및 피신청인 답변
⊙ 신청취지
감압밸브 미설치로 급수전 이음부위 누수 및 배관 부속 패킹 등이 발생하여 하자라는 판정을 구함.
⊙ 피신청인 답변
대상부위의 급수전 감압밸브는 사용검사도면에 없어 설치의무가 없음.

▣ 조사내용
⊙ 하자담보책임기간
급수설비공사에 대한 하자담보책임기간은 주택법 시행령 별표 6에 따라 사용검사일로부터 2년까지이고, 신청인이 하자담보책임기간 이내에 하자보수를 청구한 사건임.
⊙ 관련기준
- 건축기계설비설계기준[2005년] 제2편 위생설비 2.2 급수 방식 (5) 고층

건물에 대한 급수방식 "고층건물의 급수시스템을 중층이나 저층 건물과 같이단일 계통으로 하면 저층에서는 수압이 과대하게 작용하여 소음, 진동, 워터해머(수격현상) 등이 심하게 발생 된다."라고 규정되어 있음.
- 건축기계설비표준시방서[2005년] 01020 배관공사 2.1 배관재료에 "급수 및 온수 공급용 배관류는 수압 0.75MPa(약 7.5kg/㎠)에 견딜 수 있는 것"이라고 규정되어 있음.
⊙ 설계도서
사용검사도면 검토결과, 급수방식은 펌프직송방식으로 대상부위에 감압밸브의 표기는 없으나, 장비용량 계산서에는 사용 급수압력(샤워기 기준)이 20mAq (2kg/㎠)로 표기되어 있음.
⊙ 신청인주장
- 대상부위 급수배관의 감압밸브 미설치로 배관내부의 급수압력이 과도하여 배관 부속의 파손 및 누수가 발생하였고, 누수된 상태로 급수배관을 유지할 수 없어 자체 보수하였음을 주장함.
- 또한, 급수배관 내부의 과도한 압력문제가 해소되지 않을 경우 동일한 하자가 재발생할 것임을 주장함.
⊙ 시공상태
- 현장실사 결과, 대상부위 급수배관 및 배관부속 패킹 등은 신청인이 보수하여 누수 및 파손이 없는 것으로 확인됨.
- 압력계로 급수압력을 측정한 결과, 약 8.9kg/㎠로 측정되었으며, 이와 같은 과도한 급수압력은 급수 배관류(배관부속 및 패킹재 등)의 누수 및 파손에 영향을 주었을 것으로 판단됨.

▣ 판정결과

"급수전 이음부위 누수 및 배관 부속 패킹 파손" 건은 대상부위의 급수압력 (약 8.9kg/㎠)이 배관류가 견딜수 있는 급수압력(건축기계설비 표준시방서 기준 : 약 7.5kg/㎠) 및 장비용량 계산서에 명기된 급수압력(약 2kg/㎠) 보다도 높아 급수압력이 과도한 것으로 판단되며, 이로 인해 배관류 파손 및 누수 발생 등 기능상 지장을 초래하고 있으므로 일반하자로 판단됨.

■ 주차장 바닥면에 균열이 다수 발생하여 피신청인에게 보수를 요청하였으나 보수해 주지 않아, 이에 대해 하자

▣ 신청취지 및 피신청인 답변

⊙ 신청취지

주차장 바닥면에 균열이 다수 발생하여 피신청인에게 보수를 요청하였으나 보수해 주지 않아, 이에 대해 하자라는 판정을 구함.

⊙ 피신청인 답변

답변없음.

▣ 조사내용

⊙ 하자담보책임기간

포장공사에 대한 하자담보책임기간은 주택법 시행령 별표 6에 따라 사용승인일로부터 3년까지이고, 신청인이 하자담보책임기간 이내에 하자보수를 청구한 사건임.

⊙ 설계도서

사용승인도면 검토 결과, 대상위치 바닥 포장은 지반 진동다짐, #8와이어메쉬 2겹, THK200 콘크리트로 표기되어 있음.

⊙ 신청인 주장

신청인은 대상위치 바닥에 균열이 다수 발생하여 피신청인에게 요청하였으나, 보수를 해주지 않고 하자보수 보증금을 받아 직접 보수하라고 답변했음을 주장함.

⊙ 시공상태

- 현장실사 결과, 1, 2층 옥외주차장과 차량진입로의 바닥 콘크리트 포장면에 균열(11개소, 폭 0.4~1.5㎜)과 박리 및 박락(6개소)이 있는 것으로 확인됨.
- 균열과 박리 및 박락의 폭, 크기 등 규모와 발생 시점 등을 고려할 때, 콘크리트 포장을 위한 기층 지반의 다짐 미흡 등에 의한 침하로 인해 결함이 발생된 것으로 판단됨.

■ 판정결과

"1, 2층 옥외주차장 및 차량진입로 바닥 균열" 건은 시공 당시 콘크리트 포장을 위한 기층 지반의 다짐이 미흡하여, 침하로 인해 균열과 박리 및 박락이 발생된 것으로서, 이로 인해 기능상, 미관상 지장을 초래하고 있으므로 일반하자로 판단됨.

■ 지하주차장 입구 옆 옹벽의 균열 및 침하로 흙의 유실, 지중 하수관의 파손에 대해 하자

▣ 신청취지 및 피신청인 답변
⊙ 신청취지
지하주차장 입구 옆 옹벽의 균열 및 침하로 흙의 유실, 지중 하수관의 파손에 대해 하자라는 판정을 구함.

⊙ 피신청인 답변
지하주차장 옹벽의 균열은 보수할 예정이나, 하수관 파손은 하자담보책임기간이 경과되어 보수할 수 없음.

▣ 조사내용
⊙ 하자담보책임기간
옹벽공사에 대한 하자담보책임기간은 주택법 시행령 별표 6에 따라 사용검사일로부터 2년까지이고, 신청인이 하자담보책임기간 이내에 하자보수를 청구한 사건임.

⊙ 설계도서
사용검사도면 검토결과, 대상부위 옹벽에 대한 상세 표기는 없는 것으로 검토됨.

⊙ 당사자 주장
- 신청인은 옹벽의 균열 및 지반 침하가 심각함을 주장함.
- 피신청인은 대상부위 옹벽(길이: 3m 구간)에 대한 설계도면은 없고, 어린이 놀이터 옹벽(벽체)과 지하주차장 벽체 사이에 위치하여 시공 중에 단지내 지반의 단차(5m)로 인해 시공된 것으로 보이며, 옹벽의 균열 및 침하에 대한 하자를 인정하여 보수예정임을 진술함.

⊙ 시공상태
- 현장실사 결과, 대상부위는 어린이놀이터 옹벽과 지하1층 주차장 벽체와의 연결 없이 별도로 시공된 옹벽(길이: 3m, 높이: 5m 정도)으로서, 양측면 접합부 전체에 균열(폭: 10~20mm)과 콘크리트 표면 박리, 누수가 있는 상태임.

- 침하된 옹벽 상단 배면의 지반 상태 등을 조사한 결과, 옹벽 균열부를 중심으로 10~20cm 정도 지반이 침하되어 있으며, 옹벽 자체도 주위 벽체에 비해 7~8cm의 처짐이 발생되어 있어 기초 및 지반 침하가 심각한 것으로 조사됨.

■ 판정결과
"옹벽 균열"건은 피신청인이 하자임을 인정하고 있고, 옹벽 기초 하부의 지반 침하 및 접합부 벽체 균열부를 통한 토사 유실에 의해 발생된 것으로 판단되며, 이로 인해 안전상, 기능상, 미관상 지장을 초래하고 있으므로 일반하자로 판단됨.

■ 주방 천장의 스프링클러배관이 누수되어 천장 마감재를 해체하여 배관을 보수하였으며, 마감재 해체부위 및 누수로 인한 마감재 손상부위는 보수되지 않아, 이에 대하여 하자

▣ 신청취지 및 피신청인 답변
⊙ 신청취지

주방 천장의 스프링클러배관이 누수되어 피신청인이 천장 마감재를 해체하여 배관을 보수하였으며, 마감재 해체부위 및 누수로 인한 마감재 손상부위는 보수 되지 않아, 이에 대하여 하자라는 판정을 구함.

⊙ 피신청인 답변

해당 아파트는 소화설비공사의 하자담보책임기간이 경과되어 보수의 책임이 없으나, 신청인의 편의를 위해 스프링클러배관은 보수하였고, 마감재는 신청인이 직접 보수하기로 구두 협의함.

▣ 조사내용
⊙ 하자담보책임기간

소화설비공사에 대한 하자담보책임기간은 주택법 시행령 별표 6에 따라 사용검사일로부터 3년까지이나, 하자담보책임기간 내에 발생된 하자(일반하자) 여부에 대한 심사사건임.

⊙ 설계도서

사용검사도면 검토결과, 주방 천장 내부에 스프링클러 배관이 설치되어 있으며, 마감재는 THK9.5 석고보드/도배지(실크)로 표기되어 있음.

⊙ 당사자 주장

- 신청인은 평소 사용하지 않고 손댈 수 없는 스프링클러 배관에서 누수가 발생되었고, 마감재를 직접 보수하기로 협의한 사항이 없음을 주장함.
- 피신청인은 신청인의 편의를 위해 스프링클러 배관은 보수하였으나, 마감재는 신청인이 직접 보수하기로 구두 협의함.
- 관련 협의에 대한 동의서 등 이를 인정할 만한 자료는 없는 것으로 확인됨.

⊙ 관련자료
  - 신청인이 제출한 사진자료 검토결과, 스프링클러 배관의 누수는 배관의 국부적인 부식(공식)에 의한 것으로 확인되고 피신청인도 이를 인정함.
  - 스프링클러 배관의 내구연한이 10년 이상이고 부식 부위가 천장 내부에 있어 신청인이 손상을 줄 수 없는 부위라는 점에서 부식의 발생이 정상적인 노후화 또는 사용자의 과실에 의해 발생하였다고 보기는 어려움.
  - 동관의 국부적인 부식(공식)의 주된 발생 원인은 대상 부위스프링클러 배관의 제작 당시 이물질이 포함되었거나, 시공당시 배관 내로 유입된 금속산화물 및 소방용수의 수질불량 등에 의한 영향으로 판단됨.
⊙ 시공상태
현장실사 결과, 스프링클러 배관은 보수하였으나, 주방 천장은 보수 후 마감처리(4개소)가 되지 않은 상태이며, 발코니1 창측 부위의 커튼박스는 기존의 스프링클러 배관 누수 당시의 흔적이 확인됨.

■ **판정결과**

"주방 천장 스프링클러배관 누수로 인한 2차 피해" 건은 스프링클러 배관의 제작 당시 이물질이 포함되었거나, 시공 당시 배관 내로 유입된 금속산화물 및 소방용수의 수질불량 등에 의한 영향으로 스프링클러 배관의 국부적인 부식(공식)이 발생된 것으로 판단되며, 발코니1 창측 부위의 커튼박스는 기존의 스프링클러배관 누수 당시의 흔적이 있고, 피신청인이 스프링클러 배관의 보수 후 마감처리(4개소)가 되어 있지 않은 상태로서, 이는 기능상, 미관상 지장을 초래하고 있으므로 일반하자로 판단됨.

■ 드레스룸 스프링클러헤드와 조명등 사이의 이격거리가 부족하여, 관련법규에 위배되고 살수에 방해가 되므로 하자

▣ 신청취지 및 피신청인 답변
⊙ 신청취지

드레스룸 스프링클러헤드와 조명등 사이의 이격거리가 부족(살수반경 위반)하여, 관련법규에 위배되고 살수에 방해가 되므로 하자라는 판정을 구함.

⊙ 피신청인 답변

스프링클러설비의 화재안전기준(NFSC 103) 해설서에 스프링클러헤드와 조명등(장애물) 사이의 이격거리는 조명등 높이의 3배이상을 만족하면 이상이 없는 것으로 표기되어 있어 하자가 아님을 주장함.

▣ 조사내용
⊙ 하자담보책임기간

소화설비공사에 대한 하자담보책임기간은 주택법 시행령 별표 6에 따라 사용검사일로부터 3년까지이나, 하자담보책임기간 내에 발생된 하자(변경시공하자) 여부에 대한 심사사건임.

⊙ 관련법규 및 기준
- 스프링클러설비의 화재안전기준(NFSC 103) 제10조(헤드) 제7항 제1호에는 "살수가 방해되지 아니하도록 스프링클러 헤드로부터 반경 60㎝ 이상의 공간을 보유할 것" 이라고 명기되어 있음.
- 동 기준 제10조(헤드) 제7항 제3호에는 "스프링클러 헤드와 장애물과의 이격거리를 장애물 폭의 3배 이상 확보한 경우에는 그러하지 아니하다.' '라고 명기되어 있음.
- 피신청인이 제출한 스프링클러설비의 화재안전기준(NFSC103) 해설서에는 스프링클러 헤드와 장애물 사이의 이격거리가 장애물 높이의 3배이상을 만족하면 이상이 없다는 내용은 확인되지 않음.

⊙ 설계도서
- 사용검사도면 검토결과, 스프링클러 헤드와 조명등간의 이격거리가 표기된 내용은 확인되지 않음.

⊙ 시공상태
- 현장실사 결과, 스프링클러 헤드와 조명등 간의 이격거리는 약 22cm이고, 조명등 폭은 약 30cm인 것으로 확인되어, 화재안전기준상의 이격(60cm)거리보다 약 38cm가 부족한 것으로 확인됨.

■ 판정결과
"드레스룸 스프링클러헤드 설치 불량" 건은 스프링클러 헤드와 조명등 간의 이격거리(약 22cm)가 스프링클러설비의 화재안전기준상의 이격거리(60cm)보다 부족하게 시공되어 있으므로, 변경시공 하자로 판단됨.

■ 에어컨 냉매배관 가스 누설로 에어컨설치가 불가하여 하자

▣ 신청취지 및 피신청인 답변
⊙ 신청취지
에어컨 냉매배관 가스 누설로 에어컨설치가 불가하여 하자라는 판정을 구함.
⊙ 피신청인 답변
에어컨 냉매배관 가스 누설은 사용승인 후, 3년 6개월이 경과된 시점에 하
자보수를 요청하여 하자담보책임기간이 경과된 사항임.

▣ 조사내용
⊙ 하자담보책임기간
배관설비공사에 대한 하자담보책임기간은 주택법 시행령 별표 6에 따라 사
용검사일로부터 2년까지이나, 하자담보책임기간 이내에 발생한 하자(일반하
자) 여부를 심사하는 사건임.
⊙ 설계도서
사용검사도면 검토결과, 대상세대의 냉매배관은 바닥 슬래브에 매입되어 외부
실외기함(BOX)과 거실 및 안방의 실내기함(BOX)을 연결하는 것으로 표기됨.
⊙ 신청인주장
 - 입주 후 처음으로 에어컨을 설치하고자 하였으나, 에어컨 설치업자는 에
   어컨 냉매배관에 부착된 압력계의 압력이 0kg/㎠임을 확인하고, 피신청
   인이 시공한 냉매배관에 가스누설이 있어 에어컨 설치가 불가하다고 하
   였음.
 - 에어컨 냉매배관을 한번도 사용하지 않았음에도 냉매배관에 가스누설이
   발생한 것은 처음부터 시공이 잘못된 것임을 주장함.
⊙ 피신청인주장
대상세대 냉매배관을 29kg/㎠로 가압한 결과, 3시간 30분만에 25kg/㎠로
압력이 낮아져 냉매배관에 가스누설이 있음은 확인하였으나, 사용검사 후 3
년이 경과된 현시점에 발견되었으므로 하자담보책임기간이 경과된 것임을
주장함.

⊙ 증거자료검토

신청인 제출자료 검토결과, 에어컨 설치를 시도할 당시 냉매배관에 설치된 압력계의 압력은 $0kg/cm^2$인 것으로 확인됨.

⊙ 시공상태

- 현장실사 결과, 대상세대의 에어컨 냉매배관은 벽체 및 바닥슬래브에 매입되어 있고, 에어컨을 설치한 흔적은 없으며, 거실 및 안방의 에어컨 냉매배관 인입부는 사용검사 당시 상태를 유지하고 있는 것으로 확인됨.
- 또한, 에어컨 냉매배관이 외부에 노출된 부위에는 가스누설이 없어, 냉매배관의 가스누설 부위는 벽체 및 바닥슬래브에 매입된 부위인 것으로 판단됨.

■ 판정결과

"실외기실 에어컨 매입 냉매배관 가스 누출" 건은 신청인이 에어컨을 설치한 사실이 없음에도 냉매배관에 가스누설이 발생한 점과, 냉매배관의 가스누설 부위가 구조체에 매입되어 신청인이 손상을 줄 수 없는 부위인 점을 고려할 때, 피신청인의 공사상 잘못으로 시공당시 에어컨배관에 손상이 있었던 것으로 보이며, 이로 인해 냉매가스 누설이 발생하여 기능상 지장을 초래하므로 일반하자로 판단됨.

3. 주택의 철거 또는 멸실 신고

3-1. 주택의 철거 신고

3-1-1. 철거 신고

① 허가대상건축물인 주택의 소유자나 관리자는 주택을 철거하려면 철거예정일 3일 전까지 건축물철거신고서(전자문서로 된 신고서 포함)를 특별자치시장·특별자치도지사 또는 시장·군수·구청장(자치구의 구청장을 말함)에게 제출해야 합니다.

② 이 경우 철거하려는 건축물이 산업안전보건법 제38조의2제1항에 따른 석면조사대상 건축물인 경우에는 건축물철거신고서에 산업안전보건법 제38조의2에 따른 석면조사결과 사본을 추가로 제출해야 합니다.

3-1-2. 위반 시 제재

이를 위반해서 철거 신고를 하지 않으면 100만원 이하의 과태료가 부과됩니다.

3-2. 주택의 멸실 신고

허가대상건축물인 주택의 소유자나 관리자는 주택이 재해로 멸실된 경우 멸실 후 30일 이내에 멸실신고서(건축법 시행규칙 별지 제25호서식, 전자문서로 제출하는 것을 포함)를 특별자치시장·특별자치도지사 또는 시장·군수·구청장에게 제출해야 합니다.

[서식] 건축물철거·멸실신고서
건축물철거·멸실신고서

• 어두운 난(   )은 신고인이 작성하지 않으며, [ ]에는 해당하는 곳에 √ 표시를 합니다.

(앞쪽)

허가(신고)번호			접수일자	처리일자	처리기간 1일
신고번호	제 호		건축물등록번호		

건축물	위치	
	용도	구조
	건축물수	연면적 합계
	세대수	
소유자	성명	생년월일(법인등록번호)
	주소	
공사 시공자	성명 (서명 또는 인)	건설업면허번호
	주소	
철거 또는 멸실	사유	
	철거 일자 년 월 일부터 년 월 일까지	멸실일자 년 월 일

등기 촉탁 희망 여부	[ ] 희망함 [ ] 희망하지 않음
	· 등기촉탁을 희망하는 경우 「건축물대장의 기재 및 관리 등에 관한 규칙」 제26조에서 정하는 바에 따라 특별자치시장·특별자치도지사, 시장·군·구청장이 관할 등기소에 등기촉탁을 할 수 있습니다.

석면함유재 존치여부	[ ] 천장재(아스칼텍스, 아미텍스 등) [ ] 바닥재(아스타일 등) [ ] 지붕재(슬레이트 등) [ ] 파이프보온재(석면포) [ ] 천정단열재(석면포) [ ] 기타	[ ] 해당 없음
하수처리시설 철거여부	[ ] 철거함 [ ] 철거하지 않음	

※ 착공신고 관련사항
(※ 건축물철거신고와 함께 착공신고를 하는 경우만 해당합니다)

건축주			착공예정일자	년 월 일
설계자	사무소명 (신고번호:	성명: 자격번호 :)	(서명 또는 인)	
시공자	회사명 (면허·지정·등록번호:	성명:)	(서명 또는 인)	
공사 감리자	사무소명 (신고번호:	성명: 자격번호 :)	(서명 또는 인)	
관계전문 기술자	분야 ( ) (서명 또는 인)	자격증(자격번호)	주소	

「건축법」 제36조 및 같은 법 시행규칙 제24조에 따라 위와 같이 신고합니다.

년   월   일
신고인   (서명 또는 인)

특별자치시장·특별자치도지사, 시장·군수·구청장 귀하

210mm×297mm [보존용지(2종) 70g/㎡]

신고안내

제출하는 곳	특별자치시·특별자치도, 시·군·구	처리부서	건축허가(신고) 부서
첨부서류	1. 해체공사계획서(층별·위치별 해체작업의 방법 및 순서, 건설폐기물의 적치 및 반출 계획, 공사현장 안전조치 계획을 적습니다) 2. 「산업안전보건법」제38조의2제2항에 따른 기관석면조사결과 사본(「건축법」제21조제1항에 따른 착공신고 대상 건축물 중 「산업안전보건법」제38조의2제2항에 따른 기관석면조사 대상 건축물만 해당합니다) 3. 건축물철거신고와 함께 착공신고를 하는 경우에는 다음 각목의 서류를 첨부해야 합니다. 　가. 「건축법」제15조에 따른 건축관계자 상호간의 계약서 사본(해당 사항이 있는 경우로 한정합니다) 　나. 「건축법 시행규칙」별표 4의2의 설계도서(입면도, 단면도, 시방서, 토지굴착 및 옹벽도 등) 　다. 「건축법」제25조제11항에 따른 감리 계약서(해당 사항이 있는 경우로 한정합니다) 　라. 「산업안전보건법 시행규칙」별표 6의5 제2호가목 및 나목에 따른 기술지도계약서 사본(「산업안전보건법」제30조의2에 따라 재해예방 전문기관의 지도를 받아야 하는 공사인 경우만 해당합니다)		수수료 없음

근거법규

「건축법」제36조	• 건축물의 소유자 또는 관리자는 그 건축물을 철거하는 경우 철거를 하기 전에 특별자치시장·특별자치도지사 또는 시장·군수·구청장에게 신고해야 하며, 건축물이 재해로 인하여 멸실된 경우에는 멸실 후 30일 이내에 신고를 해야 합니다.

유의사항

「건축법 시행규칙」제24조, 제24조의2 및 「건축법」제113조제2항제4호	1. 「건축법」제11조 및 제14조에 따른 허가를 받았거나 신고를 한 건축물을 철거하려는 자는 철거예정일 3일 전까지 건축물철거·멸실신고서(전자문서로 된 신고서를 포함합니다)를 특별자치시장·특별자치도지사 또는 시장·군수·구청장에게 제출해야 합니다. 2. 석면이 함유된 건축물을 철거하는 경우에는 「산업안전보건법」등 관계 법령에 적합하게 석면을 먼저 제거·처리한 후 건축물을 철거해야 합니다. 3. 건축물철거·멸실신고를 하지 않고 공사에 착수하면 100만원 이하의 과태료를 부과합니다.

처리절차

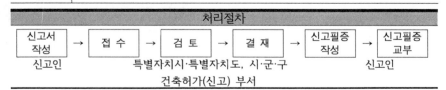

신고서 작성	→	접 수	→	검 토	→	결 재	→	신고필증 작성	→	신고필증 교부
신고인		특별자치시·특별자치도, 시·군·구 건축허가(신고) 부서						신고인		

■ 건물 철거 후 신축과 관습법상 법정지상권이 소멸하는지요?

Q 甲은 乙소유 토지 위에 자신 소유 건물을 소유하고 있는데, 이미 관습법상 법정지상권이 성립되었습니다. 그런데 위 건물이 낡아서 새롭게 위 건물을 철거하고 신축하는 경우에 이미 가지고 있던 관습법상 법정지상권이 소멸하는지요?

A 토지 또는 건물이 동일한 소유자에게 속하였다가 건물 또는 토지가 매매 기타의 원인으로 인하여 양자의 소유자가 다르게 된 때에 그 건물을 철거한다는 조건이 없는 이상 건물 소유자는 토지 소유자에 대하여 그 건물을 위한 관습상의 법정지상권을 취득하게 됩니다. 한편, '민법 제366조 소정의 법정지상권'이나 '관습상의 법정지상권'이 성립한 후에 건물을 개축 또는 증축하는 경우는 물론 건물이 멸실되거나 철거된 후에 신축하는 경우에도 법정지상권은 성립하나, 다만 그 법정지상권의 범위는 구 건물을 기준으로 하여 그 유지 또는 사용을 위하여 일반적으로 필요한 범위 내의 대지부분에 한정됩니다(대법원 2000. 1. 18. 선고 98다58696, 58702 판결). 따라서 甲은 구건물을 기준으로 취득하였던 관습법상의 법정지상권 범위에서 신건물에 대해서도 관습법상 법정지상권이 성립하였다고 주장할 수 있습니다. 따라서 건물을 철거하고 그 지상에 동일인 소유의 새로운 건물을 신축하기로 하는 내용의 합의만으로는 관습법상 법정지상권의 발생을 배제하는 '철거의 특약'으로는 볼 수 없습니다.

[서식] 하자 여부 판정 관련 이의 신청서

<table>
<tr><td colspan="3" align="center">하자 여부 판정 관련 이의 신청서</td></tr>
<tr><td rowspan="2">이의신청 사건</td><td colspan="2">사건번호 :</td></tr>
<tr><td colspan="2">사건내용 :</td></tr>
<tr><td colspan="3"></td></tr>
<tr><td rowspan="2">신
청
인</td><td>성명(상호)</td><td></td></tr>
<tr><td>주 소</td><td></td></tr>
<tr><td rowspan="2">피
신
청
인</td><td>성명(상호)</td><td></td></tr>
<tr><td>주 소</td><td></td></tr>
<tr><td rowspan="2">이
의
신
청</td><td>요지</td><td></td></tr>
<tr><td>이유</td><td>* 칸이 부족한 경우에는 별지사용 가능</td></tr>
<tr><td>판정서 송달일</td><td>년 월 일</td><td>※ 발급일부터 30일이 지나면 이의신청을 할 수 없음</td></tr>
<tr><td colspan="3">「공동주택관리법」제43조제4항 및 같은 법 시행규칙 제22조제2항에 따라 하자 여부 판정에 대하여 위와 같이 이의를 신청합니다.

　　　　　　　　　　　　　　　　　　　　　　　　　　년　　　월　　　일
　　　　　　　　신청인 :　　　　　　　　　　　　(서명 또는 인)

국토교통부 하자심사·분쟁조정위원회 귀중</td></tr>
<tr><td>첨부서류</td><td>하자 여부 판정 관련 전문가 의견서 1부</td><td>조정등의 비용
(국토교통부장관이 고시로 정하는 금액)</td></tr>
</table>

주택 신축개축 절차
개시에서 종결까지

초판 1쇄 인쇄 2019년 9월 10일
초판 1쇄 발행 2019년 9월 15일

공 저 김만기
발행인 김현호
발행처 법문북스
공급처 법률미디어

주소 서울 구로구 경인로 54길4(구로동 636-62)
전화 02)2636-2911~2, **팩스** 02)2636-3012
홈페이지 www.lawb.co.kr

등록일자 1979년 8월 27일
등록번호 제5-22호

ISBN 978-89-7535-769-5 (13360)

정가 18,000원